Serie «Conoz

Mateo

por David Cortés-Fuentes

Augsburg Fortress
MINNEAPOLIS

SERIE CONOZCA SU BIBLIA: MATEO

Este volumen es parte de un proyecto conjunto entre la casa editora, la División de Ministerios Congregacionales de la Iglesia Evangélica Luterana (ELCA) y la Asociación para la Educación Teológica Hispana (AETH), Justo L. González, Editor General .

Diseño de la cubierta: Diana Running; Diseño de libro y portada: Element

ISBN 978-0-8066-8074-3

El papel usado en esta publicación satisface los requisitos mínimos de la organización American National Standard for Information Sciences—Permanencia del Papel para Materiales Impresos, ANSI Z329.48-1984.

Producido en Estados Unidos de América.

SERIES CONOZCA SU BIBLIA: MATEO

This volume developed in cooperation with the Division for Congregational Ministries of the Evangelical Lutheran Church in America, which provided a financial grant, and the Asociación para la Educación Teológica Hispana, Series Editor Justo L. Gonzalez.

Cover design: Diana Running; Book design: Element

Library of Congress Cataloging-in-Publication Data
Cortés-Fuentes, David, 1954-
Mateo / por David Cortés-Fuentes.
p. cm. — (Conozca su Biblia)
Includes bibliographical references (p.).
ISBN 978-0-8066-8074-3 (pbk. : alk. paper)
1. Bible. N.T. Matthew—Commentaries. I. Title. II. Series.
BS2575.53.C67 2006
226.2'07—dc22 2006006934

The paper used in this publication meets the minimum requirements of American National Standard for Information Sciences—Permanence of Paper for Printed Library Materials, ANSI Z329.48-1984.

Manufactured in the U.S.A.

10 09 08 07 06 1 2 3 4 5 6 7 8 9 10

Esta serie

«¿Cómo podré entender, si alguien no me enseña?» (Hechos 8.31). Con estas palabras el etíope le expresa a Felipe una dificultad muy común entre los creyentes. Se nos dice que leamos la Biblia, que la estudiemos, que hagamos de su lectura un hábito diario. Pero se nos dice poco que pueda ayudarnos a leerla, a amarla, a comprenderla. El propósito de esta serie es responder a esa necesidad. No pretendemos decirles a nuestros lectores «lo que la Biblia dice», como si ya entonces no fuese necesario leer la Biblia misma para recibir su mensaje. Al contrario, lo que esperamos lograr es que la Biblia sea más leíble, más inteligible para el creyente típico, de modo que pueda leerla con mayor gusto, comprensión y fidelidad a su mensaje. Como el etíope, nuestro pueblo de habla hispana pide que se le enseñe, que se le explique, que se le invite a pensar y a creer. Y eso es precisamente lo que esta serie busca.

Por ello, nuestra primera advertencia, estimado lector o lectora, es que al leer esta serie tenga usted su Biblia a la mano, que la lea a la par de leer estos libros, para que su mensaje y su poder se le hagan manifiestos. No piense en modo alguno que estos libros substituyen o pretenden substituir al texto sagrado mismo. La meta no es que usted lea estos libros, sino que lea la Biblia con nueva y más profunda comprensión.

Por otra parte, la Biblia —como cualquier texto, situación o acontecimiento— se interpreta siempre dentro de un contexto. La Biblia responde a las preguntas que le hacemos; y esas preguntas dependen en buena medida de quiénes somos, cuáles son nuestras inquietudes, nuestras dificultades, nuestros sueños. Por ello estos libros escritos en nuestra lengua, por personas que se han formado en nuestra cultura y la conocen. Gracias a Dios, durante los últimos veinte años ha surgido dentro de nuestra comunidad latina todo un cuerpo de eruditos, estudiosos de la Biblia que no tiene nada que envidiarle a ninguna otra cultura o tradición. Tales son las personas a quienes hemos invitado a escribir para esta serie. Son personas con amplia experiencia pastoral y docente, que escriben para que se les entienda, y no para ofuscar. Son personas que a través de los años han ido descubriendo las dificultades en que algunos creyentes y estudiantes tropiezan al estudiar la Biblia —particularmente los creyentes y estudiantes latinos. Son personas que se han dedicado a buscar modos de superar esas dificultades y de facilitar el aprendizaje. Son personas que escriben, no para mostrar cuánto saben, sino para iluminar el texto sagrado y ayudarnos a todos a seguirlo.

Por tanto, este servidor, así como todos los colegas que colaboran en esta serie, le invitamos a que, junto a nosotros y desde la perspectiva latina que tenemos en común, se acerque usted a estos libros en oración, sabiendo que la oración de fe siempre recibirá respuesta.

Justo L. González
Editor General
Julio del 2005

Contenido

Introducción 1

1. **Origen e infancia de Jesús** *(1.1–2.23)* 9

2. **Comienzo del ministerio de Jesús** *(3.1–4.25)* 25

3. **El Sermón del Monte** *(5.1–7.29)* 35

4. **Prodigios de Jesús** *(8.1–9.38)* 57

5. **Discurso de misión** *(10.1–42)* 69

6. **Conflictos, oposición y comunidad** *(11.1–12.50)* 77

7. **Discurso de parábolas** *(13.1–52)* 89

8. **Conflicto y confesión** *(13.53–17.23)* 97

9. **Discurso sobre la vida en comunidad** *(18.1–35)* 117

10. **De Galilea a Judea** *(19.1–20.34)* 123

11. **Primeros días en Jerusalén** *(21.1–22.46)* 131

12. **Denuncia de los escribas y fariseos** *(23.1–36)* 143

13. **Discurso escatológico** *(24.1–25.46)* 149

14. **Pasión de Jesús** *(26.1–27.31)* 163

15. **Crucifixión y muerte de Jesús** *(27.32–66)* 179

16. **Resurrección de Jesús y comisión de los discípulos** *(28.1–20)* 185

Bibliografía selecta 191

Introducción

Un libro especial

El Evangelio según San Mateo es el más citado en los primeros documentos cristianos. La iglesia cristiana ha recurrido una y otra vez a las enseñanzas de Mateo para disipar dudas, clarificar creencias, y proponer reglas de conducta de acuerdo a la fe y en respuesta a los retos de cada momento. En él hay historias y enseñanzas estimadas como joyas para la fe. Algunos ejemplos de este tesoro son la historia del nacimiento de Jesús, con los detalles de la visita de los magos, la huida y regreso de Egipto, y la matanza de los niños (Mt 1–2), el famoso «sermón del monte» con las bienaventuranzas, la discusión sobre Jesús y la ley, la oración del Padrenuestro, las instrucciones sobre la limosna, la oración, y el ayuno—todo esto entre otras enseñanzas particulares del Evangelio según San Mateo. La lectura y el estudio de este Evangelio prometen ser fuente de inspiración para el entendimiento de la fe cristiana, el conocimiento del contenido y contexto de uno de los documentos fundamentales de la iglesia, y una oportunidad para repasar los reclamos que esa fe hace cada día.

San Mateo ha sido objeto del estudio cuidadoso y debate exhaustivo por muchos estudiosos de las Escrituras desde diversas perspectivas. El presente comentario intenta ofrecer una lectura del Evangelio según San Mateo tomando en cuenta el contexto social e histórico de la comunidad en la cual surgió y las características literarias y retóricas del texto, así como la realidad histórica y social de la comunidad hispana/latina que lee el texto desde una perspectiva contemporánea.

Mateo fue escrito para una comunidad en transición. En él encontramos pistas que ayudan a detectar algunas características tanto del autor como de la comunidad, pues su propósito inicial fue ofrecer perspectivas y guías para que esta comunidad comprendiera mejor el significado de la vida, misión, muerte y resurrección de Jesús. Por ello, ofrece también orientación sobre el significado de la fe en Jesucristo y sus implicaciones para los valores de los creyentes, para su estilo de vida y para su relación con los valores dominantes de la sociedad en su contexto histórico.

Una comunidad enraizada en el Antiguo Testamento

El Evangelio según San Mateo representa una comunidad cristiana en diálogo con diversas expresiones del judaísmo, especialmente con el movimiento de los fariseos. Los fariseos eran un grupo religioso que enfatizaba la obediencia a la Ley de Moisés, la oración, la limosna, y la práctica de la fe en la vida cotidiana. Los fariseos miraban con sospecha al poder político y religioso del Imperio Romano. Aunque al comienzo vieron la libertad religiosa que los romanos concedían como beneficiosa, no por ello se sentían obligados a ser fieles al poder romano. Al contrario, cuando sus ideales de la piedad basada en la obediencia a la ley fueron amenazados, muchos fariseos se unieron a grupos que se levantaron en armas contra los romanos.

Mateo les da un alto valor a las Escrituras del Antiguo Testamento al mismo tiempo que declara su polémica teológica con el fariseísmo de la época. Según Mateo 5.17–20, Jesús vino a cumplir (no a abolir) la «Ley y los profetas». Más aún, a los miembros de la comunidad cristiana se les advierte que si su justicia no supera la de los escribas y fariseos «no entraréis en el reino de los cielos» (Mt 5.20). Las raíces históricas del Evangelio según San Mateo en las tradiciones del Israel bíblico explican las muchas referencias y alusiones a las Escrituras del Antiguo Testamento. Mateo describe el ministerio de Jesús como parte del plan salvífico de Dios en continuidad con las Escrituras del Antiguo Testamento. El Evangelio se refiere al Antiguo Testamento por lo menos en unos ciento treinta pasajes, de los cuales por lo menos sesenta son citas directas. Por ejemplo, Mateo 1.22–23 dice que la concepción y el embarazo de María (1.18–21) acontecieron de acuerdo con la promesa del profeta Isaías (Is 7.14): «Todo esto sucedió para que se cumpliera lo que el Señor había hablado por medio del profeta, diciendo:

"Una virgen concebirá y dará a luz un hijo y le pondrás por nombre Emanuel" (que significa: "Dios con nosotros")». Otros ejemplos de la misma forma de relacionar eventos en la vida de Jesús con el Antiguo Testamento los encontramos en Mt 1.22–23; 2.5–6, 15, 17–18, 23; 3.3 etc.

Un aspecto particular de la presentación de Jesús en Mateo es la serie de paralelos entre Jesús y Moisés. La historia del nacimiento e infancia de Jesús hace eco de escenas y temas de la vida de Moisés. En el comentario, veremos más en detalle cómo Dios salva tanto la vida de Moisés como la de Jesús cuando éstos estuvieron en peligro a manos del gobernante de su tiempo (Mt 2.13–18; Ex 2.1–10). Tanto Moisés como Jesús ofrecen su enseñanza de la voluntad de Dios desde el monte (Mt 5.1–8.1; Exo 19.1–32.16). Hay muchas otras alusiones y otros paralelos literarios con historias sobre Moisés en el Evangelio que se discutirán en las secciones pertinentes.

Jesús: el Cristo, el Hijo del Dios viviente (Mt 16.16)

Otra característica del Evangelio según San Mateo es su manera particular de presentar la identidad y ministerio de Jesús. Según Mateo, Dios está presente de manera especial en la vida y obra de Jesucristo. Desde el anuncio del ángel a José («Dios con nosotros», Mt 1.20–23) hasta el final del Evangelio («yo estoy con vosotros,» Mt 28.20) se afirma la presencia continua de Dios y Cristo en la comunidad de los discípulos y por ende, en la iglesia. En forma particular para Mateo, Jesús es el «Hijo de Dios» en quien la voluntad escatológica de Dios se hace realidad presente. En la primera parte (Mt 1.1–4.16), el Evangelio presenta al personaje principal de la historia como «Jesucristo, hijo de David, hijo de Abraham» (1.1). Sin embargo, la presentación de Jesucristo no se limita a su identidad como descendiente de David y Abraham (1.2–17), sino que prosigue para identificar la verdadera identidad de Jesús como el hijo de Dios y rey de los judíos (2.1–23).

En la segunda parte de su historia, Mateo expande la presentación de Jesús como el Hijo de Dios tanto en las confesiones de los discípulos en la barca (14.33), de los dos endemoniados gadarenos (8.28–34), y de Pedro en Cesarea de Filipo (16.13–20). Finalmente, el Evangelio narra el viaje de Jesús a Jerusalén, su pasión, muerte y resurrección. Los tres anuncios de la pasión (16.21; 17.22–23; 20.17–19) interpretan teológicamente los sucesos de la última semana del Señor y preparan al lector para los sucesos de su muerte y resurrección. Estos anuncios de la pasión también ofrecen la seguridad de que los eventos trágicos aquí narrados no son productos del azar, sino parte del plan de Dios. Más aún, la muerte de Jesús en la cruz sirve como escenario para que el centurión romano y los que estaban con él reconocieran y confesaran que Jesús es el Hijo de Dios (27.54). Otros títulos cristológicos importantes para Mateo son: Hijo del hombre (8.20; 9.6; 10.23; 11.19; 12.8, 32, 40; 26.2, 24, 45, 64), e hijo de David (1.1, 20; 9.27; 12.23; 15.22; 20.30s; 21.9, 15). El título «Hijo de David» se encuentra sólo tres veces en Marcos y cuatro en Lucas.

Estilo y composición del Evangelio

El Evangelio según San Mateo utiliza una serie de fórmulas literarias para comunicar su mensaje de manera clara y efectiva. Uno de los rasgos sobresalientes del lenguaje de Mateo es su uso continuo (más de ciento setenta veces) de la frase «el reino de los cielos» (3.2; 4.17; 5.3, 10, 19s, etc.). Esta frase no aparece en ninguno de los otros evangelios canónicos. También es característica de Mateo su organización de los dichos y enseñanzas de Jesús en triadas, o grupos de tres. Por ejemplo, hay tres tentaciones en el desierto (4.1–11); nueve bienaventuranzas (tres grupos de tres) en el Sermón del Monte (5.3–13); tres instrucciones sobre la práctica de la piedad: la limosna, (16.1–4); la oración (6.5–15), y el ayuno (6.1–18). Otros ejemplos de esta estrategia literaria del Evangelio se verán al estudiar pasajes particulares.

Otra peculiaridad de Mateo es su utilización de la forma literaria llamada «inclusiones». Esto es, cuando una unidad literaria menor es marcada con el uso de la misma palabra o frase al comienzo y al final. Un ejemplo de «inclusión» en Mateo es la repetición de la frase «porque de ellos es el reino de los cielos» en la primera y en la última de las bienaventuranzas (5.3 y 10). El nombre de Jesús «Emanuel (Dios con nosotros)» en 1.23 y la frase «yo estoy con vosotros» en 28.20 sirven como una inclusión que cubre todo el Evangelio. Otra característica de Mateo es la repetición casi exclusiva de la frase «mi (o vuestro) Padre que está en los cielos» (5.16, 45,48; 6.1; 12.50; 16.17; 23.9, entre otros).

La composición del Evangelio según San Mateo refleja una organización teológica y literaria extraordinaria. Una de las particularidades de Mateo es la presencia de cinco grandes discursos pedagógicos. Cada uno de estos discursos concluye con una fórmula literaria semejante: «cuando terminó Jesús estas palabras...» (7.28; 11.1; 13.53; 19.1; 26.1). Los cinco grandes discursos de Mateo son: 1) el Sermón del Monte (5.3–7.27); 2) el discurso de instrucciones a los apóstoles (10.1–42); 3) el discurso de las parábolas del reino (13.1–52); 4) el discurso sobre la vida y disciplina en la iglesia

(18.3–35); y 5) el discurso escatológico (24.4–25.46). Alternando con estos cinco discursos, hay en el Evangelio una serie de narraciones más o menos estructuradas bajo temas comunes tales como la historia del nacimiento e infancia de Jesús (1.1–2.23); la predicación de Juan el Bautista, bautismo y tentaciones de Jesús (3.1–4.11), y el comienzo del ministerio de Jesús (6.12–25). Al Sermón del Monte le sigue una serie de diez milagros de Jesús (8.1–9.38), entre los cuales se intercalan tres secciones sobre el significado del discipulado (8.16–17; 9.9–17; 9.35–38).

Tras el discurso de instrucciones a los apóstoles (10.1–42) hay una serie de instrucciones e historias en las cuales se vuelve a tomar el tema de Juan el Bautista (11.2–19) y varias historias de milagros e instrucciones sobre la ley y el ministerio de Jesús (11.20–12.50). De igual manera, después del discurso de las parábolas (13.1–52), aparece el tema de Juan el Bautista (14.1–12) seguido por una sucesión de milagros y enseñanzas de Jesús (14.13–17.27). El discurso sobre la vida y disciplina en la iglesia (18.3–35) es seguido por una serie de enseñanzas, parábolas y milagros de Jesús (19.1–20.34): la entrada de Jesús a Jerusalén y los eventos anteriores a la pasión y muerte de Jesús, concluyendo con un discurso sobre los escribas y fariseos (21.1–23.36). Después del lamento sobre Jerusalén y el discurso escatológico (24.4–25.46), el Evangelio concluye con la historia de la muerte, sepultura, y resurrección del Señor y la última comisión a los once discípulos (26.1–28.20).

Mateo entre los evangelios sinópticos

Los primeros tres evangelios (Mateo, Marcos, y Lucas) son conocidos como los «evangelios sinópticos». Este nombre significa que estos tres evangelios ofrecen una presentación de la historia de Jesús de manera similar, aunque no exactamente igual. A diferencia del cuarto evangelio (Juan), los primeros tres evangelios tienen una serie de historias, enseñanzas y eventos de la vida de Jesús que pueden compararse mutuamente. Por otra parte, cada uno de estos evangelios tiene algunas escenas e historias particulares. Casi todo el contenido del Evangelio de Marcos (con excepción de algunas porciones) se encuentra también tanto en el de Mateo como en el de Lucas. Sin embargo, tanto Mateo como Lucas incluyen una serie de enseñanzas y discursos de Jesús, así como algunas parábolas, que no tienen paralelos en el Evangelio según San Marcos. Si consideramos, por ejemplo, la famosa oración del Padrenuestro (Mt 6.9–13; Lc 11.2–4), podemos notar que esta importante oración no tiene paralelo literario en Marcos. Otras enseñanzas de Jesús, tales como la advertencia sobre las preocupaciones sobre el vestido, la comida, y la vivienda (Mt 6.25–33; Lc 12.22–31), no tienen paralelos en Marcos.

Algunas historias y enseñanzas de Jesús se encuentran sólo en uno de los tres evangelios. Hay una serie de historias y enseñanzas de Jesús narradas únicamente por Mateo. Por ejemplo, la enseñanza sobre Jesús y la Ley (Mt 5.17–48) y la parábola de las diez vírgenes (Mt 25.1–15) no tienen paralelos en ninguno de los demás evangelios. A su vez, en otras ocasiones encontramos que la forma y el contenido de historias con paralelos en otros evangelios muestran particularidades teológicas y literarias exclusivas de Mateo. La genealogía de Jesús en Mateo (1.1–17) es muy diferente a la genealogía en el Evangelio según San Lucas (Lc 3.23–38). Y lo mismo es cierto sobre los detalles de la historia del nacimiento y la infancia de Jesús.

El estudio de los evangelios sinópticos que busca explicar el por qué de estas semejanzas, diferencias y particularidades entre estos tres evangelios se conoce como «el problema sinóptico». En forma breve, la explicación más común de los eruditos bíblicos es que existe una relación de dependencia literaria entre los evangelios sinópticos. La mayoría de los especialistas han concluido que Marcos fue el primer evangelio en ser escrito y que tanto Mateo como Lucas hicieron uso del Evangelio de Marcos como fuente de información para escribir sus evangelios. Además, tanto Mateo como Lucas utilizaron otra fuente común de información sobre las enseñanzas de Jesús, especialmente para algunas parábolas, discursos y dichos de Jesús. Esta fuente se conoce como la fuente «Q», o «fuente de los dichos de Jesús». Finalmente, cada evangelista tenía acceso a información particular que fue integrada a su evangelio para enfatizar algunos aspectos del ministerio y las acciones de Jesús, y para complementar algunas enseñanzas del Señor.

La mayoría de los comentaristas concluyen que el Evangelio según San Mateo fue escrito por un cristiano de origen judío, algunos años después que el de Marcos, para una comunidad cristiana en transición, cuyos creyentes venían en su mayoría del judaísmo. Esta comunidad cristiana también tenía que responder y explicar el Evangelio a una nueva generación de creyentes, muchos de los cuales venían de comunidades de origen gentil. Mateo parece haber sido un estudioso de la Ley de Moisés, que ha reconocido a Jesús como el Mesías, el nuevo Moisés, y que desea ofrecer una proclamación del evangelio de Jesús para esta nueva generación. Es muy probable que el Evangelio fuera escrito alrededor del año 85 en una de las comunidades cristianas urbanas cerca de la tierra de Israel o en Antioquía de Siria.

Bosquejo del contenido del Evangelio

La mayoría de los comentaristas identifica los cinco discursos de Mateo como puntos de referencia para la estructura literaria del Evangelio. Aunque no está completamente claro cómo relacionar cada discurso con su contexto inmediato, es una manera práctica para organizar este comentario. El Evangelio, desde esta perspectiva, puede dividirse en cinco grandes secciones, alternadas de narrativas y discursos, enmarcados por una introducción y una conclusión. Cada sección será discutida con más detalles en las páginas que siguen. Valga al presente sólo presentar un bosquejo breve. Siguiendo este modelo, el contenido del Evangelio según San Mateo puede organizase de la siguiente manera:

Introducción: Origen e infancia de Jesús (1.1–2.23)

Primera Parte: Proclamación del Reino de los cielos (3.1–7.29)
- A) Narración (3.1–4.25)
- B) Discurso: El Sermón del Monte (5.1–7.29)

Segunda Parte: Ministerio y misión en Galilea (8.1–10.42)
- A) Narración (8.1–9.38)
- B) Discurso: Instrucciones para los apóstoles (10.1–42)

Tercera Parte: Dudas sobre Jesús y comienzo de la oposición (11.1–13–52)
- A) Narración (11.1–12.50)
- B) Discurso: Parábolas del reino (13.1–52)

Cuarta Parte: Confesión y disciplina (13.53–18.35)
- A) Narración (13.53–17.27)
- B) Discurso: Vida y disciplina en la iglesia (18.1–35)

Quinta Parte: Viaje y ministerio en Jerusalén (19.1–25.46)
- A) Narración (19.1–23.39)
- B) Discurso: Discurso escatológico (24.1–25.46)

Conclusión: Pasión, muerte, y resurrección del Señor (26.1–28.20)

Origen e infancia de Jesús

(1.1-2.23)

Introducción

Mateo comienza su evangelio presentando al personaje principal de su historia en forma directa: «Jesucristo, hijo de David, hijo de Abraham» (1.1). En esta sección Mateo entreteje referencias, citas y alusiones a las Escrituras del Antiguo Testamento para interpretar el origen y la identidad de Jesús como el cumplimiento de las promesas y profecías divinas. Mateo afirma implícitamente que existe una continuidad entre la historia del pueblo de Dios en el Antiguo Testamento y la iglesia. Para Mateo, las Escrituras («la Ley y los profetas» Mt 7.13; 11.13; 22.40) son parte esencial de la herencia teológica de la iglesia. Para entender auténticamente la identidad y el significado de la vida de Jesús, sus enseñanzas, su muerte y resurrección, es necesario recurrir al Antiguo Testamento.

La primera sección del Evangelio contiene la genealogía de Jesús (1.1–17), el anuncio y nacimiento de Jesús (1.18–24), la visita de los sabios del oriente (2.1–11), la huida de la familia a Egipto (1.13–15), la conspiración fracasada de Herodes para matar al niño Jesús (1.16–18), el regreso de la familia a la tierra de Israel, y el asentamiento en Nazaret (1.19–23). Después de la genealogía, Mateo ha compuesto cada una de estas porciones de la primera sección, alrededor de una referencia al cumplimiento de las promesas divinas mediante el uso de una expresión, señalando a una cita específica del Antiguo Testamento. Esta sección puede bosquejarse como sigue:

1) Genealogía de Jesús (1.1–17)
    A) Título (1.1)
    B) Tres grupos de catorce generaciones (1.2–16)
    C) Resumen: tres veces catorce generaciones (1.17)
2) El nacimiento de Jesucristo (1.18–25)
    A) Introducción (1.18a)
    B) Nacimiento de Jesús (1.18b–23)
        1. Dilema propuesto por el embarazo de María (1.18b)
        2. Seguridad divina en respuesta a la preocupación de José (1.19–21)
        3. Fórmula de cumplimiento (1.22–23)
    C) Nombramiento del niño (1.24–25)
3) Complot de Herodes para matar a Jesús (2.1–23)
    A) Los sabios de oriente y el rey Herodes (2.1–12)
        1. Pregunta de los sabios respecto al recién nacido rey de los judíos (2.1–2)
        2. Consternación de Herodes (2.3–4)
        3. Fórmula de cumplimiento y cita del Antiguo Testamento (2.5–6)
        4. Adoración de los sabios de oriente (2.7–11)
        5. Regreso de los sabios «por otro camino» (2.12)
    B) Refugio en Egipto (2.13–23)
        1. Huida a Egipto (2.13–15)
        2. Matanza de los niños (2.16–18)
        3. Regreso de Egipto y establecimiento en Nazaret (2.19–23)

Esta primera sección del Evangelio contesta dos preguntas fundamentales: ¿quién es Jesús? y ¿cuál es su origen? La genealogía responde a la primera pregunta, mientras el resto de la historia responde a la segunda. Como veremos más adelante, las cinco escenas que siguen a la genealogía de Jesús están organizadas de tal manera que cada una de ellas se relaciona con una cita explícita del Antiguo Testamento. Las circunstancias del nacimiento de Jesús (1.18–24) se presentan como cumplimiento de la promesa bíblica de Isaías 7.14. La adoración de los sabios de oriente se relaciona con Miqueas 5.2. La huida a Egipto, Oseas 11.1. La matanza de los niños se ve como cumplimiento de la profecía de Jeremías 31.15. Finalmente, el establecimiento de Nazaret como el lugar de residencia de la familia se presenta como cumplimiento de «lo que fue dicho por los profetas» (2.23), aunque no está claro a qué pasaje el texto se refiere. La genealogía de Jesús también está construida siguiendo patrones establecidos en el Antiguo

Testamento. Por ejemplo, Mateo 1.1 y 3b–6a repiten casi exactamente a Rut 4.18–22. Además, es muy probable que la frase «libro de la genealogía» en Mateo 1.1 sea un eco de la primera parte de Génesis 1.1. La historia del nacimiento e infancia de Jesús hace eco de escenas de la historia de la vida de Moisés en el Antiguo Testamento y de las historias de Moisés en la tradición popular de la época.

La genealogía de Jesús (Mt 1.1–17)

Mateo 1.1–17 contiene una genealogía de Jesucristo. La misma consiste en tres grupos de catorce generaciones. Esta genealogía sirve para definir la identidad de Jesucristo como descendiente de David y de Abraham (1.1). De esta manera, el evangelista conecta la vida y ministerio de Jesús con la historia del pueblo de Israel. Mateo presenta a Jesús como el heredero de las promesas de Dios, al patriarca Abraham (Gn 12.1–3) y al rey David (2 S 7.1–16).

La genealogía de Jesús en Mateo es eco de una tradición bíblica muy antigua, reflejada en las genealogías del Antiguo Testamento (véase Gn 5.1–33; 6.9–22; 36.1–43; Ex 6.14–28; Rt 4.18–22). La genealogía en Mateo tiene semejanza particular con la del rey David en Rt 4.18–22, tanto en el número de nombres en común como en el patrón de nombre del padre + engendró + nombre del hijo y hermanos.

Una característica inesperada en la genealogía de Mateo es la presencia del nombre de algunas mujeres. En cinco ocasiones rompe la secuencia de padre + engendró + nombre del hijo (1.3 [Tamar]; 1.5 [Rahab y Rut]; 1.6 [la que fue mujer de Urías] y 1.16 [María]). Los eruditos bíblicos no han podido llegar a una conclusión determinante de la razón por la cual Mateo incluyó a estas mujeres en particular de entre todas las mujeres de la historia bíblica. La mayoría de ellas eran de origen gentil (Tamar, Rahab, Rut), pero no se sabe con certeza si Betsabé (2 S 11.1–12.25; llamada Bet–súa en 1 Cr 3.5) era gentil. María, evidentemente, no era gentil. Lo que sí tienen en común es que todas ellas fueron madres de forma irregular (aunque no está claro si éste es el caso de Rahab) para asegurar la línea genealógica hasta llegar al Mesías.

La última línea de la genealogía (1.16) también rompe el patrón padre + engendró + nombre del hijo. En esta ocasión la diferencia no es sólo la inclusión de María en la genealogía, sino la forma en que el texto introduce el nacimiento de Jesús. Según el texto, «Jacob engendró a José, marido de María, de la cual nació Jesús, llamado el Cristo,» se rompe la línea genealógica entre José y Jesús. La frase no dice «José engendró a Jesús de María,» como se esperaría de acuerdo a la fórmula utilizada hasta el presente por Mateo. La fórmula es alterada con el fin de enfatizar la maternidad de María y para negar la paternidad de José en el nacimiento de Jesús. El Evangelio insinúa el tema que desarrollará en el párrafo siguiente (1.18–25) sobre la concepción y nacimiento de Jesús como obra divina por medio del Espíritu Santo. De esta manera, Mateo prepara al lector para la comprensión de un título cristológico fundamental en este Evangelio, y en los primeros dos capítulos en particular: Hijo de Dios.

El nacimiento de Jesús (1.18–25)

Después de la genealogía de Jesús (Mt 1.1–17), el Evangelio procede a narrar los personajes y acontecimientos relacionados con el nacimiento y la infancia de Jesús. La primera unidad trata sobre el nacimiento propiamente dicho (1.18–25). Aquí, Mateo ofrece detalles tales como el dilema planteado a José por el embarazo de María, la intervención divina por medio de un ángel para asegurar a José sobre la naturaleza de ese embarazo, y la declaración final del nombramiento del niño. Mateo introduce aquí una de sus características narrativas más importantes. Toda la historia de Jesús se narrará en diálogo teológico con las tradiciones bíblicas del Antiguo Testamento, complementadas con ecos de cómo esas historias se mantenían vivas en la comunidad judía del primer siglo. Tanto las citas del Antiguo Testamento como las tradiciones judías forman parte del trasfondo narrativo. Algunas de estas tradiciones las encontremos en la historia del Evangelio.

El nacimiento del Salvador es una intervención de Dios en medio de la historia humana. Las esperanzas del pueblo de Dios comienzan a verse cumplidas, y Dios ejecuta una obra creadora en el vientre de María. La vida y ministerio de Jesús pueden verse desde una perspectiva doble. Por un lado, Jesús es la culminación de la historia pasada de Israel, es el Mesías prometido, y la obra comenzada por Dios en la antigüedad culmina en su nacimiento. Por otro lado, la vida de Jesús abre la puerta de una nueva historia en la cual Dios vuelve a intervenir por medio del Espíritu creador, iniciando la obra salvadora con una perspectiva nunca antes imaginada.

La sección (1.18–25) puede ser bosquejada de la siguiente manera:

A) Introducción: (1.18a) que sirve como título a este segmento y hasta 2.23
B) Nacimiento de Jesús (1.18b–23)

1) Dilema propuesto por el embarazo de María (1.18b)
2) Seguridad divina en respuesta a la preocupación de José (1.29–21)
   a) Reacción de José (1.19)
   b) Intervención divina por medio de un ángel (1.20–21)
3) Fórmula de cumplimiento (1.22–23)

C) Conclusión: Nombramiento del niño (1.24–25)
1) Reacción de José (1.24–25a)
2) Nombramiento de Jesús (1.25b)

1.18 La primera parte del versículo 18 sirve de introducción a toda la historia que comienza en esta escena y termina con el establecimiento de la familia de José en Nazaret (2.23). María y José estaban comprometidos para casarse. Las costumbres nupciales de la época de Mateo eran muy particulares. El proceso para contraer matrimonio tenía dos partes principales. Inicialmente se realizaba un contrato entre las familias de los futuros cónyuges equivalente a un compromiso de matrimonio. El matrimonio se consumaba alrededor de un año después con una celebración en casa del novio y una cena para toda la familia y amistades. La celebración de la boda podía durar varios días. El compromiso de matrimonio tenía casi tanto valor legal como el matrimonio mismo y se esperaba la fidelidad de las partes comprometidas. La violación del compromiso (por parte del novio) requería una acusación formal y pública en la cual se detallaban las razones del rompimiento. Dadas las costumbres y leyes de la época, podemos estar seguros que el embarazo de María crearía dificultades para los planes matrimoniales de María y José.

Estando comprometida para casarse con José, María concibió un niño por el Espíritu Santo. La obra del Espíritu Santo en el Evangelio según San Mateo se refiere a una intervención soberana de Dios. El nacimiento y la historia de Jesús deben entenderse como un acto escatológico y providencial. Dios interviene haciéndose parte de la historia humana para en ella mostrar y hacer efectiva la redención.

1.19 José, el justo, intenta resolver la situación de la manera menos dolorosa posible. El adjetivo «justo» tiene un significado particular en Mateo. Generalmente se refiere a las personas que son fieles a la ley, cuya fe y piedad se muestran por sus acciones en armonía con su entendimiento de la voluntad divina. El término se asocia con los profetas en 10.41; 13.17; 23.29, y se utiliza consistentemente en forma positiva. De acuerdo a la Ley de Dios en Deuteronomio 22.23–24, el castigo de la infidelidad conyugal (incluso antes de consumarse el matrimonio) era la muerte por apedreamiento. La acción propuesta por José tiene el propósito de salvar la vida de María, a pesar de la deshonra que su embarazo le causaba.

1.20–21 Un ángel del Señor se le aparece en sueños a José y detiene sus planes al interpretar el embarazo de María como obra del Espíritu Santo. En otras dos ocasiones en la historia de la natividad e infancia, un ángel del Señor se le aparecerá a José en sueños, instruyéndole sobre lo que debe hacer (2.13 y 19–20). En todas ellas, José sigue las instrucciones al pie de la letra (1.24; 2.14 y 21). Esto sirve como señal del carácter justo de José: es el tipo de persona que escucha y obedece la palabra de Dios.

El mensaje del ángel es importantísimo para la comprensión del Evangelio de Mateo. Como figura celestial, el mensaje del ángel representa para José (y para el lector del Evangelio) la voz de Dios. Tres puntos sobresalen en el contenido del mensaje angelical. Mateo sigue el mismo patrón de Génesis 17.19, de intervención divina a través de un ángel que le informa al personaje principal el nombre y significado del niño por nacer: «Ciertamente Sara, tu mujer, te dará a luz un hijo y le pondrás por nombre Isaac. Confirmaré mi pacto con él como pacto perpetuo para sus descendientes después de él». En primer lugar, el ángel define la identidad de José como «hijo de David», conectando así la historia del nacimiento con la genealogía de Jesús, llamado «hijo de David» en 1.1. Como hijo de David, José es miembro de la familia real y, potencialmente, padre del Mesías esperado. Como hijo legal de José, Jesús es parte de la descendencia de David, y como tal, puede reclamar los derechos legítimos de realeza. El título «hijo de David» aparecerá otras ocho veces en el Evangelio de Mateo para referirse a Jesús (1.1; 9.27; 12.23; 15.22; 20.30, 31; 21.9, 15; véase también Mt 22.42). Este título tiene la función de afirmar la naturaleza mesiánica y sanadora de Jesús—tema que se discutirá más adelante en este comentario.

En segundo lugar, el ángel le informa a José que el hijo de María fue engendrado por el Espíritu Santo (1.20). La concepción milagrosa de Jesús por obra del Espíritu Santo aparece tanto en las historias del nacimiento en Mateo como en las de Lucas. Mateo 1.18, 20 y Lucas 1.24–26 son ecos de esta tradición, aunque desde perspectivas diferentes. Sin embargo, este tema tan importante en la historia de la iglesia no aparece de nuevo en el texto bíblico después de las historias del nacimiento.

Finalmente, el ángel menciona el nombre del niño que está por nacer, y el significado de dicho nombre. El nombre «Jesús» tiene su origen en «Josué» (*Yehôšua´* en hebreo, véase Ex 23.14) que significa «el Señor [Yahweh] salva». La razón de tal nombre es que «él salvará a su pueblo de sus pecados». En contraste con la visión tradicional de que el Mesías sería un personaje cuya acción se limitaría al ámbito de la acción política y militar, el Evangelio de Mateo declara que la salvación tiene un carácter moral y religioso, además de su carácter político. Más adelante, en los capítulos finales, el Evangelio ofrecerá una visión más concreta de cómo se llevará a cabo la salvación del pueblo.

1.22–23 Mateo vuelve a tomar la palabra para interpretar el embarazo de María y el mensaje del ángel a través de la primera fórmula de cumplimento en el Evangelio. En estas fórmulas de cumplimiento (1.22–23; 2.5–6, 15, 17–18, 23; etc.), Mateo introduce una cita directa del Antiguo Testamento para explicar que los eventos narrados han ocurrido para cumplir lo que los profetas de las Escrituras han dicho. Con estas fórmulas, el ministerio de Jesús se interpreta como parte del plan de Dios para la salvación, en continuidad con las Escrituras del Antiguo Testamento y la historia del pueblo de Israel. Esta primera cita (Is 7.14) sigue muy de cerca la versión griega del texto comúnmente conocida como la Septuaginta (o LXX). El texto de Isaías es parte del anuncio profético al rey Acaz, de que Dios intervendría para salvar al pueblo de la amenaza de una guerra y derrota. Dios promete por medio del profeta que el pueblo se salvará. Como confirmación de su mensaje, el profeta le dice al rey Acaz que pida una señal de que la palabra profética es verdadera. Ante la negativa de Acaz de pedir la señal, el profeta mismo se la ofrece de parte de Dios en Isa 7.14: Dios le promete al rey el nacimiento de un niño (con toda probabilidad el hijo del rey) que traerá salvación para el pueblo. Mateo, al citar la promesa profética de Isaías, reinterpreta el mensaje antiguo, de manera que el cumplimiento de la promesa divina alcanza su máxima expresión en la persona de Jesucristo. El cumplimiento de la profecía bíblica no es simplemente la realización de una predicción, sino que la cita viene a ser señal y ejemplo de que, en Jesucristo, Dios está cumpliendo su promesa de salvación de su pueblo.

El texto de Isaías 7.14 citado por Mateo, sigue la traducción griega del Antiguo Testamento que se diferencia del texto hebreo. En hebreo dice «la mujer joven está embarazada y dará a luz un hijo y será llamado Emanuel», mientras la versión griega dice «la virgen concebirá y dará a luz un hijo y llamarás su nombre Emanuel». El texto hebreo habla de una mujer joven (que podía estar casada), mientras la versión griega del texto enfatiza la virginidad de la mujer que dará a luz un hijo. Mateo toma el texto de la versión griega y, de esa manera, interpreta el embarazo virginal de María como parte del plan salvífico de Dios. El nombre del niño «Emanuel» es una transliteración del hebreo que significa «Dios está con nosotros» o «Dios está de nuestro lado». En el contexto histórico del primer siglo, este tipo de afirmación tenía repercusiones en todos los niveles de la vida. La religión civil del Imperio Romano afirmaba que los emperadores eran los mediadores de la presencia de los dioses. Mateo, por otro lado, rechaza y reemplaza la ideología imperial, y afirma que la presencia de Dios en su pueblo se hace realidad en la persona y obra de Jesucristo. El significado de este nombre hace eco al final del Evangelio cuando Jesús les dice a los once discípulos reunidos en la montaña «yo estoy con vosotros todos los días, hasta el fin del mundo» (Mt 28.20).

1.24–25 La sección termina con la respuesta de José a las instrucciones del ángel. Al despertar de su sueño, José «hizo como el ángel del Señor le había mandado y recibió a su mujer». La obediencia de José a las instrucciones del ángel es consistente con su respuesta a las próximas instrucciones del ángel en el Evangelio (2.13–14 y 2.20–21, véase también 2.22). Esta conducta de José manifiesta su carácter como un hombre justo (1.19).

Mateo declara que José no conoció a María—es decir, no tuvo relaciones sexuales con ella—hasta que dio a luz a Jesús. Este texto ha sido motivo de gran discusión y división, particularmente entre católicos y protestantes, puesto que los primeros afirman la virginidad perpetua de María. El tema todavía se discute. Por ejemplo, dos traducciones contemporáneas muestran algunas dificultades en la traducción del texto y diversas interpretaciones. La versión de la Biblia conocida como Dios Habla Hoy (DHH) lo traduce: «Y sin haber tenido relaciones conyugales, ella dio a luz a su hijo, al que José puso por nombre Jesús», mientras que la versión Reina–Valera 1995 (RV-1995) lo traduce: «Pero no la conoció hasta que dio a luz a su hijo primogénito, y le puso por nombre Jesús.» Pueden notarse por lo menos dos diferencias fundamentales en las dos traducciones. Mientras la DHH dice que María dio a luz a su hijo «sin haber tenido relaciones conyugales», la versión RV-1995 traduce la frase «hasta que dio a luz a su hijo primogénito». La traducción DHH hace énfasis en la naturaleza milagrosa del nacimiento de Jesús, mientras que la RV-1995 señala al hecho de no tener relaciones «hasta» que María dio a luz. La segunda diferencia es la inclusión de la palabra «primogénito» en la versión RV-1995 pero ausente en la DHH. Ambas versiones añaden una nota al calce en la cual se señala que la palabra «primogénito» no aparece en muchos manuscritos griegos antiguos. Estas dos diferencias muestran que la interpretación de este pasaje no descansa sólo en tradiciones de una denominación particular, sino en el texto mismo. Ambas traducciones son posibles, dadas las palabras y la gramática griega. Sin embargo, lo importante no es tanto si María y José convivieron como matrimonio o si Jesús fue el primer hijo entre varios, sino la intención del Evangelio de afirmar que Dios ha intervenido haciendo valer su promesa de un Salvador, y que, a pesar de las dificultades y dilemas humanos, el plan de Dios se lleva a cabo. Finalmente, el niño es llamado «Jesús» de acuerdo a las instrucciones del ángel en 1.21.

Complot de Herodes para matar a Jesús (2.1–23)

Esta sección de la historia del nacimiento e infancia de Jesús describe la visita de los sabios de oriente (2.1–12) y el intento de Herodes para matar a Jesús (2.13–23). La acción de Herodes, por su parte, puede dividirse en las escenas del viaje a Egipto, la matanza de los niños, y el regreso a Nazaret. Cada una de estas secciones se interpreta mediante una referencia a las Escrituras del Antiguo Testamento. La historia de los sabios y su viaje a Jerusalén y Belén (2.1–12) se desarrolla alrededor de la cita de Mic 5.2, combinada con 2 Sam 5.2. La huida a Egipto (2.13–15) se relaciona con Oseas 11.1. La historia de la matanza de los niños (2.16–18) se conecta con Jeremías 31.15. Y la historia del regreso a Nazaret (2.19–23) probablemente se relaciona con Jueces 13.5 y 7. Además de estas referencias directas al Antiguo Testamento, la historia del nacimiento e infancia de Jesús hace eco de tradiciones de la Biblia y del judaísmo primitivo referentes a Moisés. Si la genealogía señala quién es Jesús, y la historia de José y María en 1.18–25 explica cómo fue su nacimiento, estas secciones cuentan las otras circunstancias.

Los sabios de oriente y el rey Herodes (2.1–12)

Esta escena enmarca el nacimiento de Jesús en el contexto de la geografía y la historia socio-política de la época. El Evangelio también contrasta la participación de las naciones (los gentiles) en la historia de la salvación con aquélla de los líderes religiosos de Israel (principales sacerdotes y escribas), y el papel negativo del Imperio Romano a través de la persona del rey Herodes. Como en la escena anterior, el Evangelio cita y alude al Antiguo Testamento para interpretar los eventos alrededor del nacimiento de Jesús. La cita del Antiguo Testamento es una combinación más o menos libre de Miqueas 5.1 y 2 Samuel 5.2b. Como veremos en los párrafos que siguen, la escena también está impregnada de referencias indirectas al Antiguo Testamento.

La escena de la visita y adoración de los sabios de oriente (2.1–12) puede bosquejarse de la siguiente manera:

A) Introducción: Circunstancias geopolíticas del nacimiento (2.1a)
B) Llegada de los sabios (2.1b–2)
C) Reacción de Herodes (2.3–8)
   1) Turbación (2.4–8)
   2) Principales sacerdotes y escribas (2.4–6)
      a) Pregunta (2.4)

b) Respuesta (2.5)
c) Cita de la Escritura (2.6)
3) Herodes y los sabios de oriente (2.7–8)
a) En secreto (2.7)
b) Instrucciones de Herodes (2.8)
D) Los sabios y el niño (2.9–11)
1) Viaje hasta el niño (2.9)
2) Regocijo (2.10)
3) Adoración (2.11)
E) Regreso por otro camino (2.12)

2.1a Mateo identifica el contexto geográfico e histórico del nacimiento de Jesús. En el Antiguo Testamento, Belén se conoce como la ciudad del rey David (1 S 16.1). En Belén fue sepultada Raquel (Gn 36.19) y allí nació Isaí, el padre de David (Rt 4.17). La aldea de Belén está a unas cuantas millas de Jerusalén. En contraste con la capital de Israel, Belén no era el centro político ni religioso de la época. Dada su insignificancia política y religiosa, la historia resalta que Jesús nace al margen del poder y la opulencia.

Este rey Herodes no es otro que Herodes el Grande, quien fue rey de los judíos durante los años 37–4 antes de Cristo. Nacido de prosélitos idumeos cerca del año 70 a.C., fue un rey astuto y cruel que gobernó sobre Israel auspiciado y protegido por el poder imperial de César Augusto. Su reinado se destacó por una serie de incursiones militares y por la imposición de su voluntad. Entre sus grandes construcciones había varios templos paganos a los dioses romanos y al emperador, la reconstrucción de Samaria (a la cual llamó Sebastos en honor a César Augusto), la construcción de fortalezas militares, y la reconstrucción majestuosa del templo de Jerusalén (concluida durante el reinado de su hijo en el año 67 d.C.). Durante los últimos años de su reinado, la crueldad de Herodes llegó al extremo de ordenar la muerte de algunos de sus familiares (su cuñado, su tío, el abuelo de su esposa, su propia esposa Mariamme, y hasta tres de sus propios hijos) por temor a que se rebelaran contra él y le quitaran el reino.

La mención de Herodes en esta historia tiene una doble función. En primer lugar, ofrece un ejemplo de cómo la actitud de Herodes y las fuerzas políticas de la época intentan matar a Jesús (2.16–18). En segundo lugar, sirve como crítica subversiva a los títulos y reclamos de soberanía (Herodes como «rey de los judíos»), y como reclamo de lealtad a Dios por el verdadero «rey de los Judíos» (2.2; 27.37).

2.1b–2 Los «sabios» (literalmente «magos») con toda probabilidad se refiere a un grupo sacerdotal persa de estudiosos de los astros, cuyos movimientos interpretaban como señales de eventos importantes en la historia. Éstos llegan a Jerusalén (no a Belén) en busca del «rey de los judíos que ha nacido» (2.2). La pregunta de los sabios sobre el paradero del «rey» y el lugar donde hacen esta pregunta, «Jerusalén», refleja los valores y presupuestos ideológicos del lugar de nacimiento de los reyes, es decir, el palacio real. Como es de esperarse, Herodes y su corte estarían turbados por la noticia de un nuevo pretendiente al trono del rey. La sospecha real no se deja esperar.

La estrella que han visto salir («en el oriente») no debe interpretarse como un fenómeno astrológico sino como parte del lenguaje simbólico que interpreta los astros a la luz de las esperanzas y tradiciones religiosas y políticas de la época. En el antiguo Israel la frase «saldrá estrella de Jacob» en Números (24.17) había sido interpretada como señal de un rey que nacería de la descendencia de Jacob. De hecho, uno de los documentos del Mar Muerto (el Documento de Damasco, 7.15b–21) interpreta el texto de Números como una referencia al líder de esta comunidad, el Maestro de Justicia. La literatura apocalíptica judía también describe la estrella de Números como una referencia al rey (Testamento de Leví 18.3; Testamento de Judá 24.1). La traducción al arameo del Antiguo Testamento conocida como Targum (Targum Neofiti de Números 14.17), reemplaza la palabra «estrella» por «rey».

2.3–5a La reacción de Herodes no se deja esperar. El nerviosismo de Herodes lo motiva a tomar acción inmediatamente. Un nuevo «rey de los judíos» se convertiría en una amenaza para su reino y para la seguridad de la presencia imperial. Los principales sacerdotes y los escribas del pueblo representan el liderato religioso de la época. El Evangelio apunta hacia una acción coordinada de la élite política y religiosa que resultará en una amenaza para la vida del niño Jesús y cuyo desenlace final se encuentra en la historia de la pasión del Señor en 26.1–27.66. Herodes, quien en el pasado hizo matar a muchos líderes judíos, recurre a sus asesores religiosos y a las Escrituras para identificar el lugar del nacimiento del Cristo.

2.5b–6 La respuesta de los líderes religiosos, «en Belén de Judea», introduce la segunda cita directa del Antiguo Testamento en la historia del nacimiento de Jesús. La cita es una combinación de dos textos bíblicos. En primer lugar, la referencia a Miqueas 5.2a «Pero tú, Belén Efrata, tan pequeña entre las familias de Judá, de ti ha de salir el que será Señor en Israel» ha sido adaptada en el Evangelio para resaltar, no la pequeñez de Belén, sino que Belén es el lugar de donde el guía de Israel ha de salir. La segunda parte de la cita es una adaptación de 2 Samuel 5.2 en la cual Samuel le dice a David de parte de Dios: «Tú apacentarás a mi pueblo Israel, y tú serás quien gobierne a Israel». La figura del pastor es una imagen bíblica muy antigua para referirse al gobernante del pueblo. Esta imagen será utilizada por Jesús mismo en 9.36 para describir el estado del pueblo «como ovejas que no tienen pastor». La fórmula de cumplimiento identifica no sólo el lugar del nacimiento de Jesús (Belén), sino que añade un aspecto más en la descripción del ministerio de Jesús como la persona escogida por Dios para ser el verdadero líder del pueblo.

2.7–8 Después de la respuesta de los principales sacerdotes y escribas, Herodes llama a los sabios en secreto, esto es, con cierto nivel de decepción. La intención, evidentemente, es informarse de los detalles del tiempo y lugar específicos del nacimiento del niño. Aunque el texto no informa inmediatamente de los planes de Herodes, sí lo hace en 2.16, cuando Herodes ordena matar a todos los niños menores de dos años. No cabe duda que Mateo desea resaltar la vulnerabilidad del niño recién nacido en manos del poderoso Herodes.

2.9–11 La estrella vuelve a aparecer en la escena y los sabios la siguen hasta que se detiene donde está el niño. Debemos recordar que aunque la estrella guiaba a los sabios de oriente, fue en la cita de la Escritura donde encontraron dirección segura. El regocijo de los sabios se puede contrastar con la turbación de Herodes y de toda Jerusalén (2.3). El gozo («*chara*» en griego) con el cual se alegran los sabios es más que nada el gozo de quien es objeto de la salvación divina. La misma palabra se utiliza en 13.20, 44; 25.21, 23; 28.8.

Los sabios entran en la casa, encuentran al niño con María («su madre»), y le ofrecen adoración. Las acciones de los sabios se asemejan a otros pasajes del Antiguo Testamento y la literatura judía de la época, en los cuales líderes de las naciones acuden a ofrecer homenaje al rey de Israel (Sal 72.10–11; Is 2.1–4; Miq 4.1–2). Los sabios se postraron en adoración (2.2, 8, 11; 4.9, 10; 8.2; 9.18; 15.25; 20.20) y le ofrecieron al niño sus regalos de oro, incienso, y mirra. Este tipo de ofrenda era común en el Medio Oriente antiguo. Desde tiempos de los antiguos teólogos de la iglesia (y más tarde por Martín Lutero) los tres elementos han sido interpretados simbólicamente. El oro, como símbolo de realeza; el incienso, como símbolo de divinidad; y la mirra, como símbolo de la futura muerte y sepultura de Jesús. Algunos comentaristas han visto en estos elementos una referencia indirecta al Salmo 72.10–11, 15 y a Isaías 60.1–6. Basándose en estas citas, la tradición posterior ha identificado a estos magos como reyes. Anteriormente, el número de regalos fue identificado como el número de sabios, y en la Edad Media ya se les habían atribuido los nombres de Melchor, Gaspar y Baltazar. De aquí la tradición popular de los tres santos reyes magos: Melchor original de Occidente, Gaspar de la India, y Baltazar del mundo árabe.

Mateo resalta el contraste entre Herodes con su oposición a Jesús, los líderes religiosos con su indiferencia, y los sabios con su adoración y entrega. Como se verá más adelante, Herodes intenta matar al niño. Los principales sacerdotes y escribas del pueblo, aunque tienen conocimiento correcto del lugar del nacimiento del Cristo, no hacen nada con ese conocimiento—aparte de hacérselo saber a Herodes. Los sabios, por otro lado, han viajado y llegan a adorar al niño. Tal vez Mateo presente estas tres respuestas con la intención de que, quienes leen el texto, reflexionen y decidan con cuál de ellas se han de identificar. Mientras los líderes del poder político imperial se oponen a Jesús, y los religiosos son indiferentes, los gentiles vienen y adoran al recién nacido, rey de los judíos.

2.12 Los sabios son advertidos en sueños de no regresar a Herodes (véase 2.8) y retornan a su tierra por otro camino. Nuevamente, Mateo hace eco de antiguas tradiciones bíblicas en Números 22–24. Como Balaán, que desobedeció a Balac para obedecer a Dios y regresó a su tierra por su propio camino, así también los sabios desobedecen a Herodes y regresan a su tierra por otro camino, en obediencia a las instrucciones recibidas en sueños.

Huida a Egipto (2.13–15)

Esta escena de la historia del nacimiento de Jesús tiene que ver con la historia de la huida a Egipto de José y su familia. El Evangelio vuelve a tomar el tema de Herodes y su amenaza contra la vida del niño. Esta escena repite un patrón literario que aparece en tres ocasiones en la historia del nacimiento e infancia de Jesús: A) Un ángel se le aparece en sueños a José con instrucciones específicas (1.20–21; 2.13, 19–20); B) José obedece las instrucciones del ángel al pie de la letra (1.24; 2.14, 21); y C) cada acción de José se interpreta con una fórmula de cumplimiento (1.22–23; 2.16, 23).

2.13 Con la partida de los sabios, el ángel del Señor indica a José que tome al niño y su madre y huyan a Egipto, porque Herodes buscaría matar al niño. Por primera vez Mateo manifiesta las intenciones reales de Herodes cuando se reunió en secreto con los sabios. Egipto era lugar tradicional de asilo para quienes estaban en peligro. El patriarca Jacob recibió instrucciones divinas de ir a Egipto (Gn 46.2–3). También Jeroboam (1 R 11.40), y el profeta Urías (Jer 26.21) fueron refugiados políticos en Egipto. Otro paralelismo entre la historia del viaje de Jesús a Egipto y las tradiciones del Antiguo Testamento es la semejanza de la historia de la matanza de los niños y la historia del asesinato de los niños en el tiempo de Moisés (Ex 1.15–22). Así como el faraón intentó matar a Moisés, Herodes intentará matar a Jesús.

2.14–15 José obedece la voz del ángel. El pasaje ofrece un sentido de urgencia cuando dice que José tomó al niño y a la madre «de noche». La muerte de Herodes frustra sus propios planes. El que buscaba matar al niño para salvar su reinado, muere, salvando así la vida del niño.

La fórmula de cumplimiento cita el texto hebreo del profeta Oseas (11.1): «de Egipto llamé a mi Hijo». El contexto del mensaje de Oseas nos ofrece la clave para entender el uso de esta cita en el Evangelio. El profeta Oseas anuncia un nuevo éxodo, luego de hacer referencia a la experiencia de los israelitas en Egipto, cómo Dios los libertó, y cómo el pueblo fue desobediente a la voz divina. Sin embargo, Dios promete una nueva proeza de salvación para el pueblo. El Evangelio, con su cita del profeta Oseas, está anunciando que, con el viaje y salida de Jesús de Egipto, la promesa de un nuevo éxodo ha comenzado a realizarse. Más que una predicción del viaje de Jesús a Egipto por el profeta, la cita interpreta la vida de Jesús a la luz de la promesa bíblica y anuncia a quienes leen que Dios ha cumplido su promesa.

Muerte de los inocentes (2.16–18)

2.16 Herodes hacía todo lo que estaba a su alcance para asegurar su poder. Como señalamos en el comentario a 2.1a, en sus últimos días Herodes ordenó la muerte de miembros de su familia para asegurar su trono. El Evangelio hace un paralelo entre la acción de Herodes y la del faraón de Egipto en tiempos de Moisés (Ex 1.1–16, 2.15). Así como el faraón intentó matar a Moisés durante su infancia, así también Herodes intenta matar a Jesús. De la misma manera que en Mateo, Jesús es presentado como el nuevo Moisés, el rey Herodes es presentado como el nuevo faraón. La referencia a «dos años» puede apuntar al cálculo desde la aparición de la estrella y la visita de los sabios a Jerusalén.

2.17–18 La fórmula de cumplimiento cita al profeta Jeremías (Jer 31.15) donde se habla de la experiencia del exilio y cautiverio de los israelitas. Sin embargo, es importante recordar que el mensaje del profeta Jeremías no se limita a lamentar la experiencia dolorosa del pasado sino que mira hacia el futuro, cuando los israelitas «volverán de la tierra del enemigo» (Jer 31.16–17). Mateo insiste en el cumplimiento de la palabra profética en el horizonte de la historia de la salvación como una afirmación de la fidelidad de Dios y la realización en Jesucristo de la salvación prometida. Mateo es el único de los evangelios que menciona a Jeremías por nombre (2.17; 16.14; 27.9–10).

Regreso de Egipto (2.19–23)

2.19–20 La historia se enlaza con 2.15 para narrar los eventos que siguieron a la muerte de Herodes. Nuevamente un ángel del Señor se le aparece a José en sueños y lo instruye en lo que tiene que hacer (véase la introducción al comentario en 2.13–15). La instrucción del ángel hace eco de las instrucciones de Dios a Moisés en Madián después de la muerte del faraón que buscaba su vida. En Éxodo 4.19 el Señor ordena que Moisés regrese a Egipto porque han muerto «todos los que procuraban tu muerte». No hay duda que el Evangelio intenta que los lectores conocedores de las Escrituras entendieran la alusión como otro ejemplo de paralelismo entre Jesús y Moisés.

2.21–22 José obedece las instrucciones del ángel. La situación, sin embargo, no es del todo favorable. Arquelao, hijo de Herodes el grande, reinaba en Judea. El gobierno de Arquelao fue breve. De acuerdo al historiador judío Josefo (*Antigüedades de los Judíos* 17.339–344), su breve gobierno estuvo marcado por el abuso del poder, la tiranía y el barbarismo. Los líderes judíos lo acusaron ante el emperador Augusto quien lo despojó de su gobierno. La crítica al abuso del poder por parte de Arquelao aparece en Mateo, en el temor de José de ir a Judea cuando se entera de quién gobierna en lugar de Herodes. Galilea, por su parte, era gobernada por Herodes Antipas (el Tetrarca) quien, aunque al momento menos peligroso que su hermano, ordenará la muerte de Juan el Bautista (14.1–12) y, según Lucas (23.6–12), también estará involucrado en la muerte de Jesús.

2.23 Este último verso concluye la historia del nacimiento e infancia de Jesús. La familia se establece en la «ciudad que se llama Nazaret». Nazaret era una aldea en las montañas a unas quince millas al oeste del mar de Galilea. La última fórmula de cumplimiento difiere significativamente de las anteriores. La referencia a lo dicho «por los profetas» no identifica un lugar específico o profeta particular. Los comentaristas sugieren la posibilidad de que el texto se refiera a la tradición de los nazareos (Nm 6.1–21; Jue 13.1–24). Los nazareos, cuyo nombre significa «consagrados», eran personas especialmente consagradas a Dios y, como señal de tal consagración, ni se cortaban el pelo ni tomaban vino. Algunos relacionan la cita con las palabras de Isaías (4.3) que anuncian que «será llamado santo» como una posible alusión al concepto de nazareo, y sugieren que Mateo está refiriéndose indirectamente a este pasaje. También se ha propuesto la posibilidad de Isaías 11.1, donde se alude a la «vara del tronco de Isaí» (*nēzer* en hebreo) como la referencia de Mateo. De cualquier manera, Mateo insiste en la continuidad y fidelidad de las promesas divinas en el Antiguo Testamento en cuanto a la fe de la iglesia.

Observaciones generales

Los contrastes presentados en esta sección entre los sabios, Herodes, y los líderes religiosos ofrecen paradigmas interpretativos para la comunidad hispana contemporánea. Por un lado, el Evangelio afirma que los eventos relacionados con el nacimiento e infancia de Jesús son parte del plan divino para la salvación del pueblo de Dios. La afirmación teológica de Dios como Señor de la historia tiene su fundamento en las continuas referencias al Antiguo Testamento y las promesas proféticas, la intervención de figuras angelicales, y la revelación en sueños a los personajes principales. Este mensaje critica, relativiza, y reemplaza los reclamos de señorío y soberanía de los líderes políticos y religiosos de la época. Mientras los miembros de la élite política y religiosa (Herodes y los principales sacerdotes y los escribas del pueblo) se oponen a Jesús y son indiferentes a la acción de Dios; la gente común como José y los sabios de oriente son objeto del mensaje divino y responden con obediencia fiel y adecuada. Finalmente, la experiencia del exilio de Jesús y sus padres como refugiados políticos ofrece oportunidad para reflexionar sobre el valor que la Escritura otorga al cuidado de los extranjeros y los pobres en medio de la sociedad. Los criterios comunes de grandeza, poder, prestigio y seguridad son cuestionados y relativizados por la acción de Dios en el niño indefenso, pobre, y refugiado de Belén quien es el Mesías, el verdadero rey de los judíos

Comienzo del ministerio de Jesús

(3.1-4.25)

Introducción

Los capítulos tres y cuatro de Mateo sirven de transición entre la historia del nacimiento e infancia de Jesús (Mt 1-2) y el resto del Evangelio. Éstos ofrecen además, una vista panorámica del comienzo del ministerio de Jesús, a la vez que introducen muchos de los temas principales que el Evangelio desarrollará en los capítulos siguientes. Como en los dos capítulos anteriores, Mateo presenta el comienzo del ministerio de Jesús en diálogo con las tradiciones del Antiguo Testamento, interpretando los eventos a la luz de las promesas bíblicas, y las promesas bíblicas a la luz de los eventos.

La organización del material sigue una secuencia cronológica y geográfica. Comenzando con la presentación y predicación de Juan el Bautista (2.1–12), la historia continúa con el bautismo (2.13–17) y las tentaciones de Jesús (4.1–11) en la región de Judea. Luego del encarcelamiento de Juan el Bautista, Jesús vuelve a Galilea (4.12–17) donde llamará a los primeros discípulos (4.18–22) y comenzará su ministerio público, ministrando a la multitud (4.23–25).

Presentación de Juan el Bautista (3.1–6)

La sección comienza con la frase «en aquellos días» y, de esta manera, enmarca el inicio del ministerio de Jesús en el contexto histórico del ministerio de Juan el Bautista. Los tres primeros evangelios comienzan la historia de Jesús con la predicación de Juan el Bautista (Mt 3.1–6; Mc 1.1–6;

Lc 3.1–6). Sin embargo, el Evangelio de Mateo narra la historia con una serie de paralelos y diferencias entre el ministerio de Juan y el de Jesús. Juan «se presentó» (3.1) y Jesús «vino» (3.13) (en ambos pasajes se utiliza la palabra *paraginetai* en griego). Tanto Jesús como Juan comienzan su predicación con un llamado al arrepentimiento: «arrepentíos, porque el reino de los cielos se ha acercado» (3.2; 4.17, véase también 10.7). A su vez, ambos personajes se introducen haciendo referencia a las palabras del profeta Isaías (3.3; 4.14–16). Las gentes que acuden a Juan y a Jesús vienen de Judea y del otro lado (o de toda la provincia de alrededor) del Jordán (3.5; 4.25). Sin embargo, este paralelismo no oscurece la diferencia fundamental entre ambos personajes, proclamada tanto por Juan (3.11–12) como por la voz de los cielos (4.17).

3.1–2 Mateo presenta a Juan el Bautista predicando en el desierto. Más adelante (3.6–7) se informará que la gente venía a ser bautizada. Por el momento se mencionan tanto el mensaje como el lugar. La proclamación de Juan consistía en un llamado al arrepentimiento, a la luz de la llegada del reino de los cielos. «Arrepentíos» (*metanoeite* en griego) es un término de importancia en el mensaje del Evangelio. Su raíz etimológica tiene el sentido de «cambio de mente» o «cambio de opinión». Sin embargo, el concepto no debe limitarse a un acto racional, sino que debe entenderse en el contexto bíblico como un llamado divino a restaurar los términos de la alianza entre Dios y su pueblo. El «reino de los cielos» se refiere al establecimiento de la voluntad divina en la tierra. La frase ocurre sólo en Mateo (3.2; 4.17; 5.3, 10, 19, etc.) y equivale a la frase «reino de Dios» que aparece sólo dos veces en Mateo y por lo menos veintidós veces en los otros evangelios sinópticos. Este reino es una realidad presente («se ha acercado»), inaugurada por la predicación de Juan y de Jesús, ejemplificada por las obras y ministerio de Jesús, continuada por la predicación de los apóstoles y profetas de la iglesia, y que se manifestará en su plenitud con la venida del Señor.

3.3 El Evangelio identifica a Juan como el precursor del Mesías anunciado por el profeta Isaías (Is 40.3). La cita de Isaías se refiere tanto al mensaje del profeta en su contexto original como a la interpretación cristológica implícita en Mateo. Isaías se dirigía a los miembros de la comunidad judía en el exilio, anunciándoles que ya habían pagado por sus pecados y que Dios los había perdonado. La experiencia del exilio había sido dolorosa. Pero el mensaje de Isaías también miraba hacia el futuro, hacia una nueva experiencia de salvación en la cual Dios intervendría para guiar a su pueblo. Mateo interpreta el significado de la persona del Bautista a la luz del texto de Isaías, al mismo tiempo que interpreta el texto profético para su nuevo contexto. El «Señor», para quien Juan prepara el camino, no se limita a la esperanza pasada de la que hablaba el profeta, sino que se refiere a la venida de Jesús, el Señor de la comunidad cristiana. El mensaje de Juan el Bautista, pues, cumple y amplía la promesa profética, llamando al pueblo al arrepentimiento para preparar el camino para la llegada de Jesucristo.

3.4–6 En estos versículos encontramos tres puntos importantes para entender el ministerio de Juan el Bautista. Primero, éstos informan del lugar donde Juan predicaba: el desierto; segundo, indican qué tipo de bautismo realizaba: el bautismo de arrepentimiento para el perdón de los pecados; y, finalmente, muestran la respuesta de la gente: acudían a él confesando sus pecados. El desierto es visto desde la antigüedad como el lugar del éxodo y de nuevos comienzos.

Estos versículos también describen la vestimenta y dieta de Juan y la respuesta del pueblo que escuchaba su mensaje. La vestimenta de Juan, de «pelo de camello» y con un «cinto de cuero alrededor de su cintura» es una alusión indirecta a la vestimenta que caracterizaba al profeta Elías (2 R 1.8). En la tradición bíblica tardía, así como en el judaísmo rabínico, se esperaba a Elías antes de que llegara el Mesías. El profeta Malaquías (4.1–5) anunciaba la llegada del día del Señor en el cual Dios destruiría a los malvados y reivindicaría a los justos. Pero el profeta Elías vendría primero, como precursor de ese día, para anunciar la venida del día del juicio (Mal 4.5–6). Más adelante, Mateo identificará a Juan como el Elías esperado (Mt 17.10–13). La dieta de Juan consistía en «langostas», esto es, insectos parecidos a los saltamontes, y «miel silvestre» producida por abejas salvajes.

El bautismo de Juan tenía mucho en común con las prácticas religiosas de lavamientos rituales de muchos grupos judíos de la época. Sin embargo, el énfasis de Juan el Bautista en la necesidad del arrepentimiento motivaba a muchas personas a venir para ser bautizadas por Juan a la vez que confesaban sus pecados, esto es, admitían públicamente sus pecados del pasado y se comprometían a cambiar su conducta.

Sátira contra los fariseos y los escribas (3.7–10)

3.7–8 Las palabras sobre los fariseos y los escribas deben leerse dentro de la perspectiva retórica del Evangelio. Mateo pinta una imagen negativa de los fariseos y de los escribas. Los fariseos eran una de las principales sectas del judaísmo en los tiempos de Jesús. Se caracterizaban por su obediencia estricta a la ley de Moisés como la interpretaba la tradición oral de los ancianos y maestros. Mateo a menudo presenta a los fariseos en compañía de los escribas (5.20; 15.1; 15.23; 23.14, 15, 23, 25, 27, 29). La visión negativa de los fariseos en el Evangelio no debe oscurecer la realidad de que en general los fariseos eran personas bien motivadas, cuyo celo por cumplir la voluntad de Dios de acuerdo a su interpretación los llevó a extremos de conducta y rituales que muchos, inclusive dentro del judaísmo, no aceptaban. Los escribas eran un grupo de estudiosos e intérpretes de las Escrituras, generalmente asociados con los fariseos o los principales sacerdotes (2.4; 16.21; 26.3, 57; 27.51). En ocasiones, los escribas eran conocidos como «doctores de la Ley» (Mt 23.2–29) e «intérpretes de la Ley» (Mt 22.35).

3.9–10 Ante la presencia de muchos escribas y fariseos, Juan los confronta con su falsa seguridad religiosa basada en una piedad superficial y en el orgullo de creer que su pertenencia al pueblo de Dios estaba garantizada por su herencia genética. Ser «Hijo de Abraham» era el reclamo de todo israelita, y también Jesús era «hijo de Abraham» (1.1). Juan declara que la participación en los beneficios de la salvación está subordinada al arrepentimiento que produce buenas obras. El llamado de Juan se basa en su convicción de que el juicio de Dios está a la puerta y el hacha está lista para cortar el árbol (3.10).

Proclamación de Juan (3.11–12)

3.11–12 Juan continúa su denuncia de los escribas y fariseos, definiendo así el carácter de su ministerio. El ministerio de Juan consistía fundamentalmente en anunciar al que vendría después de él, de quien «no soy digno de desatar, agachado, la correa de su calzado» (3.11). Juan no se consideraba digno de ejercer funciones de esclavos. El sucesor de Juan es más poderoso que Juan, y su bautismo será fundamentalmente diferente; en lugar de agua, bautizará en «Espíritu Santo y fuego» (3.11). Como en los versículos anteriores, el mensaje de Juan está marcado por su visión apocalíptica del juicio. Su sucesor, además de bautizar, tendrá la función de distinguir el trigo de la paja y quemar esta última «en fuego que nunca se apagará» (3.12).

Bautismo de Jesús (3.13–17)

La historia del bautismo de Jesús es una de las más significativas en el Evangelio. Ésta marca un momento de transición y revelación en la vida de Jesús. Los tres Evangelios sinópticos cuentan la historia con algunas variaciones (véase Mc 1.9–11; Lc 3.21–22). Las formas particulares de la historia en nuestro Evangelio, muestran las preocupaciones particulares de Mateo y su comunidad con relación al bautismo de Jesús por Juan. Esta escena puede dividirse en tres partes: introducción (3.13); diálogo entre Juan y Jesús (3.14–15); descenso del Espíritu Santo (16–17).

3.13 La introducción identifica el movimiento geográfico de Jesús desde Galilea (donde José se había establecido: 1.22–23) al Jordán, donde estaba Juan. El Jordán es el río más importante de Palestina.

3.14–15 El diálogo entre Juan y Jesús, que aparece sólo en Mateo, es indicio de la preocupación y discusión de la iglesia primitiva sobre el bautismo de Jesús, quien no tenía necesidad de arrepentimiento. La respuesta de Jesús «conviene que cumplamos toda justicia» tiene un sentido teológico particular en el Evangelio según San Mateo. El término «cumplamos» tiene su raíz en la misma palabra utilizada en la frase «para que se cumpliese la Escritura» en las fórmulas de cumplimiento. Jesús recurre al bautismo para llevar a cumplimiento el plan de Dios para su vida. El término «justicia» ocurre siete veces en Mateo (3.15; 5.6, 10, 20; 6.1, 33; 21.32), y se relaciona etimológicamente con el término «justo» que ocurre en catorce versículos en Mateo (1.19; 5.45; 9.13; 10.41; 13.17, 43, 49; 20.4; 23.28, 29, 35; 25.37, 46; 27.19). Ambos términos se refieren a la conducta que refleja la respuesta humana al cumplir la voluntad de Dios en obediencia e integridad moral. Por ejemplo, la justicia de los discípulos debe ser «mayor que la de los escribas y fariseos» (5.20).

3.16–17 El pasaje no describe el bautismo de Jesús propiamente dicho, sino que narra lo que sucedió inmediatamente después de ser bautizado Jesús. Es un momento de revelación e identificación en el cual la voz celestial proclama la identidad de Jesús de manera clara y pública. El abrirse de los cielos y la venida del Espíritu de Dios en forma de paloma son una declaración indirecta de que Jesús ha sido ungido por Dios para llevar a cabo un ministerio especial (véase Is 11.2). La voz celestial contiene un mensaje que es una combinación de Isaías 42.1 («Este es mi siervo, yo lo sostendré; mi escogido, en quien mi alma tiene contentamiento. He puesto sobre él mi espíritu; él traerá justicia a las naciones») y el Salmo 2.7b («Mi hijo eres tú; yo te engendré hoy»). De forma diferente al Evangelio según San Marcos (Mc 1.11), donde la voz se dirige a Jesús, en Mateo la voz habla en tercera persona hablándole, no a Jesús, sino a la audiencia. La voz celestial identifica a Jesús como el Hijo de Dios, confirmando lo afirmado en los capítulos anteriores, especialmente en 1.18–25.

La historia de Juan el Bautista y el bautismo de Jesús tienen un profundo mensaje ético y cristológico. El mensaje de Juan (y de Jesús) llama al pueblo al arrepentimiento a la luz de la inauguración del reino de los cielos. Mateo presenta a Jesús como ejemplo de la persona justa que cumple con todas las exigencias de la voluntad divina. Finalmente, la voz del cielo identifica a Jesús como el Hijo amado de Dios, en quien Dios se complace. La crítica a la religiosidad superficial no termina con Juan sino que se repetirá en muchos otros lugares del Evangelio. El llamado a la justicia y a un estilo de vida que refleje los valores del reino de los cielos también permea muchos otros pasajes en Mateo. La identidad y carácter moral de Jesús como Hijo obediente a la voluntad divina serán ejemplo que debe ser imitado por los discípulos y la comunidad cristiana en general.

Tentaciones de Jesús (4.1–11)

Mateo 4.1–11 narra la historia de cómo Jesús, después de haber sido bautizado por Juan (3.13–17), fue llevado por el Espíritu para ser tentado en el desierto. Tanto Marcos (1.12–13) como Lucas (4.1–13) narran también la historia de las tentaciones, pero cada uno de ellos con sus variaciones particulares. Mateo narra la historia de las tentaciones de Jesús en forma de diálogo entre el diablo y Jesús. El primero reta a Jesús a llevar a cabo ciertas acciones. Jesús se rehúsa respondiendo con citas de Deuteronomio. La historia está dividida en tres secciones: una introducción (4.1–2); tres tentaciones, que concluyen cada una con una cita de Deuteronomio: que convierta piedras en pan (4.3–4; Dt 8.3), que se lance desde el pináculo del templo (4.5–7; Dt 6.16) que se postre ante el diablo y le adore (4.8–10; Dt 6.13); y una conclusión (4.11). Además de las citas directas de Deuteronomio y del Salmo 91, la historia de las tentaciones está impregnada de ecos y alusiones a otros lugares, y personajes del Antiguo Testamento, especialmente a la figura de Moisés.

4.1–2 La mención del Espíritu en la introducción conecta esta historia con la del bautismo de Jesús. El mismo Espíritu que ungió al Hijo de Dios lo conduce al desierto con el propósito de que sea puesto a prueba por el diablo. El verbo griego que aquí se traduce como «tentar» (*peirazō*) puede ser traducido de muchas maneras, pero en el contexto presente puede entenderse como el sometimiento a una prueba para examinar la naturaleza o carácter de una persona, para que ésta muestre su verdadera motivación. Como en la predicación de Juan, el desierto tiene una larga tradición bíblica como lugar de prueba (la peregrinación de los israelitas) y como experiencia del éxodo. Así como los israelitas tuvieron que cruzar el desierto, el Hijo de Dios es llevado al desierto para ser puesto a prueba. Los cuarenta días y cuarenta noches (sólo Mateo menciona las cuarenta noches) de ayuno recuerdan a Moisés, quien no comió ni bebió por cuarenta días y noches antes de recibir la Ley en el monte Sinaí (Ex 24.18; 34.27–28; Dt 9.9–18, véase también Gn 7.4, 12; 1 Re 19.6–8).

4.3–4 La primera prueba consiste en resistirse a la tentación de demostrar el poder de Jesús como Hijo de Dios, de tener la capacidad de proveer para sus necesidades básicas de la manera más fácil, sin el menor esfuerzo. La tentación pone a prueba su identidad como Hijo de Dios más que a su poder. Jesús mismo multiplicará los panes como expresión de su compasión por el pueblo necesitado (14.13–21; 15.32–39). Jesús responde con una cita tomada de Dt 8.3 donde se recuerda la exhortación que Moisés hace a los israelitas en el desierto de que el futuro y la seguridad del pueblo dependen de la obediencia a los mandamientos de Dios (Dt 8.1–10). Así, la respuesta de Jesús afirma la visión original del texto, y Jesús pasa la prueba y vence la tentación, confiando en Dios y no en las soluciones fáciles.

4.5–7 La segunda prueba de Jesús tiene lugar en el pináculo del templo desde donde el diablo incita a Jesús a tirarse hacia abajo, poniendo así su confianza en Dios, y por ende probando a Dios mismo, si no cuidaba a su Hijo. El tentador recurre a la estrategia de citar la Escritura (Sal 91.11–12) donde se promete la protección divina para quienes confían en el Señor. Nuevamente Jesús recurre a Deuteronomio (Dt 6.16). Ambas citas se refieren a la promesa del cuidado divino para quienes confían en el Señor. Acceder a la tentación del diablo sería pervertir la intención del texto y utilizarlo como excusa para intentar manipular a Dios, quien no debe ser tentado ni puede ser manipulado.

4.8–10 La tercera tentación tiene lugar en un monte muy alto desde donde el diablo le muestra a Jesús «todos los reinos del mundo» con su gloria y se los ofrece a cambio de que le adore. Esto nos recuerda a Deuteronomio 34.1–4, donde Moisés puede ver desde el monte Nebo los reinos que Dios les daría a los israelitas. También señala anticipadamente a Mateo 28.16–20, donde el Jesús resucitado declara desde lo alto de la montaña que le ha sido concedida toda autoridad, y comisiona a sus once apóstoles a ir y hacer discípulos entre todas las naciones. En esta prueba, el diablo tienta a Jesús a adelantar su destino, a hacerlo presente, a cambio de negociar su fidelidad última, en lugar de la obediencia. Con la frase «vete, Satanás» Jesús rechaza la tentación, declarando la sentencia bíblica de que sólo Dios ha de ser adorado y servido (4.10; Dt 6.13). Después de todo, Jesús recibirá no sólo la autoridad sobre los reinos de la tierra sino que recibirá toda autoridad «en el cielo y en la tierra» (Mt 28.19) como resultado de su obediencia a Dios.

4.11 La historia concluye con la declaración de que el diablo le dejó y ángeles le servían. Que los ángeles servían a Jesús da la idea de servirle de comer (en contraste con la primera tentación). También señala indirectamente a la segunda tentación donde el diablo lo tentó citando el Salmo 91. Finalmente, la victoria sobre la última tentación será compensada al final del Evangelio.

Primera predicación en Galilea (4.12–17)

El Evangelio comienza la narración de la primera predicación de Jesús en Galilea situando la acción dentro de sus circunstancias históricas (el encarcelamiento de Juan) y geográficas (Galilea, Capernaum). Como en las narraciones anteriores, Mateo vuelve a interpretar el ministerio de Jesús en términos de las promesas del Antiguo Testamento. La escena termina citando el contenido de la primera predicación del Señor.

4.12–13 Mateo toma como un hecho que el lector ya sabe que Herodes Antipas (hijo de Herodes el Grande) había encarcelado a Juan. Herodes Antipas quería matar a Juan, pero, por temor a la opinión pública, se había limitado a dejarlo en la cárcel (14.3–5). Nuevamente (como en la historia de la infancia de Jesús), las circunstancias políticas hacen que Jesús tenga que moverse de una región a otra. Por ello, deja su ciudad de crianza (Nazaret), para habitar en Capernaum, en la región de Zabulón y Neftalí. Los estudios arqueológicos confirman que el pueblo de Capernaum estaba sobre la costa oeste del mar de Galilea y tenía un pequeño puerto para su comunidad pesquera. En Capernaum, cerca de la casa de Pedro, estaba una de las sinagogas más importantes de Galilea.

4.14–16 El evangelista interpreta teológicamente el traslado geográfico de Jesús, relacionándolo con las palabras mediante las cuales el profeta Isaías había ofrecido esperanza a las ciudades que habían sufrido gran pérdida en las guerras con Asiria (Is 9.1–2). Con la cita adaptada del texto del profeta, Mateo interpreta el movimiento de Jesús a Capernaum como expresión del plan de Dios.

4.17 Finalmente, Mateo introduce el mensaje de Jesús. Como predicó Juan el Bautista (3.2) y más adelante predicarán los discípulos (10.7), el mensaje de Jesús se resume con las palabras: «¡Arrepentíos, porque el reino de los cielos se ha acercado!» (4.17). El llamado al arrepentimiento tiene su justificación en la buena noticia de que el reino de los cielos se ha acercado (véase lo dicho arriba en el comentario a 3.2).

Los Primeros discípulos (4.18–22)

Inmediatamente después de presentar el comienzo de la predicación de Jesús, Mateo narra las dos breves historias del llamamiento de Pedro y su hermano Andrés, y el de Jacobo y su hermano Juan. Ambos llamados siguen el mismo patrón literario. En primer lugar, se hace alusión a la circunstancia: al caminar de Jesús («pasando»); en segundo lugar, se informa que Jesús «vio» a un personaje y su hermano (Pedro y Andrés, Jacobo y Juan); en tercer lugar, se describe su oficio o la tarea en la cual estaban involucrados en ese momento «echaban la red» y «remendaban las redes»; luego se dice que Jesús los llamó «venid en pos de mí, y yo os haré pescadores de hombres» y «los llamó»; y finalmente, se informa de la respuesta a los llamados «dejando al instante las redes, lo siguieron» y «dejando al instante la barca y a su padre, lo siguieron».

El paralelismo literario es impresionante y señala tanto a la autoridad de Jesús quien llama como a la decisión radical de los discípulos que le siguen. En ambas historias las respuestas de los discípulos es «al instante», y ambas historias terminan con la frase «lo siguieron» (*ēkolouthēsan autōi*). El verbo «seguir» (*akoloutheō*), que aparece en Mateo unas veinticinco veces, alude al discípulo que lo deja todo para seguir a su maestro. En Mateo, seguir a Jesús implica subordinar los valores e intereses pasajeros bajo el sacrificio y obligación de seguirle (8.18–22; 19.16–30). Tanto los intereses económicos como los lazos familiares quedan de lado ante la repuesta requerida para seguir a Jesús.

Ministerio a la multitud (4.23–25)

El capítulo termina con un resumen del ministerio de Jesús en la región de Galilea, una breve descripción de las acciones de Jesús, la difusión de su fama, y el resultado de sus acciones.

4.23 Mateo resume el ministerio de Jesús con tres participios claves: «enseñando», «predicando», y «sanando» (véase también 9.35). La enseñanza de Jesús se llevaba a cabo «en las sinagogas de ellos». Mateo parece señalar una distinción entre la sinagoga de los judíos («de ellos») y la iglesia de la cual él es parte. Aunque el Evangelio no aclara la distinción entre enseñar y predicar, es muy probable que este último se refiera a la proclamación del mensaje del reino de los cielos a toda la audiencia en general, mientras que la enseñanza se refiera más a la instrucción ética de Jesús a los discípulos. Además de los ejemplos ofrecidos en el resumen del versículo 24, los capítulos 8 y 9 ofrecerán varios ejemplos del poder sanador y maravilloso de Jesús.

4.24–25 La fama de Jesús se extendió por toda la región del norte de Galilea (Siria), la región al este del Jordán, Jerusalén, y Judea. Con la descripción geográfica se señala la gran expansión de la fama de Jesús y la acogida que estaba teniendo al comienzo de su ministerio. Esta gran cantidad de gente servirá de enlace entre esta sección del Evangelio y la sección que sigue en los capítulos 5 al 7: el Sermón del Monte.

Observaciones generales

Al vencer la tentación y pasar la prueba, Jesús demuestra el carácter de su filiación divina. El Hijo de Dios, presentado al comienzo del Evangelio y proclamado por Juan y por la voz del cielo, muestra su naturaleza como Hijo obediente que confía en la provisión y protección divina sin necesidad de hacer alarde ni exhibiciones públicas que llamen la atención. Ser Hijo de Dios implica la adoración y servicio exclusivo al Dios que lo llamó y ha señalado su ministerio. Las tres tentaciones señalan a Jesús como victorioso, en contraste con la historia de Israel, caracterizada por la desobediencia y la infidelidad al pacto de Dios.

Jesús comienza su ministerio llamando a un número pequeño de discípulos que le siguen inmediata e incondicionalmente. Tanto la seguridad económica como la protección de la familia quedan abandonadas ante el llamado soberano de Jesús. Su proclamación de la venida del reino de los cielos requiere arrepentimiento. Su ministerio de enseñanza, proclamación, y sanidad sirve de paradigma y modelo para todo el Evangelio y para el ministerio de los discípulos. La multitud responde a Jesús, reconociendo en él la fuente de enseñanza y sanidad que muchos necesitan.

El Sermón del Monte

(5.1-7.29)

Introducción

El sermón del monte (5.1–7.29) es el primero de los cinco grandes discursos en el Evangelio de Mateo. Existe un paralelo literario parcial, aunque mucho más breve, en Lucas 6.20–49 llamado el «discurso del llano», Lc 6.17–19. La escena describe la audiencia en tres niveles, enmarcados por la referencia a la multitud que seguía a Jesús («Lo siguió /seguía mucha gente» 4.25 y 8.1). El primer nivel sitúa la escena frente a «mucha gente» que lo seguía (5.1a). Esta referencia a «mucha gente», también sirve de enlace con la conclusión de la historia anterior en 4.23–25. Como segundo nivel, la escena describe a Jesús subiendo al monte (5.1b). Finalmente, los discípulos se acercan a Jesús y éste comienza a enseñarles (5.1c–2). El discurso, propiamente dicho, comienza cuando Jesús se sienta y sus discípulos se le acercan. Por consiguiente, el sermón debe entenderse principalmente como un discurso instructivo para los discípulos como audiencia primaria, mientras la multitud que escucha es audiencia secundaria. Esta multitud quedó admirada de su doctrina (7.28).

El sermón está enmarcado por una introducción (5.1–2) y una conclusión (7.28–29). Después de la introducción siguen nueve bienaventuranzas (5.3–13) y dos descripciones metafóricas de la identidad de los discípulos (5.13–16). La sección sobre Jesús y la Ley (5.17–20) establece los principios para la interpretación de las tres partes que siguen. La primera parte describe la posición de Jesús ante la Ley y los profetas en forma de antítesis (5.21–48). La segunda ofrece instrucciones particulares de cómo ejercer la práctica de la justicia (6.1–18) en los ejemplos de la limosna (6.2–4), la oración (6.5–15), y el ayuno (6.16–18). La tercera presenta una serie de instrucciones sobre la ética personal y social (6.19–7.12). Esta sección central está enmarcada por la frase «la ley y los profetas» en 5.17 y 7.12. La sección final del sermón sirve de conclusión exhortativa sobre la respuesta adecuada a las enseñanzas de Jesús (7.13–27). Primero se exhorta a los discípulos a entrar por la puerta estrecha (7.13–14). Luego, se les advierte de estar atentos contra los falsos profetas, quienes serán conocidos por sus frutos (7.15–23). Finalmente, el sermón termina con el contraste parabólico de dos cimientos que comparan a quienes escuchan la palabra de Jesús y la ponen en práctica, con quienes la escuchan pero no la ponen en práctica (7.24–27).

Bosquejo

El sermón del monte puede bosquejarse de la siguiente manera:

I. Introducción: El escenario (5.1–2)

II. Cuerpo del Sermón (5.3–7.12)

- A) Bienaventuranzas (5.3–12)
- B) Sal de la tierra y luz del mundo (5.13–16)
- C) La nueva justicia (5.17–7.12)
  - 1. Jesús, la Ley y los profetas (5.17–48)
    - a) El cumplimiento de la Ley (5.17–19)
    - b) La justicia de los discípulos (5.20)
    - c) La interpretación de la Ley por Jesús: Antítesis (5.21–48)
      - i) Sobre el asesinato (5.21–26)
      - ii) Sobre el adulterio (5.27–30)
      - iii) Sobre el divorcio (5.31–32)
      - iv) Sobre los juramentos (5.33–37)
      - v) Sobre la venganza (5.38–42)
      - vi) Sobre el amor a los enemigos (5.43–48)
    - d) Instrucciones de Jesús sobre la práctica de la justicia (6.1–18)
      - i) Sobre la limosna (6.2–4)
      - ii) Sobre la oración (6.5–15)
      - iii) Sobre el ayuno (6.16–18)
    - e) Instrucciones de Jesús sobre la ética personal e interpersonal (6.19–7.12)

i) Sobre tesoros en la tierra (6.19–24)
ii) Preocupación por la vida, el alimento, y el vestido (6.25–34)
iii) Sobre el juzgar a los demás (7.1–5)
iv) Lo santo y las perlas (7.6)
v) Pedid, buscad, y llamad (7.7–11)
vi) La regla de oro (7.12)

III. Amonestación final (7.13–27)
   A) Dos puertas y dos caminos (7.13–14)
   B) Dos árboles (7.15–23)
   C) Dos fundamentos (7.24–27)

IV. Conclusión: Cierra el escenario (7.28–29)

Es imposible ofrecer un comentario detallado de esta sección del Evangelio. La erudición bíblica ha producido tantos comentarios al Sermón del Monte que podrían llenar varias bibliotecas. Sin embargo, no podemos escapar oportunidad y la responsabilidad de comentar algunos aspectos sobresalientes, reconociendo que sólo tocamos la superficie de la abundancia del material a comentar.

Introducción al Sermón (5.1–2)

El Evangelio comienza el Sermón del Monte con una introducción que describe el escenario y los personajes principales. Aunque en las secciones siguientes sólo Jesús habla, los detalles de la introducción sirven para situar el sermón en su contexto religioso y cultural, además de su contexto literario. Por ejemplo, la mención de la multitud conecta esta escena con la narración anterior en la cual se describe el inicio del ministerio de Jesús en Galilea (4.23–25). Los discípulos son primeramente las personas que habían sido llamadas por Jesús y que lo habían dejado todo para seguirle (4.18–22). Pero esto no se limita a los primeros cuatro pescadores llamados por Jesús, sino que la expresión «sus discípulos» señala a toda la comunidad de creyentes que aprende de su maestro y Señor, es decir, a la iglesia.

El pasaje abre una ventana al contexto cultural en su descripción de las acciones de Jesús antes de comenzar el discurso propiamente dicho. En primer lugar, la frase «subió al monte», más que una descripción geográfica, es un eco literario de la historia de Moisés cuando subió al monte Sinaí/Horeb a recibir la Ley de Dios (Ex 19.3; 24.12, 13, 18; Dt 5.5; 10.1, 3). La frase «se le acercaron sus discípulos» aparece repetidamente más adelante en el Evangelio, con pequeñas variaciones: 13.36; 14.15; 18.1; 24.1, 3 y 26.17. Excepto en 14.15, la frase se relaciona con discursos a los discípulos. Así también, la historia de Moisés identifica tres niveles en la organización de los personajes al recibir la Ley: mientras que Aarón, Nadab, Abiú y setenta de los ancianos de Israel estaban a la falda del monte, Moisés subió a la presencia del Señor para recibir la Ley (Ex 24.1–9). Finalmente la frase «se sentó» refleja la costumbre antigua, cuando los maestros ofrecían su enseñanza sentados. De aquí viene la frase en Mt 23.2 «en la cátedra de Moisés se sientan los escribas y fariseos». En Mateo encontramos que Jesús se «sienta» en seis ocasiones (5:1; 13:1, 2; 15:29; 24:3; 26:55). En todas ellas, excepto en 15.29, el sentarse se relaciona con su tarea de enseñanza. Más aún, la tradición judía en el talmud de Babilonia afirmaba que cuando Moisés estaba recibiendo la Ley de Dios en el monte Sinaí estaba de pie; pero mientras le enseñaba la Ley al pueblo, estaba sentado.

Con la introducción al sermón del monte, el Evangelio conecta la historia de Jesús enseñando a sus discípulos con la historia de Moisés y el don de la Ley al pueblo de Dios. Mateo interpreta el sermón del monte como la continuidad cristiana de la Ley, a Jesús como el nuevo Moisés (véase Dt 18.15–22), y la comunidad de discípulos como la continuación del pueblo de Dios bajo el señorío del Mesías. En el ambiente sociopolítico y religioso de la época, el sermón del monte propone una visión de la voluntad de Dios como alternativa al sistema de valores imperiales y dominantes.

Las bienaventuranzas (5.3–12)

El discurso comienza con nueve bienaventuranzas. Las bienaventuranzas son una forma literaria que aparece frecuentemente en los Salmos y otros libros del Antiguo Testamento (Sal 1.1; l 32.1–2; 34.8; 40.8; Pr 8.32, 34; Is 56.2, etc.) y en otros lugares en el Nuevo Testamento (Mt 11.6; Lc 11.28; Jn 20.29; Ro 4.7–8; Ap 1.3; 14.13). Estas bienaventuranzas comienzan con la palabra «bienaventurado», que significa bendecido, afortunado, o feliz. Generalmente, la bienaventuranza se refiere a los beneficios de la vida piadosa y a los logros positivos de quienes son así reconocidos. Representan valores de conducta y virtudes dignas de ser imitadas por las cuales las personas pueden sentirse honradas. Mateo comienza su descripción del primer sermón de Jesús con unas bienaventuranzas cuyo contenido contrasta con la visión popular de quiénes son dignos de ser bienaventurados, pues afirman que personas en condiciones, que a primera vista no parecen ser bienaventuradas, son objeto del favor y la protección especial de Dios.

Cada una de las bienaventuranzas en Mateo está compuesta de dos partes principales. Mientras la primera parte describe la virtud de la persona bienaventurada, la segunda describe su condición futura. Esta condición futura implica la intervención de Dios de manera especial, acción que transformará el presente en la realidad que justifica por qué la persona es bienaventurada. Las nueve bienaventuranzas pueden presentarse en columnas paralelas.

Condición presente	Condición futura
Pobres en espíritu	De ellos es el reino de los cielos
Los que lloran	Serán consolados
Los mansos	Recibirán la tierra
Los que tienen hambre y sed de justicia	Serán saciados
Los misericordiosos	Alcanzarán misericordia
Los de limpio corazón	Verán a Dios
Los pacificadores	Serán llamados hijos de Dios
Los perseguidos por la justicia	De ellos es el reino de los cielos
Los perseguidos por causa de Cristo	Recibirán un gran galardón en los cielos

Sólo podemos señalar algunos puntos sobresalientes sobre las bienaventuranzas. Los «pobres en espíritu» con toda probabilidad se refiere a las personas que reconocen su necesidad espiritual, personas que confían en la gracia divina como la única garantía de su seguridad. Sobre «el reino de los cielos» véase el comentario a 3.1–6. La consolación divina a «los que lloran» es una promesa bíblica (Sal 126.5–6; Is 57.18; 61.2–3; véase también Ro 12.15 y 1 Co 7.30). Tanto Moisés (Nu 12.3) como Jesús (Mt 11.29; 24.5) son llamados «mansos». Esto se refiere a personas con disposición amistosa y no altanera, personas equilibradas. En la antigüedad la mansedumbre no era considerada una virtud. Que «los mansos» heredarán la tierra es una promesa desde el Antiguo Testamento (Sal 37.11). Esta bienaventuranza puede tener un significado profundo para las personas sin hogar, quienes han sido desposeídos de su tierra, especialmente en manos de gobiernos y terratenientes injustos. En la literatura paulina la mansedumbre es considerada parte del fruto del Espíritu (Ga 5.22–23).

La frase «hambre y sed de justicia» debe entenderse en términos del concepto «justicia» según Mateo lo emplea (véase el comentario a 3.14–15). Dios sostiene a quienes experimentan la injusticia y luchan por hacer realidad la voluntad de Dios en el pueblo y en sus vidas. Los de «limpio corazón» (véase Sal 22.3–4) se refiere a la integridad personal. La promesa de ver a Dios contrasta con las historias del Antiguo Testamento en las cuales Moisés no pudo ver a Dios (Ex 33.20), con el temor de Isaías en el templo (Is 6.5) y con la esperanza del justo Job (Job 19.26–27). Los «pacificadores» (literalmente «hacedores de la paz») serán llamados «hijos de Dios». En un mundo marcado por la guerra y la violencia como el Imperio Romano, donde la muerte de los inocentes no siempre se considera un delito y la destrucción se celebra en las calles, y donde trabajar por la paz no está de moda, esta bienaventuranza adquiere un sentido mucho más profundo. Quien sufre «por causa de la justicia» recibe el mismo premio que los «pobres en espíritu» (5.3, véase también 1 P 3.14). Los discípulos sufrirán en manos de las autoridades gentiles y de las autoridades religiosas judías de la época (10.16–31). El sufrir por causa de la justicia es el sufrimiento de quien lucha contra la injusticia.

La última bienaventuranza toma un giro personal. Mientras las primeras ocho son dichas en tercera persona, la última cambia a segunda persona («seréis»). Los discípulos, y por ende la iglesia en pleno, son exhortados a gozarse y alegrase cuando sean perseguidos por la causa de Cristo («por mi causa»). No sólo Mateo, sino que también la primera carta de Pedro (1 P 4.14), interpretan como bienaventuranza la persecución en el nombre de Cristo. Tanto el libro de los Hechos como las cartas de Pablo, el Apocalipsis y la literatura cristiana primitiva están repletos del testimonio de los mártires de la fe que no negociaron su fidelidad a cambio de los beneficios temporales o de la protección política y religiosa del Imperio. El número de hombres y mujeres cuya sangre selló su fe no se limita a los héroes y heroínas del Antiguo Testamento, sino que continúa a diario cuando el mensaje del Evangelio se convierte en crítica a los valores establecidos y defendidos por el status quo.

Sal de la tierra y luz del mundo (5.13–16)

Como en la última bienaventuranza, el pasaje continúa dirigiéndose a los discípulos. Las metáforas de la sal y la luz deben entenderse en términos de su utilidad y del efecto que producen. La sal y la luz no sólo son descripciones del carácter de los discípulos sino exhortaciones de cómo debe ser su estilo de vida y su testimonio en relación con las demás personas. Como amonestación, la sal que no da sabor a los alimentos es desechada. La imagen metafórica de los discípulos como la luz del mundo no sólo describe su carácter, sino que también funciona como exhortación: «así alumbre vuestra luz delante de los hombres, para que vean vuestras buenas obras y glorifiquen a vuestro Padre que está en los cielos» (5.16). Según Isaías 49.6, el pueblo de Israel era «luz de las naciones». Una imagen semejante se encuentra en 1 Pedro 2.12, donde se exhorta a la iglesia a mantener tal manera de vivir ante los gentiles y que, «al considerar vuestras buenas obras», ésta resulte en glorificar a Dios entre ellos. Las buenas obras, como la luz, no deben ostentarse para gloria propia, sino para la gloria del «Padre que está en los cielos».

Jesús, la Ley y los profetas (5.17–48)

Esta porción de Mateo consiste en dos secciones principales dentro del sermón del monte. En primer lugar, contiene cuatro declaraciones principales exclusivas del Evangelio de Mateo que establecen la relación de Jesús con la Ley y los profetas y su implicación en cuanto a la vida de la comunidad cristiana (5.17–20). La segunda parte presenta seis ejemplos concretos (comúnmente llamados «antítesis») en los cuales Jesús contrasta la interpretación tradicional de algunos mandamientos con su interpretación por la comunidad cristiana (5.21–48). Aunque algunos de los temas de estas declaraciones de contraste tienen paralelos en el Evangelio según San Lucas (Lc 12.57–59; 16.18; 6.29–30; 6.27–28), la formulación y el estilo literario son particulares del Evangelio de Mateo.

Jesús y la Ley (5.17–20)

Mateo 5.17–20 consiste de cuatro principios que subyacen como fundamento para las antítesis de 5.21–48. El primer principio (5.17) declara que Jesús no vino a abolir la «Ley o los Profetas» sino a cumplirla. Aquí se hace explícito que la enseñanza de Jesús debe entenderse como «cumplimiento» de la Ley y los profetas (esto es, las Escrituras del Antiguo Testamento), y se elimina una posible mala interpretación del significado de su enseñanza. El segundo principio afirma la autoridad permanente del texto de la Escritura (5.18). La frase «ni una jota ni una tilde» se refiere respectivamente a la letra más pequeña del alfabeto y los adornos decorativos en las letras. Esta declaración afirma el valor del texto escrito sobre la Ley, del cual ni la letra más pequeña ni la marca más insignificante perderán su pertinencia y permanencia. El tercer principio (5.19) define la necesidad de enseñar y cumplir aun el más pequeño de los mandamientos de Jesús: «estos mandamientos». Más adelante el sermón concluirá con la misma idea doble de enseñar y cumplir las enseñanzas de Jesús (7.24–27). Finalmente, el cuarto principio especifica cómo ha de entenderse y practicarse la «justicia» en la comunidad cristiana en contraste con la justicia de los escribas y fariseos (5.21). La justicia de los escribas y fariseos estaba basada en una interpretación generalmente conservadora de la Ley, de tal manera que el status quo no fuera retado y la seguridad de la protección imperial no fuera amenazada. La justicia de los discípulos, basada en la interpretación de la Ley por Jesús, tenía un potencial transformador y renovador.

La sección de Mt 5.17–20 funciona como el criterio por el cual deben interpretarse las antítesis que siguen (5.21–48) así como toda la sección que culmina en 7.12, donde vuelve a aparecer la conexión entre «la Ley» y «los Profetas». Esta introducción es la clave para interpretar la sección central del sermón del monte tanto como la enseñanza de Jesús de la voluntad divina. Ofrece además ejemplos concretos en los cuales la justicia de la comunidad cristiana debe ser mayor o mejor que la de los escribas y fariseos.

Las antítesis (5.21–48)

Mateo 5.21–48 consiste en una serie de seis instancias en las cuales Jesús interpreta algunas secciones de la Ley de Moisés. Estas seis sentencias contraponen la interpretación de la Ley de acuerdo a la tradición con la nueva interpretación propuesta por Jesús; una interpretación de la Ley que no busca la mera conformidad externa a las normas de las Escrituras sino una ética que entiende y obedece al espíritu de la voluntad divina expresada en las Escrituras.

Las seis declaraciones de contraste siguen una estructura literaria similar de cuatro partes. En primer lugar, Jesús introduce un mandamiento o enseñanza del Antiguo Testamento con la frase «oísteis que fue dicho» o algo parecido (5.21, 27, 31, 33, 38, 43). En segundo lugar, después de esta frase sigue una cita del Antiguo Testamento. En tercer lugar, Jesús introduce su interpretación con la frase particular del Evangelio según San Mateo «pero yo os digo» (5.22, 28, 32, 34, 39, 44). (Aunque esta misma frase aparece en español en Mt 12.36 y Jn 16.7, la forma en el texto griego en estas dos citas difiere de la forma en el sermón del monte.) Finalmente, a esta frase le sigue el discurso que eleva el significado de la cita a un nivel diferente. Como puede observarse en la siguiente tabla, las seis comparaciones citan o hacen referencia a la Ley según está registrada en el Antiguo Testamento. El verso final que concluye esta sección (5.48) combina frases de Deuteronomio 18.13 y Levítico 19.2b.

El Antiguo Testamento y la Interpretación de Jesús en Mateo			
Mt 5.21–26 - Sobre el asesinato	Ex 20.13		Dt 5.17
Mt 5.27–30 - Sobre el adulterio	Ex 20.14		Dt 5.18
Mt 5.31–32 - Sobre el divorcio			Dt 24.1
Mt 5.33–37 - Sobre juramentos		Lv 19.12	Dt 23.22
Mt 5.38–42 - Sobre la venganza	Ex 21.24s	Lv 24.20	Dt 19.21
Mt 5.43–47 - Sobre el amor a los enemigos		Lv 19.18	

Cada una de estas antítesis representa una radicalización de la Ley de Moisés de tal manera que la letra de la Ley se interpreta en términos de su intención más que al simple nivel de su prohibición. El Evangelio intensifica cualitativamente el mandamiento, no por adición de algo nuevo, sino por medio de la palabra de Cristo que actualiza la Ley y le da un nivel más profundo. Así, el mandamiento que prohíbe el asesinato (Ex 20.13; Dt 5.17) se presenta no sólo en términos de la letra, sino que revela su intención de evitar la ira (5.21–22). Más aún, el mandamiento enseña la importancia de las buenas relaciones interpersonales de tal manera que el acto mismo de la adoración se subordina a la reconciliación mutua (5.23–26). La intención del mandamiento, interpretado de esta manera, no es sólo evitar el asesinato, sino promover la reconciliación sin la cual la adoración a Dios no tiene sentido. El mandamiento que prohíbe el adulterio (Ex 20.14; Dt 5.18) se interpreta de tal manera que se revela la intención del corazón tanto en el acto consumado como en el deseo secreto (5.27–30). Quien controla sus pasiones, controla sus acciones.

La misma interpretación de la Ley se manifiesta en la instrucción sobre el divorcio (Dt 24.1) y los juramentos (Lv 19.12; Dt 23.22). Jesús no sólo pone en entredicho la tradición del divorcio en el antiguo Israel, sino que condiciona y limita las circunstancias en que puede darse la separación. El mensaje del Evangelio hace eco del mensaje profético que censura la facilidad con la cual los hombres abandonaban a sus esposas e hijos dejándoles desamparados (véase Mal 2.13–16). De la misma manera, la instrucción sobre los juramentos y su uso desmedido para garantizar la palabra se transforma en una enseñanza sobre la honestidad e integridad (5.33–37, véase también Stg 5.12). Tanto Herodes (14.7) como Pedro (26.72) emitirán juramentos que no podrán cumplir y cuyas consecuencias serán desastrozas.

Finalmente, la instrucción sobre la venganza (5.38–42) y el amor a los enemigos (5.43–47) establece principios para la resistencia pacífica a la violencia y propone el camino del amor como alternativa a la exclusividad. Después de todo, la justicia de los discípulos debe ser mayor que la mera obediencia a la letra de la Ley. Debe ser mayor que la de los cobradores de impuestos para el imperio. Y debe superar la ética de los gentiles (5.46–47). Al contexto histórico de ocupación militar romana y de explotación económica se responde con una ética de solidaridad y de amor. La enseñanza de Jesús concuerda con los mejores principios de justicia y ética del Antiguo Testamento (véase Ex 23.4–5; Pr 25.21), y esto puede verse en la enseñanza cristiana primitiva (Ro 12.14–20; 13.8–10).

La declaración final de las antítesis, «sed, pues, vosotros perfectos, como vuestro Padre que está en los cielos es perfecto» (5.48), resume las implicaciones de la interpretación de la Ley por parte de Jesús. Ser «perfecto» (*teleios* en griego) en el sentido bíblico conlleva la idea de madurez e integridad. Es un concepto que señala más un estado dinámico que una meta alcanzada. La comunidad cristiana está llamada a imitar a Dios (el «Padre que está en los cielos»), y dicha perfección se alcanza mediante la obediencia de la palabra de Cristo resumida en el amor.

Instrucciones sobre la práctica de la justicia (6.1–18)

Esta sección del Sermón del Monte introduce las instrucciones de Jesús sobre tres prácticas de la piedad religiosa (la limosna, la oración, y el ayuno), contrastando la conducta de los discípulos con la de «los hipócritas» (6.2, 5, 16) y «los gentiles» (6.7). Después de la introducción general (6.1) que sirve como título a la sección, siguen tres instrucciones en un mismo patrón literario. En primer lugar, encontramos la frase «cuando» + la práctica particular (limosna, oración, ayuno, 6.2, 5, 16). En segundo lugar, se instruye sobre cómo no debe ser la conducta: «no» + la conducta inadecuada (6.2, 5, 16). En tercer lugar, aparece la instrucción positiva de cómo debe ser la conducta del discípulo (6.3, 7, 17). Finalmente, cada una de las instrucciones concluye con la promesa de la recompensa (6.4, 6. 18). Este patrón se interrumpe brevemente por la inclusión del Padre Nuestro y la exhortación al perdón mutuo como parte de la instrucción sobre la oración (6.7–15).

Existe una tensión dialéctica entre esta sección del sermón del monte y la sección sobre la sal de la tierra y luz del mundo (5.13–16). Allí la instrucción concluye con «así alumbre vuestra luz delante de los hombres, para que vean vuestras buenas obras y glorifiquen a vuestro Padre que está en los cielos». Mientras en 5.16 se da por sentado que las buenas obras son vistas por la gente, en las instrucciones sobre la limosna, la oración y el ayuno (la instrucción de 6.1) dice: «guardaos de hacer vuestra justicia delante de los hombres para ser vistos por ellos». Aquí se prohíbe la exhibición pública de la justicia. El contraste no debe entenderse en términos de contradicciones, sino en términos de la intención con la cual se lleva a cabo la obra. En el primer caso, la identidad de los discípulos como sal de la tierra y luz del mundo produce obras que, al ser vistas por las demás personas, glorifican a Dios. La instrucción en 6.1 señala el contraste entre la práctica de la justicia cuya intención es el reconocimiento público («para ser vistos por ellos») y en la práctica de la justicia para la gloria de Dios. La enseñanza de 6.1–18 opone la conducta de los discípulos con la de los fariseos (23.1–13).

Sobre la limosna (6.2–4)

Mateo, ahora procede a discutir el tema de la limosna u obras de misericordia (*eleēmosunē* en griego). La Ley de Moisés exhortaba a la generosidad hacia las personas necesitadas (Dt 15.11; Sal 41.11). En la tradición judía, la limosna era uno de los tres pilares que sostenían el mundo. En la Misná (la compilación judía de las tradiciones de las enseñanzas de Moisés según habían sido transmitidas oralmente desde la antigüedad) el rabí Simeón el Justo dice: «en tres cosas descansa el mundo: la Torá, el culto, y las obras de misericordia» (m. Abot 1.2). Jesús no condena el dar limosnas; al contrario, lo que condena es la acción ostentosa de algunas personas que utilizan su caridad para comprar la alabanza y el reconocimiento público. La hipocresía (Mt 23.1–13) consiste en aparentar hacer un acto de caridad en beneficio de una persona necesitada, mientras que en realidad la buena acción tiene la intención de llamar la atención hacia quien hace la obra. Si la motivación de la limosna es el reconocimiento público, en lugar de una buena obra, lo que se está haciendo es comprar reconocimiento. Por un lado, se compra el reconocimiento del que tiene para dar limosna, y por otro lado se humilla a quien tiene la necesidad y recibe la limosna en medio del aplauso público. Los pobres no resultan beneficiados, sino que se vuelven objetos e instrumentos para el prestigio. Dios no es alabado, sino que se vuelve excusa de una piedad superficial, y el ego de quien tiene recursos se enriquece del honor y reconocimiento público.

Jesús propone la alternativa a la exhibición pública con miras al reconocimiento personal: Quien da limosna debe hacerlo de tal manera que (como dice la versión *Dios habla hoy*) «no se lo cuentes ni siquiera a tu amigo más íntimo». Las obras de misericordia deben ser hechas de tal manera que el único testigo de importancia sea Dios («tu Padre que ve lo secreto»). El texto no describe la recompensa que recibirán quienes llevan a cabo obras de misericordia. El lenguaje refleja una perspectiva escatológica que confía en que las buenas obras de los creyentes no son ignoradas por Dios, sino que serán recompensadas a su debido tiempo. La misma promesa se repite en cada uno de los tres ejemplos de obras de justicia en el sermón del monte (6.4, 6, 18).

Sobre la oración (6.5–15)

La segunda instrucción sobre la práctica de la justicia en el sermón del monte es sobre la oración. Esta sección sigue el mismo patrón de las otras dos instrucciones sobre la limosna y el ayuno (véase la introducción a 6.1–18), con la excepción de la inserción de la oración del Padrenuestro (6.9–13) y la pequeña instrucción al final sobre la importancia del perdón mutuo (6.14–15). La primera parte de la enseñanza repite el tipo de instrucción que aparece en la sección sobre la limosna. Los discípulos no deben ser como los hipócritas que oran para ser vistos por la gente (6.5). Los hipócritas no oran para que Dios les escuche o para que su petición sea contestada. Su oración tiene el propósito de llamar la atención hacia la persona que ora, en lugar de centrarse en el «Padre que está en secreto».

La instrucción sobre la oración también advierte contra el uso de palabras innecesarias y vanas con la esperanza de ser escuchados (6.7). La sátira de la oración de los gentiles revela no sólo una concepción negativa del mundo no judío, sino también lo inútil de los dioses ante los cuales hay que insistir para que escuchen las oraciones. La religión popular y la religión imperial necesitan la repetición de oraciones y fórmulas para asegurar el patrocinio del sistema. Pero la formalidad vana no añade sustancia a la oración y no puede hacer que el dios pagano responda. Lo que se requiere es la auténtica espiritualidad. Para los discípulos de Jesús, para la iglesia, la oración tiene sentido porque descansa en la seguridad de que el «Padre sabe de qué cosas tenéis necesidad antes que vosotros le pidáis» (6.8). La seguridad de la oración descansa en la providencia divina, en el «Padre» que se interesa por su pueblo y está atento a las oraciones.

Mateo intercala la oración del Padrenuestro que sirve como modelo y ejemplo de la oración que los discípulos deben orar (6.9–13). El Padrenuestro tiene una estructura literaria simétrica que consiste en una introducción de alabanza en vocativo (6.9a), seguida de dos partes principales de tres peticiones cada una. La primera parte de tres peticiones se caracteriza por el pronombre posesivo «tu» refiriéndose al «Padre nuestro que estás en los cielos»: «tu nombre», «tu reino», y «tu voluntad». La segunda parte se caracteriza por el pronombre posesivo «nuestro», «pan nuestro», «nuestras deudas», y «no nos metas en la tentación». En la versión de RVR-1995 la oración concluye con una expresión de alabanza (en tres partes): «el reino», «el poder» y «la gloria» (6.13b). Aunque esta doxología no aparece en los mejores manuscritos griegos del Nuevo Testamento, su inclusión refleja la práctica antigua de concluir las oraciones con algún tipo de alabanza como marco final en armonía con la alabanza al comienzo de la oración.

La introducción del Padrenuestro se refiere a Dios como «Padre nuestro». La imagen de Dios como «padre» tiene sus raíces en el Antiguo Testamento (Dt 32.6; Isa 63.16; Jer 3.19) y confirma la fe en el cuidado y la protección especial de Dios por su pueblo. En el mundo grecorromano tanto el emperador como algunos dioses paganos eran invocados con el título de «padre». Esto refleja la cultura patriarcal y andrógina de la época. Llamar a Dios «Padre» en el sentido bíblico debe entenderse en su contexto sociocultural y teológico. La persona que ora a Dios como «Padre» lo hace con la confianza, seguridad, y entrega de quien sabe que su oración será escuchada y que recibirá el bien que necesita. Es la confianza, que nace de la relación filial saludable, en la cual el hijo o la hija reconocen el carácter proveedor y sustentador de Dios, quien recibe, provee, perdona, y gobierna con justicia para el bien de su pueblo. La invocación afirma tanto la cercanía y accesibilidad de Dios («Padre nuestro») como su trascendencia y majestad («que estás en los cielos»).

El primer grupo de tres peticiones expresa el deseo de que la majestad y la voluntad divina, y su justo señorío sean experimentados en la vida de la comunidad. El nombre de Dios es santificado por la obediencia, el reino divino se revela en justicia y amor, y la voluntad divina se hace cuando los discípulos prestan atención y practican las enseñanzas de Jesucristo. El «reino» de Dios es un lenguaje cargado tanto teológica como políticamente. Por un lado, declara la fidelidad última del que ora y reconoce que los reclamos temporeros de los sistemas están sometidos a la fidelidad y a los reclamos divinos. Por otro lado, reconoce que el valor e ideal del reino de los cielos hace relativos y secundarios a los valores y fidelidades de los sistemas imperiales de poder y control. El reino de Dios se hace presente, por lo menos en forma anticipada, donde se realiza la voluntad divina.

El segundo grupo de tres peticiones expresa ruegos por la necesidad humana («pan», «perdón», «tentación» 6.11–13). La petición por el pan contiene un problema exegético donde los eruditos y comentaristas bíblicos tienen que recurrir a aproximaciones interpretativas. La palabra griega que se traduce al español con la frase «de cada día» (*epiousios*) no ocurre en ninguna otra literatura griega antes del Nuevo Testamento y sólo aparece aquí y en Lucas (11.3). Su significado aproximado se relaciona con la idea de la ración de alimento necesaria para el día, siguiendo las tradiciones bíblicas de Ex 16.4 y Pr 30.8–9. «Las deudas» se refieren metafóricamente a los pecados u ofensas. Esta petición se caracteriza por la afirmación del perdón mutuo como una condición del perdón divino, al igual que la exhortación después de la oración en 6.14–15. La petición final reconoce la fragilidad humana y pide que Dios nos libre de toda prueba que ponga en peligro nuestra fidelidad. Así como Jesús venció la tentación (4.1–11) y derrotó al maligno, los discípulos piden a Dios la misma fortaleza para ser liberados del mal. En algunos manuscritos antiguos la oración termina con una doxología en la cual se reconoce la soberanía (reino), providencia (poder), y la majestad (gloria) divina (6.13b).

El Padrenuestro es una oración de la comunidad. La persona que ora, siempre ora en plural («nuestro»), aunque la instrucción se dirige a los discípulos en singular («tú»), y les dice que oren «en tu cuarto». Al orar, aunque estén solos, los discípulos oran en comunidad, como miembros de un cuerpo. La oración cristiana nunca debe ser un acto individualista, sino una oración de todos. Oramos al Padre «nuestro», pedimos por «nuestro» pan, por el perdón de «nuestras» deudas, y ser librados («líbranos») de la tentación. La experiencia del creyente es de comunidad y conjunta participación. No hay iglesia de un solo miembro. La vida de oración reconoce la realidad de la dependencia mutua entre los seres humanos y

Dios. Aunque la oración sea en secreto, nunca es individualizada, sino que es comunitaria.

Sobre el ayuno (6.16–18)

La práctica del ayuno cristiano tiene sus raíces en las enseñanzas del Antiguo Testamento. El ayuno podía ser motivado por varias razones: a) como parte integrante del arrepentimiento y confesión del pueblo (Jue 20.26; Jl 2.12–15), b) como expresión de duelo (1 S 31.13), y c) como expresión de preocupación (2 S 12.16ss). Moisés ayunó antes de recibir los diez mandamientos (Ex 34.18). El profeta Isaías criticó la práctica del ayuno que no tomaba en cuenta el rectificar las prácticas de injusticia social y explotación (Is 58.1–12). Los discípulos de Juan y los fariseos ayunaban y criticaban a los discípulos de Jesús por no hacerlo (Mt 9.14–1). En la iglesia primitiva se practicaba el ayuno, especialmente en tiempos de elegir a los líderes de la iglesia (Hch 13.2–3; 14.23).

El sermón del monte afirma la práctica del ayuno («cuando ayunéis» 6.16). Sin embargo, el Evangelio condena la práctica ostentosa del ayuno que se utiliza como excusa para llamar la atención a la persona que ayuna, en vez del ayuno como expresión de la justicia y la verdadera piedad. De la misma manera que la limosna (6.1–4) y la oración (6.5–15), el ayuno debe ser practicado de manera que su atención y foco caigan sobre la relación con Dios («tu Padre que está en secreto»).

Las posesiones y la comunidad (6.19–34)

La sección 6.19–34 consiste en una colección de dichos cuyo tema principal es el lugar que ocupan las posesiones en los valores de los discípulos de Jesús. El tema de la confianza en los bienes materiales es parte de la discusión sobre la justicia de los discípulos mencionada en 5.21. El pasaje tiene cuatro partes principales: a) tesoros en el cielo (6.19–21), b) la lámpara del cuerpo y la envidia (6.22–23), c) servir a Dios o a las riquezas (6.24) y d) la confianza en Dios (6.25–34). Cada una de estas secciones concluye con una frase en la cual se resume la enseñanza del dicho (6.21, 23c, 24d, 33–34). La sección advierte contra la búsqueda de, y confianza en los bienes materiales como garantizadores de la seguridad y la esperanza. La confianza en las riquezas y su seguridad es una idolatría que toma el lugar que sólo corresponde a Dios.

Tesoros en el cielo (6.19–21)

La estructura literaria de esta sección se caracteriza por la forma poética hebrea llamada «paralelismo antitético». Este paralelismo contrasta dos pensamientos en forma paralela, resaltando la conveniencia de uno en contraste con el otro. La primera parte (6.19) declara lo inútil e inseguro de acumular tesoros en la tierra: la polilla y el moho corrompen, y ladrones entran y hurtan. La segunda parte (6.20) declara la permanencia y seguridad de los tesoros guardados en el cielo: ni la polilla ni el moho corrompen, y los ladrones no entran ni hurtan. El contraste entre tesoros en la tierra y en el cielo consiste fundamentalmente en la permanencia y la seguridad. En la carta de Santiago encontramos un eco de estos dichos cuando se censura a los ricos opresores cuya acumulación de riquezas dependía de la explotación y el pago inadecuado a los obreros (Stg 5.2–3). El tema de la maldad en la riqueza acumulada como producto de la injusticia y su condenación tiene sus raíces en la historia bíblica del éxodo (Ex 3.7–10; Dt 24.14–15). Finalmente, la sentencia de 5.21 declara con profundidad teológica y humana el problema de la confianza en las riquezas: requiere la fidelidad primera e incondicional del ser humano. En otras palabras, reemplaza a Dios, a quien hay que amar con todo el corazón, con toda el alma, y con toda la mente (Mt 22.37). Quien pone su confianza en la riqueza acumulada termina convirtiéndose en su esclavo.

La lámpara del cuerpo (6.22–23)

Estos versículos utilizan las teorías de visión de la época para ilustrar el valor de la generosidad en contraste con la avaricia. En la antigüedad se creía que la visión consistía en una emanación de luz de los ojos que hacía posible que la persona viera. La falta de esa luz interior se manifestaba en la pérdida de visión hasta el punto de la ceguera. En el contexto literario del sermón del monte, el tema de la acumulación de riquezas (tanto en lo que precede a este texto como en lo que le sigue) nos ayuda a entender la discusión sobre el ojo malo en términos de la avaricia. La frase «tu ojo es maligno» o «tu ojo es malo» ocurre sólo en el texto de Mateo, aquí en 6.23 y en 20.15. En 20.15 se traduce como «envidia». El concepto del ojo malo, interpretado éticamente como avaricia o envidia, tiene sus raíces en el Antiguo Testamento (Dt 15.9; Pr 23.6; 28.22) y se interpreta así en la literatura apócrifa del judaísmo y en la literatura rabínica. El contraste entre el ojo bueno y el ojo malo, y la luz o falta de luz que producen, deben interpretarse como expresiones metafóricas que comparan el resultado de la generosidad en contraste con la avaricia y la envidia.

Dios y las riquezas (6.24)

Este versículo (y su paralelo en Lc 16.13) consiste en un dicho divido en tres partes: a) introducción («ninguno puede servir a dos señores», véase también Ro 6.16), b) un paralelismo de dos frases antitéticas: («porque odiará a uno y amará al otro» y «estimará al uno y menospreciará al otro»), y c) una conclusión («no podéis servir a Dios y a las riquezas»). El término griego para la palabra traducida como «riquezas» es *mamōna*, y siempre tiene un sentido negativo en la literatura judía. Como continuación del tema presentado en las dos secciones anteriores del sermón (6.19–21 y 22–23), se trata aquí de la confianza incondicional y exclusiva en Dios.

Confianza en Dios (6.25–34)

Esta sección sigue lógicamente a los dichos anteriores. Si los discípulos de Jesús toman en serio las enseñanzas previas sobre las riquezas, es muy probable que la preocupación y la ansiedad invadan sus pensamientos. Nadie puede vivir sin alimento (comida y bebida), y el vestido es una necesidad tanto cultural como para la protección del cuerpo de las inclemencias del clima. Jesús asegura a sus discípulos que Dios proveerá para las necesidades básicas de la vida como provee para las aves (a quienes Dios alimenta) y las flores del campo (que Dios viste). La confianza incondicional en Dios tiene como recompensa que Dios provee para esas necesidades, porque «vuestro Padre celestial sabe que tenéis necesidad de todas ellas». No se niega la realidad de la necesidad, sino que se afirma la providencia divina.

La responsabilidad de los discípulos es buscar en primer lugar «el reino de Dios y su justicia». Entonces las necesidades serán satisfechas. En Mateo, el discípulo que escucha el Sermón del Monte ya sabe que el reino de Dios se refiere a la realización de la voluntad divina en medio de la vida de la comunidad. La justicia del reino es la conducta de obediencia a la palabra de Cristo, que revela la voluntad de Dios a la humanidad y llama al seguimiento incondicional.

Sobre el juzgar a los demás (7.1–5)

El tema de la relación de los discípulos con la acumulación de las riquezas cede lugar a temas sobre la relación entre los miembros de la comunidad. La primera instrucción (7.1–2) tiene que ver con la crítica a otras personas sin tomar en consideración la posibilidad de que la persona criticada esté en menos error que quien critica (Ro 2.1–11; 1 Co 4.5; 5.12; Stg 4.11–12). El texto instruye a los discípulos a evitar la crítica excesiva y sin fundamento (véase Mt 18.15–17). En su lugar, los discípulos deben considerar la posibilidad de que sus errores sean mayores que los del juzgado (7.3–5).

La imagen de la paja y la viga en el ojo tienen un sentido de comparación hiperbólica. La relación entre los miembros de la comunidad («hermano» en el texto) debe basarse en la mutua corrección, y no en el juicio condenatorio. La hipocresía puede consistir en la práctica de señalar los fallos de otras personas con miras a evitar que se noten las limitaciones propias. El aspecto positivo del versículo final afirma que el juicio propio («la viga en tu propio ojo») debe preceder a la corrección de las otras personas («la paja en el ojo de tu hermano»).

Lo santo y las perlas (7.6)

Este versículo, exclusivo de Mateo, sirve de balance a la instrucción sobre el juzgar a los demás en los versículos anteriores. Si bien es cierto que la comunidad debe evitar la crítica, esto no debe tomarse como licencia para la indiferencia y la falta de discernimiento. Tanto los perros como los cerdos eran animales de baja estima. Así, el dar lo santo a los perros y echar perlas delante de los cerdos debe entenderse como una amonestación contra el desperdicio de las energías y trabajo en quienes no ofrecen posibilidad de corrección.

Pedid, buscad y llamad (7.7–11)

Tres imperativos «pedid», «buscad», «llamad» y sus correspondientes justificaciones «porque todo aquel que pide, recibe; y el que busca, halla; y al que llama, se le abrirá», resumen la necesidad y confianza con que los discípulos deben orar. La instrucción se ilustra con dos argumentos de apoyo: 1) un padre que da a su hijo lo que éste le pide (pan y pescado), y 2) la bondad de Dios es mayor que la acción positiva del padre que le da a su hijo buenas cosas. Con estas instrucciones sobre la oración (véase también

6.7–15) los discípulos se reafirman en su confianza en Dios quien, mucho más que un buen padre, dará a sus hijos lo que necesitan.

La regla de oro (7.12)

Este versículo cierra la parte central del sermón del monte, que comenzó en 5.7, con la frase «la ley y los profetas». Después de la enseñanza de Jesús sobre la validez e interpretación de la Ley (5.17–48), las instrucciones sobre la práctica de la justicia en términos de la piedad (6.1–18), y las instrucciones sobre la responsabilidad mutua (6.19–7.11), la regla de oro «todas las cosas que queráis que los hombres hagan con vosotros, así también haced vosotros con ellos» sirve como conclusión y resumen de la parte central del sermón. Así, la regla de oro viene a ser el resumen fundamental que define la esencia de la enseñanza de Jesús en el sermón del monte y la interpretación del Evangelio sobre el sentido fundamental de la Ley y los profetas. En la historia sobre el mayor de los mandamientos (22.34–40), Jesús resume la Ley y los profetas en el doble mandamiento del amor a Dios y el amor al prójimo. Hacer a los demás lo que se quiere para sí debe tener sus raíces en el amor a Dios y al prójimo.

Exhortación final (7.13–27)

La sección final del sermón del monte termina con una serie de amonestaciones y exhortaciones que enfatizan la importancia de escuchar y poner en práctica las enseñanzas de Jesús. Esta sección está dividida en tres partes mayores en las cuales se contrastan dos tipos de personas a la luz de su obediencia o desobediencia ante las enseñanzas del Señor. Primero se presenta el contraste entre las dos puertas y los dos caminos, y sus respectivos destinos (7.13–14). En segundo lugar, con la imagen de dos tipos de árboles y sus respectivos frutos, se ofrece una advertencia contra los falsos profetas cuya apariencia de piedad y auténtica religiosidad enmascaran su maldad e iniquidad (7.15–23). Finalmente, con la imagen de los dos tipos de edificadores que construyen sus casas en diferentes tipos de terrenos, se contrasta el destino final de quienes escuchan y ponen en práctica las palabras de Jesús con el de quienes las escuchan pero no las ponen en práctica (7.24–27).

Dos caminos (7.13–14)

La primera exhortación señala las consecuencias desastrosas de quienes prefieren seguir la corriente de la mayoría y no el camino trazado por las enseñanzas de Jesús. La puerta ancha y el camino espacioso llevan a la perdición, mientras que la puerta angosta y el camino angosto llevan a la vida. Como las exhortaciones de Moisés a los israelitas en el desierto antes de entrar en la tierra de Canaán (véase Dt 11.8–32), Jesús advierte que la diferencia entre la vida y la destrucción, el éxito y el fracaso, depende en la obediencia o falta de obediencia a sus palabras.

Dos árboles (7.15–23)

Si, por un lado, los discípulos están llamados a entrar por la puerta angosta y seguir el camino que lleva a la vida (7.13–14), por otro lado, también tienen que ejercer discernimiento contra quienes siguen el camino sólo en la apariencia. Mateo describe a los falsos profetas dando una imagen de ellos que contrasta su apariencia («ovejas») con su motivación («lobos rapaces»). La prueba del verdadero discipulado no consiste tanto en su doctrina como en su práctica. Juan el Bautista había acusado a los fariseos de no dar frutos dignos de arrepentimiento (3.7–10) y Jesús les acusa de ser una generación de víboras que son reconocidos por sus frutos (12.33–35).

La apariencia engañosa de los falsos profetas llega al extremo de aparentar la misma confesión de fe y los mismos actos de prodigios tales como echar fuera demonios y hacer milagros en el nombre del Señor (7.22). El criterio para distinguir entre el verdadero y falso profeta no está en las señales y la doctrina que se proclama, ni en las experiencias carismáticas que siguen, sino en hacer «la voluntad de mi Padre que está en los cielos» (7.21). Aunque sea difícil identificar a los falsos profetas en el tiempo presente, la advertencia apocalíptica del Señor es que en «aquel día» su sentencia será clara y final. La frase «hacedores de maldad» tiene un peso mayor si consideramos que en griego es la misma frase que se utiliza para quienes no obedecen la Ley (*anomia*). En otras palabras, éstas son personas que no muestran la mínima consideración a la Ley y la desprecian (véase también 14.31).

Dos fundamentos (7.24–27)

La exhortación final del sermón del monte compara las respuestas a «estas palabras» (el sermón mismo) con dos hombres, uno prudente que construye su casa sobre la roca y otro insensato que la construye sobre la arena. Nótese que el criterio para la prudencia y la insensatez consiste no tanto en escuchar las palabras de Jesús (cosa que ambos hacen) sino en ponerlas en práctica. Esto confirma la misma condición de los falsos profetas en 7.21 que dicen «Señor, Señor» pero no hacen la voluntad del Padre que está en los cielos.

La simetría de contraste en esta sección está construida artísticamente, como puede verse en la siguiente tabla. El énfasis de la comparación está en lo específico de las palabras a que se refiere la metáfora («estas palabras») y en la ruina final de la casa del hombre insensato. El llamado final del sermón del monte señala que todo el sermón en sí mismo, el escucharlo y ponerlo en práctica, es la condición absolutamente necesaria para la seguridad del discípulo.

Los dos cimientos (Mt 7.24–27)	
Hombre prudente (7.24–25)	**Hombre insensato (7.26–27)**
oye estas palabras y las pone en práctica	oye estas palabras y no las practica
edificó su casa sobre la roca	edificó su casa sobre la arena
descendió la lluvia, vinieron ríos	descendió la lluvia, vinieron ríos
soplaron vientos	soplaron vientos
golpearon contra la casa	y dieron con ímpetu contra la casa
no cayó	y cayó
porque estaba cimentada sobre la roca	y fue grande su ruina [de la casa]

Conclusión (7.28–29)

Los últimos dos versículos concluyen el sermón y describen la reacción de la multitud que escuchaba. La frase «cuando terminó Jesús estas palabras» es la misma frase que señala el final de cada uno de los cinco grandes discursos del Evangelio según San Mateo (7.28; 11.1; 13.53; 19.1; 26.1). La gente que escucha y se admira de la doctrina de Jesús es la misma que seguía a Jesús (4.25) y que estaba a la falda de la montaña en 5.1a. Aunque el grupo de discípulos estaba más cerca de Jesús y era a quienes primordialmente iba dirigido el discurso (5.1b), la gente también lo escuchó. La autoridad de la enseñanza de Jesús supera la de los escribas (véase 23.1–2).

Observaciones generales

El sermón del monte ha sido objeto de escrutinio y mucho debate a través de la historia de la iglesia. Además de ser el primero de los cinco grandes discursos del Evangelio, también presenta la enseñanza de Jesús con una profundidad teológica y una exigencia ética que no pueden pasarse por alto. Las enseñanzas y exigencias del sermón del monte dan por sentado que los oyentes están llamados a tomarlas en serio y ponerlas en práctica. La interpretación del mismo debe tomar en consideración tanto la naturaleza radical de su exigencia como su naturaleza literaria, que espera que muchos de sus dichos no sean tomados literalmente, sino como metáforas que señalan a una realidad más profunda dentro del corazón de la comunidad de creyentes. La validez y pertinencia del sermón del monte es para toda la iglesia, para todas las épocas.

La autoridad del mensaje del sermón del monte descansa en el hecho de que quien lo proclama es el Señor de la comunidad. Se fundamenta en una cristología del Hijo de Dios, quien ha sido ungido por el Espíritu en su bautismo (3.13–17), ha vencido la tentación (4.1–11), y ha mostrado su autoridad en sus actos de poder como en el llamamiento de sus discípulos (4.1–25). El amor providencial y misericordioso de Dios está presente en cada frase del sermón del monte. Sus exigencias deben verse como la expresión de la voluntad del Padre amoroso, que espera justicia de su pueblo y ofrece los medios para llevarla a cabo. El sermón del monte es un regalo de gracia para la comunidad de fe, y sirve de guía para la paz, justicia, y unidad de toda la iglesia.

Los reclamos al discipulado en el sermón del monte son un llamado a la obediencia radical. Escuchar las enseñanzas de Jesús, y ponerlas en práctica, afirma el riesgo de la fe que se atreve a tomar las palabras de Jesús como pertinentes para la vida, y subordina todo otro reclamo de señorío y seguridad idolátrica. El sermón del monte no es un sermón inocente, ciego a las realidades humanas. Éste reconoce el peligro de la persecución, pero también afirma que quienes buscan el reino de Dios y su justicia cuentan con la mano providencial de Dios. El sermón del monte es un llamado a reconocer que la única seguridad de la iglesia o de los creyentes descansa en escuchar las palabras de Jesús y ponerlas en práctica. De otra manera, la vida de la iglesia y el discipulado cristiano se construyen sobre la arena.

Prodigios de Jesús

(8.1-9.38)

Introducción

Los capítulos 8 y 9 constituyen una sección mayor en la historia del Evangelio. Su énfasis recae en los hechos prodigiosos de Jesús. La sección comienza con el descenso de Jesús del monte desde donde acaba de pronunciar su discurso del sermón del monte (8.1), y concluye con un resumen del ministerio de Jesús (9.35–38). Este resumen final es similar a 4.23–25 y enmarca toda la sección desde 4.23 hasta 9.38 como dos partes de una narrativa mayor. La primera parte es el sermón del monte (5.1–7.29), y la segunda narra las acciones prodigiosas de Jesús (8.1–9.34).

Estos capítulos contienen diez historias de milagros en nueve escenas agrupadas en grupos de tres, y cada una de ellas seguida de un resumen y declaraciones o historias breves sobre Jesús. Estos resúmenes se relacionan estrechamente con la naturaleza del discipulado. Los capítulos pueden bosquejarse de la siguiente manera:

1) Introducción (8.1)
2) Primer grupo de milagros (8.2–15)
    A) Sanación de un leproso (8.2–4)
    B) Sanación del hijo del centurión (8.5–13)
    C) Sanación de la suegra de Pedro (8.14–15)
    D) Resumen de milagros e interpretación teológica (8.16–17)
3) Segundo grupo de milagros (8.18–9.17)
    A) Jesús calma la tempestad (8.18–27)

1. Condiciones del discipulado (8.18–22)
2. La tempestad en el mar (8.23–27)

B) Los endemoniados gadarenos (8.28–34)
C) Sanación de un paralítico (9.1–8)
D) Llamamiento de Mateo y discusión sobre el comer con pecadores y sobre el ayuno (9.9–17)

4) Tercer grupo de milagros (9.18–38)
   A) La hija de un dignatario y la mujer con flujo de sangre (9.18–26)
   B) Dos ciegos reciben la vista (9.27–31)
   C) Sanación del mudo (9.32–34)
5) Conclusión: Resumen y enseñanza sobre el discipulado (9:35–38)

Como puede verse, a cada uno de los tres grupos de tres narraciones de milagros le sigue una breve discusión que sirve como interpretación de lo narrado. Así, los primeros tres milagros se interpretan teológicamente mediante la cita del mensaje profético de Isaías (Is 53.4). De la misma manera, las conclusiones del segundo y tercer grupo de escenas sirven como marcos interpretativos de los milagros realizados por Jesús, particularmente en términos de su significado para el discipulado. Los milagros de Jesús han de verse en perspectiva de su contexto histórico y literario. Éstos relatos son interpretaciones narrativas del significado de Jesús para la iglesia, más que historias milagrosas aisladas cuyo interés puede ser resaltar el poder de Jesús.

Primer grupo de milagros (8.1–17)

El primer versículo del octavo capítulo del Evangelio sirve de transición entre la conclusión del sermón del monte y las historias de milagros a narrarse. De la misma manera que Moisés descendió de la montaña del Sinaí (Ex 34:29), Jesús desciende del monte después de haber presentado su nueva ley a la comunidad. Los tres primeros milagros son tres sanaciones: la de un leproso (8.2–4), la del hijo de un centurión (8.5–13) y la de la suegra de Pedro (8.14–15). En estos tres milagros, Jesús interviene ayudando y restaurando a personas marginadas. Tanto los leprosos como los gentiles, así como las mujeres eran personas marginadas en la comunidad israelita de aquel entonces.

8.1–4 La sanación del leproso es un ejemplo de cómo el ministerio de Jesús restaura la dignidad y la integridad de la persona frente a la vida en comunidad y ante Dios. En el mundo bíblico, la lepra incluía toda una serie de condiciones de la piel y hasta manchas en las paredes de la casa (véase Lv 13–14). Las consecuencias sociales eran tanto o peor que la condición de la piel. Las personas con lepra tenían que vivir separadas de la sociedad, se les consideraba religiosamente impuras, y si entraban en contacto con otras personas no leprosas hacían a estas últimas impuras. La sanación del leproso y su consecuente reconocimiento por el sacerdote (de acuerdo a la Ley de Moisés, Lv 14.1–32), además de restituirle la salud física, restituían a la persona a la convivencia social, la convertían nuevamente en un miembro de la sociedad, y le abrían las puertas para poder adorar a Dios. Jesús sanó al leproso no sólo de su condición física sino del estigma social y de la opresión del prejuicio religioso.

8.5–13 Con la historia de la sanación del hijo (*pais* en griego) del centurión, Mateo ofrece otra lección para su iglesia y un reto para los líderes judíos de la época. En primer lugar, cualquier lector original del Evangelio podía reconocer que el centurión era un gentil al servicio del poder imperial que oprimía a los israelitas y que imponía la voluntad romana sobre el pueblo. Como tal, el centurión romano estaba al margen de la sociedad y la comunidad de fe de Israel. La estructura literaria de la escena sigue un patrón particular: a la descripción geográfica (8.5a), le sigue una presentación de la persona que pide ayuda (8.5b), luego la petición propiamente dicha (8.6) y por último la respuesta de Jesús a ésta petición (8.7). Ante esta respuesta de Jesús, el centurión reacciona con humildad y afirmación de fe (8.8–9). Finalmente, Jesús responde y confirma la fe de quien pide ayuda (8.10–12). La historia concluye con una declaración de que la petición ha sido contestada (8.13). Este mismo patrón literario lo encontramos más adelante en la historia de la sanación de la hija de la mujer cananea (Mt 15.21–28). El punto culminante de la historia se encuentra en la declaración de Jesús sobre la fe del centurión (8.10–12). Esa declaración tiene la doble función de afirmar la fe del gentil, a la vez que censura la incredulidad del pueblo de Israel. La sanación del hijo del centurión sirve de paradigma para la inclusión de los gentiles, cuya insistente y humilde afirmación de fe les convierte en modelos de la fe que Israel debía tener. La consecuencia es que los gentiles toman el lugar que corresponde a los israelitas mientras estos últimos verán llanto y desesperación (8.11–12, véase también 13.42, 50; 22.13; 24.51; 25.30).

8.14–15 La historia de la sanación de la suegra de Pedro es el relato de sanación más breve del Evangelio. Sin embargo, la historia contiene todos los elementos básicos de las historias de sanación en el Nuevo Testamento. En primer lugar encontramos una descripción de la escena («casa de

Pedro»); en segundo lugar, una descripción de la gravedad de la enfermedad («acostada en cama con fiebre»); seguida por una descripción de la acción de Jesús («tocó su mano»), la sanación de la enferma («la fiebre le dejó») y el resultado final («se levantó, y le servía»). La frase «le servía» en griego es singular, y no plural como la RVA–1995. La sanación de la mujer enferma la restituye a la vida, a la familia, y al servicio. La frase griega traducida como «le servía» (*diēkonei autō*) viene de la misma raíz que «diácono», y sugiere la idea de servicio con devoción. La sanación tiene como resultado el que la suegra de Pedro se convierta técnicamente en servidora de Jesús.

8.16–17 Esta primera triada de milagros cierra con un resumen (8.16) y una fórmula de cumplimiento (8.17). Así se interpretan los milagros de Jesús como parte de un ministerio más amplio, y como parte del plan de Dios que cumple las promesas proféticas del Antiguo Testamento. La cita del libro de Isaías (Is 53.4) expande el horizonte de interpretación del pasaje citado sobre el siervo sufriente, interpretando las acciones de Jesús como la realización de la esperanza profética. El Evangelio interpreta el ministerio de Jesús a la luz del mensaje sobre el siervo sufriente de Isaías, de manera que la expulsión de los demonios y los milagros de sanación apuntan a las promesas y a la fidelidad de Dios reveladas en Jesucristo.

Segundo grupo de milagros (8.18–9.17)

La segunda triada de milagros tiene lugar en el contexto del viaje de Jesús al otro lado del mar de Galilea. La historia comienza con una referencia a la «mucha» gente que le seguía (véase 4.25; 5.1; 7.28; 8.1, 16) y con un cambio geográfico bajo la orden de Jesús de pasar al otro lado. El versículo 18 sirve como transición para localizar los eventos que siguen en el contexto de este cambio de lugar. Las historias de los que querían seguir a Jesús (8.18–22) y del milagro de calmar la tempestad en el mar (8.23–27) están íntimamente relacionadas. A éstas le sigue la historia de los dos endemoniados gadarenos (8.28–34), en la cual Jesús interviene para el bienestar de unos hombres poseídos, pero cuyo resultado final es la expulsión de Jesús de su territorio. La tercera historia narra el perdón y la sanación de un paralítico, y el resultado es el asombro del pueblo y la alabanza a Dios (9.1–8). Finalmente, la sección cierra con la historia del llamamiento de Mateo y la consecuente discusión sobre el comer con publicanos y pecadores, y la pregunta sobre el ayuno (9.9–17).

8.18–22 La historia de los dos seguidores potenciales ilustra el carácter riguroso del discipulado (compárese Lc 9.57–62). El contraste entre ambos prospectos es notable. El primer personaje es un escriba. En Mateo los escribas (mencionados dos veces en singular 8.19; 13.52, y veintidós veces en plural 2.4; 5.20; 7.29; 9.3; 23.2, 13, 14, 15, 23, etc.) aparecen consistentemente como enemigos de Jesús y como colaboradores de los fariseos y de los principales sacerdotes en la oposición a Jesús. Los escribas eran un grupo de estudiosos e intérpretes de las Escrituras, (2.4; 16.21; 26.3, 57; 27.51). Probablemente, los escribas también eran conocidos como «doctores de la Ley» (Mt 23.2–29) e «intérpretes de la Ley» (Mt 22.35). Este escriba se dirige a Jesús como «maestro» (8.18). El término «maestro», cuando es utilizado en el Evangelio para referirse a Jesús por otros personajes, generalmente tiene un sentido negativo, y nunca es utilizado por los discípulos. De entrada el Evangelio crea una impresión sospechosa sobre el escriba que está dispuesto a seguir a Jesús a cualquier lugar. Jesús le responde con un dicho sobre las dificultades y limitaciones del discipulado.

La frase «Hijo del hombre» aparece por primera vez en la historia de Mateo como título cristológico. En los evangelios sinópticos, sólo Jesús utiliza la frase «Hijo del hombre» para hablar de sí mismo. Entre las referencias al «Hijo del hombre», un grupo de pasajes en los evangelios se refiere a la forma y al sufrimiento que el «Hijo del hombre» experimentará en manos de otras personas (Mt 8.20;Lc 9.58; Mt 16.21;Mc 8.31; Mt 11.19;Lc 7.34; Mt 26.2, 24, 45, etc). Otro grupo de pasajes destaca la autoridad del «Hijo del hombre», especialmente para perdonar pecados, y su señorío sobre el día de reposo (Mt 9.6;Mc 2.10; Mt 12.8;Lc 6.5; Mt 12.32;Lc 12.10; Mt 17.9;Mc 9.9, etc.). Un tercer grupo de textos se refiere al «Hijo del hombre» como juez escatológico al llegar el fin del mundo (Mt 10.23, 13.41, 16.27–28; 24.27;Lc 17.24; Mt 24.30–31, etc.). El término tiene su antecedente principal en Daniel 7:13–14 y en otros lugares de la literatura judía de la época del Nuevo Testamento. Mateo ofrece una síntesis de los diversos significados de la frase «Hijo del hombre» para referirse a Jesús tanto en su ministerio terrenal como en su pasión, y como el Señor exaltado en su venida gloriosa para juzgar a las naciones y reinar.

El segundo personaje, «otro de sus discípulos», se dirige a Jesús como «Señor» y pide permiso para cumplir con los deberes sagrados de enterrar a su padre. La frase puede significar que el discípulo seguiría a Jesús después de la muerte de su padre, pero hasta entonces tenía que esperar (véase el contraste con la historia en 1R 19.19–21). De cualquier manera, la respuesta de Jesús implica que seguir a Jesús es una obligación que toma prioridad aun sobre los sagrados deberes familiares.

8.23–27 La historia de la tempestad en el mar es parte integral de la historia que comenzó en 8.18 cuando Jesús dio la orden a sus discípulos de pasar al otro lado. Esta historia ilustra el poder de Jesús para intervenir en beneficio de sus discípulos en medio de las pruebas y las dificultades. En ella encontramos ecos del Salmo 107, donde el salmista alaba a Dios por su intervención para calmar la tormenta en el mar, concluyendo con la respuesta de su pueblo salvado. Ese Salmo es un cántico de acción de gracias a Dios por su intervención en favor de su pueblo en peligro, bien sea en el desierto (4–9), en la cárcel (10–16), enfermo (17–22), o en medio de una tormenta (23–32), concluyendo con una alabanza al Señor (33–43). Como el Salmo 107, la historia en Mateo (contrástese con Mr 4.35–41) tiene la función de impartir confianza en la comunidad cristiana cuando se encuentra en medio de serias dificultades. La descripción de la tempestad apunta a un movimiento sísmico que parece ser un maremoto. En medio de la crisis, Jesús dormía. El grito de los discípulos «¡Señor, sálvanos!» y la respuesta de Jesús «¿por qué teméis, hombres de poca fe?», representan el paradigma de la dinámica diaria de la iglesia que recurre al Señor en momentos de prueba, no tanto como muestra de su confianza, sino en la desesperación. La acción de Jesús de reprender a los vientos y al mar muestra su poder y disponibilidad para transformar una situación de peligro en una de seguridad. Finalmente, la pregunta retórica «¿qué hombre es este...?» expresa no tanto la duda sino la admiración de los discípulos. Mientras en la escena primera (los voluntarios que querían seguir a Jesús) encontramos la advertencia de la dificultad y seriedad del discipulado, en esta escena (como equilibrio) se ofrece la seguridad y confianza de que Jesús no abandona a su pueblo en momentos difíciles.

8.28–34 La siguiente historia comienza inmediatamente después de cruzar el mar y llegar a la tierra de los gadarenos (8.28). Esta narración de la liberación de dos endemoniados gadarenos tiene paralelos literarios en Marcos (5.1–20) y en Lucas (8.26–39). La versión de Mateo tiene la particularidad de duplicar el número de endemoniados (dos) y hacer mucho más breve el diálogo entre Jesús y los demonios. La condición lamentable de la vida de estos endemoniados, sin hogar ni control de sus facultades físicas y mentales, aterrorizaba a la comunidad de tal manera que «nadie podía pasar por aquel camino». Los demonios no sólo conocen la identidad real de Jesús «Hijo de Dios» sino que saben que su destino está determinado. Los cerdos eran considerados impuros y la Ley prohibía comerlos y tocarlos. El breve diálogo resalta la desesperación de los demonios y la autoridad de Jesús. El intento ineficaz de escapar llevó a los demonios a su ruina. La segunda parte de la historia presenta un final inesperado (8.33–34). Las personas que se beneficiaban de la crianza de los cerdos y los habitantes de la ciudad se confabulan para expulsar a Jesús del territorio. Éstos preferían su propia ganancia económica al bienestar de los demás. Jesús, el que expulsa los demonios e interviene en favor de los oprimidos, es expulsado por quienes oprimen a los indefensos y se benefician de su explotación. La iglesia de Mateo está consciente de que, a pesar del impacto positivo de la intervención de Jesús, los intereses y poderes que se benefician del status quo resistirán la predicación y el ministerio del Evangelio.

9.1–8 El milagro de la sanación del paralítico sigue el patrón común de los relatos de sanación en el Evangelio (véase 8.14–15), con la adición en esta ocasión de la discusión sobre el poder de Jesús para perdonar los pecados. El primer versículo, con la descripción del viaje de Jesús a su ciudad (Capernaum, 4.13), sirve de transición entre la historia de los gadarenos y ésta otra. En contraste con la historia paralela en Marcos (2.1–12), el relato de Mateo se limita a señalar los detalles mínimos necesarios para pasar al tema del perdón de los pecados y a la discusión con los escribas. El punto de vista de los escribas (véase 8.18–22) es que sólo Dios tiene la autoridad para perdonar los pecados. Los escribas interpretan las palabras de Jesús como un atrevimiento y una usurpación a la autoridad divina. Las palabras y las acciones de Jesús en los versículos 4 al 7 interpretan el milagro de la sanación del paralítico como una manifestación de la autoridad de Jesús para perdonar los pecados. En contraste con la experiencia popular que explotaba de manera exhibicionista los milagros para llamar la atención de la gente y comprar seguidores, los milagros de Jesús tienen la intención de demostrar y confirmar la naturaleza de su misión. La sanación del paralítico confirma las palabras al comienzo del Evangelio, Jesús «salvará a su pueblo de sus pecados» (1.21). La historia termina con la descripción de la reacción de la gente que alaba a Dios por su intervención asombrosa en beneficio del necesitado.

9.9 El segundo grupo de milagros vuelve a tomar el tema del discipulado y del seguimiento de Jesús que aparece en 8.18–22. En un solo versículo, el Evangelio resume la fórmula de llamamiento de los discípulos (véase el comentario a 4.18–22): Primero, se describe la circunstancia «saliendo Jesús de allí». En segundo lugar, Jesús «vio» al futuro discípulo (Mateo). En tercer lugar, se describe el oficio del futuro discípulo «sentado en el banco de los tributos públicos», seguido por el llamado de Jesús propiamente dicho «sígueme». Finalmente, la respuesta inmediata del llamado al discipulado «se levantó y lo siguió». Como en todas las historias de llamamiento de discípulos en Mateo, el evangelio resalta la autoridad y la iniciativa de Jesús y la respuesta incondicional del discípulo.

9.10–17 Después del llamamiento de Mateo, siguen dos escenas en las cuales Jesús responde a la petición de una explicación de su conducta poco tradicional: comer con publicanos y pecadores, y descuidar la práctica del ayuno. La primera pregunta es planteada por los fariseos, mientras la segunda viene de los discípulos de Juan el Bautista. Ambas escenas siguen el mismo patrón: 1) las personas con preguntas se le acercan: «los fariseos», «los discípulos de Juan»; 2) le hacen la pregunta «¿por qué... come con publicanos y pecadores?», «¿por qué... no ayunan?»; 3) Jesús responde a la pregunta(«Jesús les dijo»; 4) respuesta propiamente dicha «los sanos no tienen necesidad de médico...», «¿acaso los que están de bodas...?».

Esta es la primera vez que los fariseos chocan con Jesús y los discípulos. Más adelante encontraremos otros ejemplos de tales conflictos (9.34; 12.2, 24; 15.1–20). Esto llegará al grado en que comenzarán a buscar oportunidad para destruir a Jesús (12.14; 16.1–12; 21.45–46; 22.15), y alcanzará su punto culminante en las palabras de Jesús contra los escribas y fariseos (23.1–36). Por otro lado, la mención de los *discípulos de Juan* el Bautista nos recuerda que aun después de la resurrección de Jesús había seguidores de Juan el Bautista que formaban un círculo de discípulos (véase Hch 9.1–6). Los *publicanos* eran colaboradores de la ocupación imperial romana. La disponibilidad de Jesús para comer con publicanos estaba en conflicto con las perspectivas religiosas de la época. La cita de Oseas 6.6 sirve para interpretar teológicamente las acciones de Jesús, que están de acuerdo con la voluntad de Dios para quien los actos de misericordia son más importantes que la práctica religiosa vacía. Los publicanos eran despreciados y juzgados como pecadores, tanto por su colaboración política como por su manejo explotador del dinero y otros impuestos, además de su continuo contacto con gentiles. Luego, la frase sobre los enfermos y los pecadores identifica el ministerio de perdón como íntimamente relacionado con la sanación —como se vio ya en la historia del paralítico perdonado y sanado en 9.1–7.

El tema del ayuno ya ha sido tomado y discutido en 6.16–18, donde Jesús instruye a los discípulos sobre la práctica adecuada del ayuno como parte del sermón del monte. La versión de Mateo contrasta con la versión de Marcos (2.18–22), de manera que el tema es sobre la regularidad del ayuno («muchas veces») más bien que sobre el ayunar o no ayunar (como en Marcos). La imagen del banquete en la fiesta de bodas parece ser un eco de Isaías 25.6–10 donde la esperanza mesiánica se compara con un gran banquete. Por otro lado, la imagen del vino y los odres, sirve para contrastar la tradición y las prácticas comúnmente aceptadas con la nueva realidad del reino, iniciada por Jesús y continuada en la vida de la iglesia.

Tercer grupo de milagros (9.18–38)

El tercer grupo de milagros vuelve a enfatizar el poder de Jesús para intervenir en favor de las personas necesitadas y suscitar respuestas de la gente. En las primeras dos historias, la respuesta positiva resulta en la difusión de la fama de Jesús por «toda aquella tierra» (9.26, 31), mientras que la respuesta de los fariseos es negativa al acusar a Jesús de echar fuera a los demonios «por el príncipe de los demonios» (9.34). La sección termina con un resumen de la actividad de Jesús (9.35) y una transición entre esta narrativa y la siguiente (9.36–38).

9.18–26 La primera historia de este tercer grupo de milagros narra la resurrección de la hija de un dignatario y la historia intercalada de la mujer con flujo de sangre. La historia en Mateo tiene paralelos literarios en Marcos (5.21–43) y en Lucas (8.40–56) pero con varias diferencias importantes. En Mateo, la historia es mucho más breve que la de los otros evangelios (23 versículos en Marcos, mientras sólo 9 en Mateo), no incluye el nombre del dignatario (tampoco dice que era un dignatario *de la sinagoga*) y no hay referencia a la multitud que oprimía a Jesús, mencionada en los otros evangelios. Mientras en Marcos y Lucas la hija del dignatario estaba agonizando, en Mateo la niña «acaba de morir». El énfasis de la historia está en mostrar la autoridad de Jesús ante la muerte y la importancia de la fe de quien acude a Jesús en busca de ayuda. La historia de los dos milagros sigue el mismo patrón: la persona necesitada se acerca a Jesús, se describe el carácter de su necesidad, finalmente un breve dicho de Jesús interpreta el evento y la petición o necesidad es suplida.

Hay algunos detalles en Mateo que están ausentes en los otros evangelios que narran esta historia. Mateo señala que la mujer tocó «el borde del manto» (9.20, también en Lc 8.44) lo cual señala que la vestimenta de Jesús (como judío) cumplía con lo prescrito en Números 15.37–41. También, en Mateo, la mujer fue sanada después que Jesús afirmó su fe (9.22). Mateo es el único que menciona la costumbre de acentuar el luto a través de la música y las lloronas profesionales (12.23,) recalcando así el detalle de que la niña ya estaba muerta (véase Jer 9.17). La historia cierra con la declaración de que la noticia se difundió por toda aquella tierra.

9.27–31 Esta historia, que aparece sólo en el Evangelio según San Mateo (contrástese 20.29–34), sigue el patrón literario de las historias de sanación en otros evangelios (véase el comentario a 8.14–15). Una característica de esta historia es que los dos ciegos se dirigen a Jesús como «Hijo de David». Esta es la primera vez que uno de los personajes en la narración se dirige a

Jesús con este título cristológico, a pesar de haber sido utilizado ya por el evangelista en 1.1. El título «Hijo de David» aparece en la mayoría de las ocasiones en el contexto de historias de milagros (9.27; 12.22–23; 15.22; 20.30–31) y, en dos ocasiones, durante la llegada de Jesús a Jerusalén (21.9, 15). En las tradiciones judías del tiempo del Nuevo Testamento, el «Hijo de David» era uno de los títulos mesiánicos más comunes para referirse a la esperanza de la restauración política del pueblo de Dios y a la inauguración de una era en la cual el pueblo sería sanado de sus enfermedades.

El diálogo entre Jesús y los dos ciegos en la casa es muy particular. Jesús los interroga: «¿Creéis que puedo hacer esto?». Los ciegos le responden: «Sí, Señor». Este pequeño diálogo puede interpretarse como una prueba de la fe de los ciegos, mientras que la respuesta de «Señor» demuestra su confianza y reverencia en momentos de necesidad (véase también 8.2, 6, 8, 25; 14.28, 30; 15.22, 25, 27; 17.15; 20.31, 33). La fe de los ciegos fue suficiente para que fueran sanados.

9.32–34 La última historia de sanación (o liberación de un mudo endemoniado) ocurre inmediatamente después de la salida de los que habían sido sanados de su ceguera. Lo importante en esta historia es la reacción de la gente ante el milagro. Algunas personas se maravillaban mientras otras tomaban una actitud de apatía y negación. Mientras la gente maravillada reconocía el carácter novedoso del milagro, la actitud de los fariseos era hostil y acusatoria (véase también 12.24–28). Este último milagro confronta al lector con el dilema de cómo ha de responder e interpretar los milagros de Jesús. La intención es que el lector se identifique con la comunidad de seguidores de Jesús y rechace la opinión negativa de los fariseos.

9.35–38 Los últimos tres versículos sirven para enmarcar el sermón del monte y los dos capítulos de milagros como expresiones ejemplares del ministerio de Jesús quien recorría las ciudades y aldeas «enseñando en las sinagogas de ellos, predicando el Evangelio del Reino y sanando toda enfermedad y toda dolencia en el pueblo» (4.23 y 9.35). Estos versículos también sirven de transición al capítulo siguiente, donde se encuentra el segundo discurso instructivo a los discípulos (véase la introducción al comentario).

Esta conclusión vuelve a hacer eco de las historias de Moisés en el Antiguo Testamento. A la compasión de Jesús por las multitudes que estaban «desamparadas y dispersas como ovejas que no tienen pastor» siguen el llamamiento e instrucción de los doce discípulos (9.37–11.1). Esta escena es muy similar a Números 27.16–23, donde Moisés pide ayuda a Dios para guiar al pueblo. Hay otras conexiones literarias entre la historia en Números y esta sección de Mateo. En ambos casos, el tema es el liderato que ha de guiar al pueblo (Mt 9.38; Nm 27.16); y en ambos casos, la petición incluye el tema de la oración (Mt 9.38; Nm 27.15). Así como Moisés comisiona a Josué, quien continuará su misión después de él, en el próximo capítulo, Jesús comisionará a los apóstoles quienes continuarán su misión después de él. Hay otros lugares en el Pentateuco donde se nombran doce príncipes de las tribus de Israel (Nm 1.1–16). El evangelio vuelve a manifestar su interés en presentar a Jesús ante la comunidad judeocristiana, insinuando los paralelos entre Jesús y el primer gran libertador y legislador del pueblo de Dios. En esta historia, el liderato religioso y político de la época de Mateo recibe una crítica severa. A pesar de los reclamos imperiales y del sistema religioso, el pueblo estaba descarriado. Pero la responsabilidad no caía en el pueblo descarriado, sino en la incapacidad o negligencia de sus líderes que no cumplían con su papel de pastores (véase la misma crítica en Jer 50.6–7; Ez 34.5; y Zac 10.2).

Observaciones generales

Las historias de milagros en estos dos capítulos complementan la imagen de Jesús presentada en el sermón del monte. Por un lado, Mateo ha presentado a Jesús como quien cumple la Ley y los profetas, y como el auténtico intérprete de las enseñanzas de Moisés. Por otro lado, en esta sección Mateo presenta a Jesús como quien interviene en favor de las personas necesitadas con el poder para sanar, echar fuera demonios, perdonar los pecados, resucitar a los muertos, calmar la tempestad, y devolver la vista a los ciegos. Los prodigios de Jesús llaman la atención ya que demuestran la autoridad y poder de Jesús.

Como puede verse, el resumen final del ministerio de Jesús en 9.35 enmarca tanto la conclusión como la declaración semejante en 4.23. Mateo presenta a Jesús en su doble función como nuevo legislador y como instrumento de Dios para el bien del pueblo. Si el sermón del monte instruye a la iglesia sobre las exigencias del reino de los cielos y el discipulado cristiano, los milagros de los capítulos 8–9 fundamentan tales exigencias en la acción de Jesús para el bien de las personas necesitadas. Las historias de milagros también se entrelazan con los dichos de Jesús sobre el costo del discipulado, con el llamamiento al seguimiento incondicional y con la reestructuración de la vida a la luz del Reino de los cielos. Los beneficios del ministerio de Jesús invitan al seguimiento, a la entrega, y al sacrificio de acuerdo a la voluntad de Dios y sus mandamientos.

Discurso de misión

(Hechos 15.1-35)

Introducción

Este capítulo es el segundo gran discurso de instrucción a los discípulos en el Evangelio según San Mateo. En 10.1 Jesús confiere autoridad a los discípulos para «sanar toda enfermedad y toda dolencia», como Jesús lo ha hecho en 4.23 y 9.35. En 10.7 la predicación de los discípulos es la misma que la de Juan el Bautista en 3.2 y la de Jesús en 4.17. Luego, la misión y predicación de los discípulos continúa la misión y predicación de Jesús. Los discípulos comparten en la predicación y destino del Cristo. El capítulo comienza con la elección y autorización de los doce discípulos (10.1–4) y el discurso propiamente dicho que recoge las instrucciones de Jesús a los apóstoles (10.5–42), concluyendo en 11.1 con la frase «cuando Jesús terminó...» común en las conclusiones de los cinco discursos de Mateo (véase la introducción).

Aunque la estructura del discurso es tema de controversia entre los comentaristas bíblicos, después de la presentación de los doce discípulos (10.1–4) el pasaje puede dividirse en siete partes principales: [a] instrucciones generales y recepción (10.5–15), [b] persecuciones y dificultades familiares (10.16–23), [c] el discípulo y su maestro (10.24–25), [d] exhortación al ánimo en las persecuciones (10.26–31), [e] confesión mutua (10.32–33), [f] división y fidelidad (10.34–39), y [g] recompensas para quienes reciben a los discípulos (10.40–42). Indudablemente, Mateo tiene un propósito particular al organizar el material de esta manera.

Algunas partes de este discurso exclusivo de Mateo tiene paralelos literarios en diversas secciones de Marcos y Lucas. Es muy probable que Mateo haya tenido acceso al Evangelio según San Marcos y otras tradiciones orales antiguas para la composición de este discurso. La lista de nombres de los doce discípulos (10.1–4) tiene un paralelo en Marcos (3.13–19), aunque la forma particular de Mateo deja ver su estilo e intereses propios. Gran parte de la instrucción a los doce discípulos (10.5–15) tiene paralelo en Marcos (6.7–13). La sección sobre la futura persecución de los discípulos (10.16–23) tiene su paralelo en el discurso escatológico de Marcos (13.9–13). Por otro lado, la sección de exhortación a no tener temor en medio de las persecuciones (10.26–31) no tiene paralelo en Marcos, pero sí en el Evangelio según San Lucas (12.2–9), al igual que la sección sobre la división y la fidelidad (Mt 10.34–39; Lc 12.49–53 y 14.26–27). En su forma actual, el discurso de instrucción a los doce discípulos es una composición de Mateo haciendo uso de fuentes y tradiciones anteriores, tanto de Marcos como de tradiciones compartidas con Lucas y otras fuentes exclusivas de Mateo. Al presentar la instrucción a los discípulos de esta manera, Mateo instruye a la iglesia sobre el carácter y significado del discipulado cristiano. Presenta a los doce apóstoles como modelos para la iglesia, como enlace entre el ministerio de Jesús y la comunidad presente, y como continuadores del ministerio de Jesús.

Presentación de los doce discípulos (10.1–4)

Esta sección establece la audiencia y el trasfondo del segundo discurso en Mateo. En primer lugar identifica los doce discípulos y señala su misión. Como vimos en la sección anterior, el número doce tiene una historia larga en las tradiciones del Antiguo Testamento. Así como doce eran los hijos de Israel, y doce las tribus, es muy probable que el número doce de los discípulos sea una forma simbólica de referirse a la restauración escatológica del pueblo de Dios. En el Pentateuco se nombran doce líderes de las tribus de Israel (Nm 1.1–16). Jesús autoriza a los doce discípulos para hacer los mismos prodigios que él hizo en los capítulos 8 y 9 del Evangelio según San Mateo.

Los nombres de los doce apóstoles (esta es la única vez que Mateo los llama «apóstoles») están agrupados de dos en dos y siguen el orden en que van apareciendo en la historia del Evangelio. Simón (Pedro) y su hermano Andrés fueron los primeros discípulos llamados por Jesús (véase el comentario a 4.18–20). Además, es muy probable que Pedro sea el primero en la lista porque ejercía una función particular de liderato en la iglesia primitiva y en otras historias en el Evangelio (14.22–33; 15.15; 16.16–20; 17.1–13, 24–27; 18.21–22; 19.27–30; 26.31–35, 36–46, 57–58, 69–75). Andrés (el hermano de Pedro) es mencionado sólo aquí y en la historia de su llamamiento. Los hijos de Zebedeo (Jacobo y Juan su hermano) fueron llamados después de Pedro y Andrés (véase el comentario a 4.21–22) y volverán a aparecer en la historia de la transfiguración (17.1–9). A Felipe, Bartolomé y Tomás, el evangelista los menciona sólo aquí. Mateo el publicano fue llamado al discipulado en 9.9–13. Jacobo el hijo de Alfeo y Lebeo (Tadeo) sólo se nombran en esta parte. Simón, el cananita debe distinguirse de Simón Pedro. «Cananita» probablemente se refiera a un apodo que identifica este Simón como simpatizante de uno de los grupos nacionalistas más celosos y agresivos dentro del judaísmo (los celotes). Simón el cananita no se menciona de nuevo en la historia del Evangelio. Judas Iscariote es identificado como «el que también lo entregó». Las historias de la traición de Judas (26.14–16, 23–25, 47–56) y de su muerte violenta (27.3–10) se anticiparon antes de que ocurrieran.

Con el nombramiento de los doce discípulos Mateo introduce tanto los nombres de los doce apóstoles como el carácter de su misión. La comisión de los discípulos de echar fuera espíritus impuros y sanar toda enfermedad y dolencia refleja que los discípulos realizan la misma tarea que Jesús ha realizado en los capítulos anteriores. El ministerio de sanación de Jesús es el modelo para el ministerio de los discípulos. Los doce apóstoles vienen a ser símbolo de la nueva comunidad y el enlace y continuación entre el Jesús histórico y la comunidad cristiana después de la pascua.

Instrucciones generales (10.1–15)

10.1–4 En estos versículos comienzan las instrucciones sobre la geografía de la misión, la tarea a realizar, el equipaje a llevar, y las consecuencias para quienes escuchen o no el mensaje de los discípulos. Los primeros dos versículos (10.5–6) limitan la actividad misionera de los discípulos a la comunidad judía de Israel, así como en 15.24, tanto el ministerio de Jesús como el de los discípulos se limita geográfica y étnicamente a las «ovejas perdidas de la casa de Israel». La visión de los gentiles en el Evangelio de Mateo es negativa en la mayoría de las ocasiones (véase los comentarios a 2.1–12; 6.5–15 y 8.5–13). Los samaritanos eran los habitantes de la región de Samaria a quienes la mayoría de los judíos consideraban como extranjeros y con quienes evitaban relacionarse por razones políticas y religiosas. Los samaritanos eran excluidos del culto en el templo de Jerusalén por los líderes sacerdotales de la época. Esta restricción étnico–territorial de la misión durante el ministerio de Jesús y los discípulos está en cierta tensión con el final del Evangelio, donde el Señor resucitado instruye sus once discípulos para que vayan a hacer discípulos a «todas las naciones» (28.19).

10.5–8 La tarea de los discípulos consiste en predicar que «el reino de los cielos se ha acercado», en sanar enfermos, limpiar leprosos, resucitar muertos, echar fuera demonios, y dar de gracia lo que de gracia han recibido (10.7–8). El mensaje es el mismo que Juan el bautista (3.2) y Jesús (4.17) habían predicado tanto. Esto señala una clara continuidad entre el mensaje de los discípulos y el de Jesús. La tarea de sanar enfermos, limpiar leprosos, etc., es la misma tarea realizada por Jesús en los capítulos 8 al 9. En dos pinceladas el Evangelio según san Mateo autoriza e instruye a los discípulos a ser como su maestro tanto en la predicación como en la práctica. Así como Jesús modeló su predicación (en el sermón del monte) y acción en la narrativa de milagros en los capítulos 9–10, los discípulos vienen a ser la continuación del ministerio de Jesús y el paradigma del ministerio de la iglesia.

10.9–15 El equipaje para el plan de la misión de los discípulos se caracteriza por su economía y ligereza. La vida del discípulo muestra la confianza en la providencia divina (10.9–10). Los discípulos viven de acuerdo a la enseñanza de Jesús: la confianza absoluta en Dios (6.25–34). Sin embargo, la respuesta de la gente a la predicación de los discípulos no está garantizada. Es necesario indagar e identificar las casas dignas donde los discípulos se habrán de quedar. La hospitalidad era uno de los valores más preciados en la época de Jesús. El intercambio de la paz es señal de la buena voluntad y aceptación mutua entre hospedador y visitante. La recepción del mensaje (no sólo de los mensajeros) es la parte más importante de esta relación (10.13–14); sacudirse el polvo de los pies es señal del rompimiento de relaciones y el rechazo (véase Hch 13.51). Las consecuencias para las ciudades que no escuchen el mensaje de los discípulos es un juicio peor que el recibido por Sodoma y Gomorra, que por su falta de hospitalidad y falta de arrepentimiento fueron destruidas (Gn. 19.24–28; Am 4.11, véase también Mt. 11.23–24; 2P 2.6).

Persecuciones y dificultades (10.16–23)

10.16–23 La proclamación de la llegada del reino de los cielos encontrará mucha oposición. Jesús les anuncia tanto las dificultades como la estrategia para defenderse en los momentos más difíciles. El versículo 16 («Yo os envío como ovejas en medio de lobos») utiliza la imagen de la oveja (los discípulos) de manera diferente a 9.36 donde el pueblo de Israel se compara a ovejas desamparadas. La estrategia defensiva de las ovejas debe ser su prudencia y su sencillez (véase Ro 16.19). Mateo insinúa la identidad de los perseguidores como los de «sus sinagogas», esto es, los líderes judíos que se opondrán a la predicación del Evangelio. Sin embargo, los discípulos no tienen que desesperar porque en los momentos más difíciles el Espíritu del Padre hablará por ellos (10.19–20). Aun la familia será objeto de división por causa del Evangelio. La experiencia de la persecución incluye la ruptura de la vida familiar, al grado que la muerte será precipitada por miembros de la misma familia (10.21). En vista de esta expectativa de persecución sólo la fidelidad «hasta el fin» alcanza la salvación (10.22). La sección concluye con una frase que ha causado gran dificultad para los comentaristas. El moverse de ciudad en ciudad ha de entenderse como una expresión de la inmediatez escatológica de la persecución. Puesto que la venida del reino está a la puerta, es necesario pasar de ciudad en ciudad lo más pronto posible con la intención de alcanzar todas las ciudades antes de que venga el Hijo del hombre (sobre el «hijo del Hombre» véase el comentario a 8.18–22). De esta manera, Mateo relaciona la actividad misionera de los discípulos con una perspectiva escatológica.

El discípulo y su maestro (10.24–25)

10.24–25 El destino de los discípulos está ligado al de Jesús. La persecución y el rechazo con que se encontrarán los discípulos es el mismo rechazo con el cual Jesús se ha encontrado (9.34) y vendrá de manos de los fariseos (12.24) y otros líderes religiosos y políticos de la época. Beelzebú es probablemente una forma del nombre del dios de Ecron *Baal–zebub* (2R 1.2–18). En el Nuevo Testamento se le llama «príncipe de los demonios» (Mt 12.24; Mc 3.22; Lc 11.15). El nombre puede tener un significado despectivo como «señor de las moscas». En otras palabras, la persecución contra los discípulos es motivada por la percepción equivocada de que Jesús y la iglesia están al servicio del maligno. Es común que los perseguidores utilicen una retórica que deshumaniza a sus víctimas. Los discípulos deben estar prevenidos de que su ministerio es riesgoso.

Ánimo en las persecuciones (10.26–31)

10.26–31 La exhortación a confiar en el cuidado de Dios y a la fidelidad en medio de las tribulaciones de la persecución, tiene su fundamento en la confianza en la providencia divina sin cuyo permiso ni la más insignificante de las aves pierde el vuelo. Los discípulos son exhortados a dar testimonio a plena luz y a no temer el castigo físico (los que puedan matar el cuerpo), ya que el control último del destino humano está en las manos de Dios. La comparación con los pajarillos demuestra que el cuidado de Dios es una promesa y una realidad con la cual se puede contar a cada momento.

Confesión mutua (10.32–33)

10.32–33 Continuando con la exhortación a tener ánimo en tiempos de persecución, estos dos versículos ofrecen una advertencia para quienes fallan en su comisión y una promesa para los fieles. Siguiendo el principio de la «ley del talión» (véase Lv 24.19–20 y Dt 19.21), Jesús ofrece una advertencia escatológica de que la conducta de los discípulos recibirá el castigo correspondiente a su acción. La advertencia debe ser tomada como parte de la exhortación a la fidelidad y a la perseverancia en medio de las persecuciones. Si el discípulo confiesa a Jesús delante de otros, Jesús le confesará delante de su Padre que está en los cielos.

División y fidelidad (10.34–39)

10.34–39 El llamado a la lealtad incondicional toma tonos concretos cuando el seguimiento de Cristo reclama la prioridad de toda la vida. El lenguaje bélico de espadas y guerra toma su concreción en la vida familiar donde hijos, hijas, padres y madres entran en conflicto de valores que no permiten la comunión mutua. La escena sugiere un contexto en el cual miembros de la familia se convierten en informantes de las autoridades que persiguen a los discípulos. El llamado al discipulado es tal que toma prioridad sobre la sagrada institución de la familia (véase la posible alusión a Miq 7.6). Seguir a Jesús es más importante que el mandamiento de honrar a padre y madre. Aquí por primera vez aparece una referencia a la cruz en la historia del Evangelio. La cruz era un instrumento de tortura y castigo utilizado por los romanos para ejecutar la pena de muerte contra quienes el Imperio consideraba peligrosos y revolucionarios. Era un castigo reservado para los no ciudadanos. La persona condenada tenía que llevar la viga transversal de su cruz hasta el lugar de su ejecución. Es así como Jesús exhorta a sus discípulos a estar dispuestos a la muerte violenta por su causa. Este lenguaje de llevar la cruz como señal del discipulado que está dispuesto a sacrificarlo todo apunta la muerte de Cristo, quien por su obediencia estuvo dispuesto a ser ejemplo y modelo de fidelidad. En este sentido el discípulo es imitador de Cristo (16:21–28). La paradoja del versículo final llama la atención a la falsa seguridad que ofrece la alternativa de sobrevivir el momento presente, mientras que el estar dispuesto a la cruz es la verdadera puerta a la vida. Las ofertas de seguridad y progreso, del éxito y prosperidad, no tienen cabida en el mensaje del Evangelio.

Recompensas para quienes reciben a los discípulos (10.40–42)

10.40–42 Finalmente, el mensaje trata sobre la consecuencia de la aceptación o falta de aceptación de los discípulos por las demás personas. El mensaje se proyecta más allá de los doce para exhortar indirectamente a la comunidad externa a la iglesia. Esta última sección declara una identificación directa entre Jesús y sus discípulos. Recibir a los discípulos es como recibir a Cristo. La expresión «uno de estos pequeños» (10.42) tiene sus paralelos en 18.1–14 (para referirse metafóricamente a los miembros más vulnerables de la iglesia) y puede relacionarse con la referencia a los «niños» en 11.25 (los discípulos) y con 25.40, 45, donde las naciones serán juzgadas de acuerdo a su respuesta a «estos mis hermanos más pequeños». Así, la expresión se refiere a los discípulos y creyentes en general y no a los niños en el sentido de su niñez. La manera como las personas respondan y traten a los discípulos determinará la recompensa a recibir.

Observaciones generales

Las instrucciones a los discípulos en el segundo gran discurso del Evangelio establece una correlación e identidad entre el ministerio de Jesús y el de sus discípulos. Los discípulos vienen a ser la extensión del ministerio de Jesús, los continuadores de su mensaje y acción, y sus representantes ante la comunidad y el mundo. Por un lado, el tema de la imitación de Cristo, tanto en predicación como en acciones y milagros, se confirma con la identificación de un destino similar. Así como tratan al Señor, así tratarán a los discípulos. Por otro lado, esta identidad y continuidad de Jesús con sus discípulos se extiende al presente, a la iglesia continuadora del ministerio apostólico. La confesión cristiana de la iglesia como una y apostólica, señala tanto a su fundación como a su continuidad. El ministerio de imitación y continuidad de la iglesia debe ser conforme al ministerio de Cristo: enseñar, predicar y sanar (véase 4.23 y 9.35). Este discurso también sirve para recordar que el discipulado cristiano requiere de disciplina, sacrificio, dedicación, y revisión de los valores y las prioridades. No hay verdadero discipulado sin entrega, seguimiento, crisis, y cruz. Los beneficios y privilegios que recibe la iglesia en algunas sociedades a cambio de una proclamación acomodada y destilada serían causa de escándalo y vergüenza para la iglesia primitiva y su Señor.

Conflictos, oposición y comunidad

(11.1-12.50)

Introducción

Con la fórmula de conclusión del discurso de instrucción a los doce discípulos (11.1), el Evangelio pasa a una nueva etapa de la historia de Jesús. El ministerio de Jesús fue introducido en los primeros dos capítulos, anunciado por Juan y confirmado por el Espíritu de Dios en el tercer capítulo, e iniciado con su victoria sobre las tentaciones y el llamado de los primeros discípulos en el cuarto capítulo. Los capítulos 5 al 7 presentan de manera sistemática la enseñanza de Jesús, mientras que los prodigios en los capítulos 9 y 10 presentan ese ministerio como muestra y modelo de la acción de Jesús por su pueblo. En el capítulo 10 Jesús instruye a los doce discípulos a continuar su obra en su predicación y acción. En los dos capítulos que ahora comentamos (11 y 12), la historia del Evangelio toma un giro diferente. Por un lado la referencia a los milagros de Jesús en 11.5–6, 21 y 23 recuerda los capítulos anteriores (especialmente a los capítulos 9–10). Por otro lado la referencia a «esta generación» en 11.16, «castigo»/«juicio» (en griego es la misma palabra *krisis*) en 11.22, 24, e «Hijo del hombre» en 11.19 apuntan al capítulo siguiente (12.20, 36, 39, 40–42, 45). Tanto la pregunta de Juan el Bautista (11.1–6) como la reacción de Jesús y su mensaje de juicio contra Corazín y Betsaida (11.20–24) muestran un creciente conflicto y oposición contra Jesús de parte de los líderes políticos y religiosos de la época. La oposición es evidente en las polémicas iniciadas por los fariseos, motivadas por su interpretación de lo que se puede o no hacer en el sábado (12.1–14).

Otro tema que sobresale en estos dos capítulos es la identidad y carácter del ministerio de Jesús. La respuesta a la pregunta de Juan (11.4–6), así como la exclamación de Jesús en 11.25–30 y la fórmula de cumplimiento en 12.15–21, invitan a una reflexión cristológica que define la identidad de Jesús y su misión a la luz de los oráculos sobre el siervo sufriente del profeta Isaías. El Evangelio ofrece una antesala del futuro en 12.14 al anunciar que los fariseos buscaban destruir a Jesús. En 12.39–40 se anuncia indirectamente la muerte, sepultura y resurrección de Cristo. La sección termina con un párrafo en el cual Mateo identifica a la comunidad de discípulos y seguidores como la verdadera familia de Jesús (12.46–50). De esta manera se inicia una polarización en la comunidad, que distingue entre las personas que siguen a Jesús en contraste con los enemigos.

Jesús y Juan el Bautista (11.2–19)

11.2–6 La sección sobre Jesús y Juan el Bautista contiene dos partes principales: [a] la pregunta de Juan (11.2–6) y [b] el testimonio de Jesús sobre Juan el Bautista (11.7–19). Mateo presentó a Juan el Bautista, su predicación y su ministerio en el contexto de la historia del bautismo de Jesús (véase comentario a 3.1–12). En 4.12 el encarcelamiento de Juan marcó tanto la transición geográfica como el comienzo del ministerio público de Jesús. Nuevamente en el Evangelio la intersección entre Juan y Jesús sirve para clarificar la naturaleza del ministerio de Jesús. La pregunta del Bautista por medio de sus discípulos («¿Eres tú aquel que había de venir o esperaremos a otro?»,12.3; véase el comentario a 9.14; Hch 9.1–6) sugiere que el contenido de la predicación y el estilo de ministerio de Jesús no correspondían a las expectativas apocalípticas de Juan. La pregunta de Juan incluye una alusión a Deuteronomio 18.15–18. Esta sección del Deuteronomio era interpretada por el judaísmo de la época como promesa mesiánica (como puede verse en los Rollos del Mar Muerto, 1QS 9.11; 4Q175). Jesús responde (12.4–6) resumiendo su obra, narrada en los capítulos anteriores, a la vez que alude a la promesa del profeta Isaías (Is 26.19; 29.18–19; 35.5–6; 61.1). La bienaventuranza del último versículo puede interpretarse como una alusión indirecta a la preocupación reflejada por la pregunta del Bautista. El ministerio de Jesús, sus acciones, enseñanzas y predicación cumplen las promesas proféticas y sirven para corroborar la autenticidad del ministerio de Jesús.

11.7–19 La salida de los discípulos de Juan ofrece una oportunidad para que Jesús explique el significado de la identidad y del ministerio de

Juan el Bautista (12.7–19). Mientras los versículos 11.2–6 responden a la pregunta «¿Quién es Jesús?», los versículos 11.7–19 responden a la pregunta «¿Quién es Juan el Bautista?». La apología sobre Juan el Bautista comienza con una serie de preguntas retóricas de las cuales sólo la última tiene una respuesta positiva: Juan el Bautista no sólo es un profeta, sino que es más que un profeta común y corriente. En contraste con los adivinos que fingían predecir el futuro, Juan era un verdadero profeta, que cumplía en su vida el ministerio de Elías anunciado por Malaquías (Mal 3.1; 4.5–6; véase también Mt 17.10–11), de ser precursor del Mesías. Juan, el mayor «entre los que nacen de mujer», con todo y eso no es comparable con el «más pequeño» en el reino de los cielos (11.11, 14).

La conclusión de la sección incluye varias declaraciones que inician una transición del tema de Juan el Bautista al tema de la indiferencia y oposición de la multitud al ministerio de Juan y al de Jesús. En primer lugar la llegada de Juan marcó el comienzo de un tiempo de agitación violenta (*biazetai*) en el cual la participación en los beneficios del reino requiere el esfuerzo y la dedicación de los creyentes. La persecución, la tribulación y otras dificultades se convierten en obstáculos para la participación en el reino. Juan es un ejemplo de las personas que sufren estas dificultades. Fue encarcelado por su testimonio de la voluntad divina y vino a ser partícipe de la herencia de los verdaderos profetas tales como Elías (Mal 3.1; 4.5–6; véase 1 R 17.1—2 R 1.18). La frase «el que tiene oídos para oír, oiga» (11.15; 13.9, 43) sirve para llamar la atención cuidadosa sobre lo dicho, de tal manera que su significado no sea pasado por alto. Finalmente, en los versículos 16–19 el tema de la conversación de Jesús se transforma en una censura contra «esta generación» que no está dispuesta a transformar su conducta de indiferencia y murmuración crítica y burlona. La referencia a «esta generación» siempre tiene un sentido negativo en el Evangelio de Mateo (3.7; 11.16; 12.34; 16.4, etc.). La imagen de los muchachos en las plazas se refiere a quienes participan de un juego en las bodas o en los funerales, pero sus respuestas no están de acuerdo con las reglas del juego y critican a quienes no se acomodan a sus caprichos. La crítica a los estilos de vida de Juan y Jesús resalta las diferencias en los ministerios de ambos, a la vez que declara la aprobación divina sobre ambos.

Juicio contra Corazín, Betsaida y Capernaum (11.20–24)

11.20–24 En estos versículos encontramos un ejemplo concreto de la «generación» que es indiferente a Jesús y su mensaje. Las ciudades de

Corazín, Betsaida y Capernaum estaban al norte del mar de Galilea, donde Jesús estaba llevando a cabo su ministerio. La incredulidad de estas ciudades es tal que puede compararse con la maldad de algunas ciudades del Antiguo Testamento. El castigo por la incredulidad de estas ciudades de Galilea será mayor que el de las ciudades famosas por su maldad (como Tiro, Sidón y Sodoma). Los vestidos «ásperos y ceniza» se refieren a la costumbre del oriente de vestirse con ropas ásperas como señal de luto y arrepentimiento (Gen 37.34; 2 R 19:1–5; Est 4.1–3, etc.). El «Hades» es la traducción griega de la palabra hebrea *seol* y se refiere al lugar de los muertos, la tumba, y, en términos extremos, la idea de condenación. En este contexto la imagen se refiere a una total humillación. En fin, el fuerte lenguaje sugiere la importancia y las consecuencias de prestar atención a las palabras de Jesús y responder afirmativamente. El costo de la indiferencia es inmenso.

Invitación a los trabajados y cargados (11.25–30)

11.25–27 La indiferencia y la crítica burlona de la generación perversa no es la última palabra con respecto al ministerio de Jesús. Al contrario, esta sección identifica quiénes son objeto preferencial de la revelación divina: «los niños» (*nēpiois*), esto es, las personas cuya situación social se caracteriza por su vulnerabilidad e inocencia, y por ser personas despreciadas (véase también Mt 16.17 y 21.16). Esta elección divina de los «niños» como objeto especial de su revelación tiene sus raíces en la gracia divina (Is 29.14). Jesús hace realidad la promesa profética de una revelación especial de Dios que ofrece sabiduría y entendimiento de la voluntad divina sin precedentes. (La comunidad hispana en la iglesia se ve a sí misma como testigo de esta realidad, especialmente en las grandes ciudades donde la gente sencilla es subestimada por las instituciones sociales.) El versículo 27 anuncia la misma realidad confirmada después de la resurrección (28.18) y celebrada en los himnos de la iglesia primitiva (Flp 2.9–11; Jn 1.18; 3.35; 17.2): que Jesucristo es el Señor a quien el Padre ha concedido toda autoridad.

11.28–30 La invitación de los versículos 28–30 contiene una descripción de las consecuencias positivas del discipulado cristiano. Jesús les promete a todos los que sufren cargas y trabajos que los hará descansar. El énfasis está en que Cristo ofrece descanso de las cargas y trabajos pesados. Este descanso es una anticipación de la esperanza apocalíptica de que al final de los tiempos Dios ofrecerá descanso a su pueblo (véase Is 30.15; Jer 6.16; He 4.1–13). El «yugo» de Cristo consiste en la obediencia a los mandamientos de Jesús (como el sermón del monte) en contraste con la interpretación farisaica y legalista de la Ley que pasaba por alto la misericordia y la justicia en favor de las tradiciones y los mandamientos humanos. Jesús se convierte en el maestro modelo («aprended de mí») por su mansedumbre y humildad de corazón. Jesús viene a ser equivalente a la nueva Ley de quien el discípulo debe aprender.

Conflictos sobre el sábado (12.1–14)

El tema del reposo introducido en la última sección del capítulo anterior y el tema de la oposición a Jesús toman un giro diferente en las dos primeras escenas de este capítulo. Ambas escenas establecen el valor relativo del día de reposo («sábado») frente a las necesidades humanas de alimento y salud en el contexto de la oposición de los fariseos. El sábado (el séptimo día de la semana) era un día sagrado en el cual los israelitas debían abstenerse de trabajar (Ex 20.8–11; 31.13–17; Dt 5.12–15). A la luz de la interpretación farisaica tradicional, la acción de Jesús y sus discípulos era una inaceptable violación del mandamiento de Dios. Al final de las historias, las respuestas y acciones de Jesús, causan que los fariseos se confabulen para destruirlo (12.14).

Arrancar espigas en el sábado (12.1–8)

La primera escena relata el diálogo entre Jesús y los fariseos como resultado de la queja de estos últimos de que los discípulos hacían lo que no estaba permitido en el día de reposo. La versión de Mateo de esta historia contrasta significativamente con su paralelo literario en Marcos (2.23–28) por la adición de detalles en Mateo, la cita al profeta Oseas (6.6) y la ausencia en Mateo de Marcos 2.27.

12.1–2 Mateo comienza esta historia con la frase transicional «en aquel tiempo» (véase también 11.25). El evangelista explica que los discípulos de Jesús comenzaron a arrancar espigas en el día de reposo porque «sintieron hambre» (12.1). Según la interpretación farisaica de Éxodo 34.21, estaba prohibido arrancar espigas en el sábado. En el tratado sobre el sábado de la Misná (*m. Shab.* 7.2) se identifican por lo menos 39 trabajos prohibidos en el sábado (cada grupo incluye seis sub-secciones). Arrancar espigas era uno de ellos. Por otro lado, la Ley permitía que los pobres arrancaran espigas con las manos en la mies de los vecinos para saciar el hambre (Dt 23.25). Los fariseos llaman la atención de Jesús ya que como líder y maestro era responsable de la conducta de sus discípulos.

12.3–5 Jesús responde la acusación de los fariseos citando dos antecedentes bíblicos en los cuales algunos preceptos de la Ley fueron pasados por alto en circunstancias de crisis. El primer ejemplo se refiere a la historia de David cuando el sacerdote Ahimelec le facilitó pan sagrado del cual sólo los sacerdotes podían comer (1 S 21.1–6; véase las instrucciones en Ex 35.13 y Lv 24.5–9). De acuerdo a tradiciones judías antiguas esto sucedió en el día sábado (*b. Men.* 95b). El precedente bíblico se interpretaba como una situación de vida o muerte que permitía la violación del sábado. El segundo precedente se refiere a la ley que instruye los sacerdotes a ofrecer un sacrificio en el sábado (Nm 28.9–10). La tradición judía farisaica sostenía que la ofrenda de sacrificio en el sábado, el culto en el templo, y la celebración de la pascua tenían precedencia sobre el sábado. Ambos precedentes bíblicos tienen en común la violación del mandamiento sobre el sábado (especialmente en la tradición judía) y la subordinación del templo y sus instituciones a las necesidades humanas.

12.6–8 ¿Por qué cree Mateo que estos dos ejemplos son útiles para la respuesta de Jesús? ¿Cómo se acomodan a la visión de la Ley (Torá) en el ministerio de Jesús y la teología del Evangelio? Estas preguntas tienen sus respuestas en los versículos 6–8. En primer lugar Jesús declara que «uno mayor que el Templo está aquí» (12.6). Los comentaristas discuten las implicaciones gramaticales de esta frase ya que el adjetivo griego («uno») está en género neutro. Es posible que el hambre de los discípulos tome precedencia sobre el sábado. Luego, satisfacer la necesidad de alimento de los discípulos no viola la ley del sábado. Otra interpretación más probable es que el adjetivo se refiera a Jesús mismo (como en 12.41–42). Entonces la continuación del ministerio de Jesús es más importante y (como el culto del templo) tiene precedencia sobre la ley del sábado. La respuesta de Jesús implica que los discípulos (como los sacerdotes en el templo) eran inocentes («sin culpa» 12.5b, 7b), pues su conducta no violaba la ley del sábado. En segundo lugar encontramos la cita de Oseas 6.6 (véase el comentario a Mt 9.10–17). Para el Evangelio de Mateo la misericordia tiene prioridad sobre los actos del culto (véase también el comentario a Mt 5.23–24) por lo cual también declara «inocentes» a los discípulos. Finalmente, con la última declaración, la superioridad de Jesús («el Hijo del hombre») sobre el sábado queda fuera de duda (12.8). Estos tres puntos (Jesús es Señor del sábado, la misericordia es más importante que los sacrificios, y Jesús es superior al templo) permiten que los discípulos puedan arrancar espigas en sábado porque esos principios tienen precedencia sobre el día de reposo, y los hace inocentes de la acusación de violar el mandamiento.

Una sanación en el sábado (12.9–14)

12.9–11 La segunda polémica con los fariseos sobre el sábado tiene lugar en «la sinagoga de ellos» (12.9; véase la misma frase en 4.23; 9.35; 10.17 y 13.54). El dilema en esta ocasión es si se permite o no sanar en sábado (12.10). Jesús responde con una pregunta retórica que plantea una situación de la vida real. En la literatura judía contemporánea encontramos ejemplos en los que se discuten este tipo de preguntas. Entre los documentos de Qumrán, por ejemplo, el Documento de Damasco prohíbe prestar ayuda durante el sábado a un animal que haya caído en un pozo (CD 11.13–14); y durante el día de reposo no se podía ayudar a un hombre en un pozo con una escalera, soga o cualquier instrumento. La literatura rabínica permitía intervenir por la salud de una persona sólo en caso de peligro de muerte (*m. Yoma* 8.6). Si la enfermedad no ponía en peligro la vida de la persona, se debía esperar al otro día para tratarla.

12.12–14 La respuesta de Jesús transforma la pregunta de sanar en sábado en una declaración más general: «está permitido hacer bien en sábado» (12.12). La respuesta de Jesús muestra que la voluntad original de Dios, lejos de ser la esclavitud a un mandamiento que limita la acción divina, está definida por su misericordia, que quiere la vida y la salud humanas. Haciendo uso de un argumento *a fortiori*, Jesús apela al sentido común que permite salvar de la muerte en el sábado a la única oveja que se posee, señalando que la salud humana es más valiosa que la oveja. Jesús le ordena al hombre que extienda la mano y ésta queda sana como la otra. Las conclusiones de las dos escenas (la de arrancar espigas y la de la mano seca) señalan la hostilidad y oposición de los fariseos que buscan cómo destruir a Jesús. La tensión en la historia comienza a elevarse con esta primera mención explícita en Mateo de que los fariseos buscan la muerte de Jesús.

Jesús, el Siervo del Señor (12.15–21)

Esta sección presenta otro resumen de los milagros de sanación de Jesús y los interpreta a la luz de las palabras proféticas de Isaías. El pasaje sigue un patrón similar al presentado en 8.16–17, donde Mateo resume el ministerio de Jesús y lo interpreta a la luz del Antiguo Testamento. En esta ocasión la fórmula de cumplimiento está seguida por la cita más larga del Antiguo Tesamento en el evangelio de Mateo.

12.15–16 Los versículos 15–16 contextualizan la historia en continuación con el pasaje anterior. Dada la amenaza de los fariseos, Jesús se retira. La gente lo seguía y Jesús sanaba los enfermos.

12.17–21 La referencia al profeta Isaías funciona como explicación particular de la instrucción de no divulgar información sobre Jesús. La versión de la cita de Isaías 42.1–4 en Mateo es una adaptación del texto hebreo, influenciada por Génesis 22.2 y el Salmo 2.7. La escena trae a la memoria la historia del bautismo de Jesús (véase el comentario a 3.13–17). Lo más importante de la cita en este contexto, es la referencia al silencio y la actitud no violenta del siervo (12.19). Otro punto sobresaliente es la referencia a «la caña cascada» y el «pábilo que humea», que pueden ser referencias al cuidado e interés de Jesús por las personas indefensas y vulnerables de la sociedad.

Blasfemia contra el Espíritu Santo (12.22–37)

12.22–30 La historia de la sanación de un endemoniado ciego y mudo sirve de preámbulo a la discusión sobre el tema de la blasfemia contra el Espíritu Santo. La multitud atónita se pregunta si éste es el Hijo de David (12.23, sobre «Hijo de David» véase el comentario en 9.27–31). Los fariseos, por su parte, acusan a Jesús de expulsar los demonios en nombre de Beelzebú (véase el comentario a 10.24–25). Jesús responde a la acusación con un argumento en cuatro partes. En primer lugar la respuesta apela al sentido común de que una casa dividida no prevalece (25–26). El segundo argumento apela a la experiencia de expulsar demonios de los judíos mismos (27). La tercera parte identifica el origen y legitimidad del poder de Jesús para expulsar demonios: esto es un símbolo de la presencia del reino de Dios (28–29). Dos puntos sobresalen en esta sección. El primero es que la afirmación sobre la presencia del reino de Dios es diferente a la de 3.2 y 4.17. La frase griega *efthasen ef jumas* («ha llegado a vosotros») tiene un sentido de juicio y castigo (véase 1Ts 2.16). La llegada del reino de Dios enjuicia a quienes se le oponen. El segundo punto sobresaliente es la referencia indirecta a Isaías 49.24–26 para declarar impotente a Satanás ante la acción de Jesús, quien defiende a su pueblo. La mención del Espíritu de Dios en 12.28 se relaciona con 12.18.

12.31–37 La condena de la blasfemia contra el Espíritu Santo (31–32) y la parábola del árbol y su fruto (33–37) son respuesta a la acusación de los fariseos en los versículos anteriores. Como en Mateo 3.7 y 23.33, los fariseos son llamados «generación de víboras» y, como en 7.15–20, sus frutos demuestran que son falsos profetas. Atribuir la obra de Dios a Satanás es un pecado que no puede ser pasado por alto. El Evangelio es consistente en su caracterización negativa de los fariseos, cuyas palabras en estos versículos los asocian con el mal.

La generación mala (12.38–45)

12.38–42 La oposición a Jesús continúa con la petición de una señal que demuestre su autoridad. La petición contrasta con la acusación previa de que Jesús expulsa los demonios en nombre de Beelzebú (12.22–24). Los escribas frecuentemente se unen a los fariseos para atacar a Jesús (5.20; 15.1). La respuesta de Jesús (39–42) es negativa y enigmática. En primer lugar asocia la petición de los escribas y fariseos con «la generación mala y adúltera» (véase el comentario a 11.2–9). En segundo lugar, la señal que se ofrecerá es «la señal del profeta Jonás» (12.40). Hay por lo menos dos aspectos de la historia de Jonás que están implícitos en la respuesta de Jesús. La historia de Jonás narra que el profeta estuvo dentro del pez por tres días y tres noches (Jon 1.17), lo cual es relacionado por el Evangelio con la sepultura de Jesús. De forma indirecta el Evangelio anuncia la pasión, muerte y sepultura de Jesús. También la historia de Jonás señala al arrepentimiento de los ninivitas en respuesta a la predicación del profeta. Dios es «un Dios clemente y piadoso, que tarda en enojarse y de gran misericordia» (Jon 4.2) que derriba las barreras étnicas y ofrece la oportunidad de arrepentimiento a los ninivitas (Jon 3.5). Como los ninivitas, la reina del Sur es modelo de gentiles que acuden para aprender de la sabiduría divina de Salomón (1 R 10.1–10). Como en la historia de la sanación del hijo del centurión (8.5–13, véase el comentario) y de la hija de la mujer cananea (Mt 15.21–28), la fe de los gentiles es objeto de comparación y alabanza en contraste con la falta de fe de los escribas y fariseos. Si los gentiles se arrepintieron ante la predicación de Jonás, y la reina del Sur visitó a Salomón, cuánto más los incrédulos deben arrepentirse ante la presencia de alguien mayor que Jonás y que Salomón (12.41b, 42b).

12.43–45 El ejemplo del espíritu impuro que vuelve resultando en un estado peor, se refiere a «esta mala generación» (12.45). Es probable que la imagen apunte tanto al éxito temporal de Juan el Bautista como al ministerio de Jesús cuyas expulsiones de demonios muestran la presencia del reino de los cielos y sus beneficios, mientras que la incredulidad de los fariseos es comparable a la situación del hombre después del regreso del espíritu impuro. Aunque el contexto histórico y literario de Mateo señala a los fariseos como la mala generación, es importante recordar que esta caracterización intenta servir de ejemplo a los creyentes, y no tomarse como una identificación generalizada de todos los judíos o del judaísmo en general. Al contrario, todos corremos el peligro de la incredulidad y la inconsistencia en el testimonio y la fidelidad.

La verdadera familia de Jesús (12.46–50)

La escena anterior concluye con la llegada de la madre y los hermanos de Jesús que quieren hablar con él. El Evangelio no se detiene a debatir los detalles sobre la naturaleza de estos hermanos (tema que divide a tantos cristianos). El evangelista ofrecerá información adicional sobre estos hermanos (y hermanas) de Jesús más adelante en el Evangelio (13.53–58). Lo importante en esta historia es la respuesta de Jesús. La identificación de los discípulos de Jesús como su verdadera familia contrasta con la «generación mala» de la cual se ha hecho mención tantas veces en estos dos capítulos. Como al final del capítulo 11, con la invitación de Jesús a venir a él, en estos versículos la afirmación extiende los privilegios de familia a «todo aquel que hace la voluntad» del Padre. El pasaje no intenta menospreciar el valor de la familia. Al contrario, en lugar de una relativización del valor de la familia y de los lazos sanguíneos, el texto expande la posibilidad de que todos los creyentes puedan llamarse miembros de la familia de Jesús.

Observaciones generales

Desde la respuesta a la pregunta de Juan el Bautista y el testimonio de Jesús sobre Juan (11.1–19) hasta la exclamación jubilosa de Cristo al final del capítulo (11.25–30), el tema de la identidad de Cristo y su misión juega un papel fundamental. Los ecos y referencias al Antiguo Testamento tales como Deuteronomio 18.15–18 y los profetas Isaías (26.19; 29.18–19; 35.5–6; 61.1) y Malaquías (3.1; 4.5–6), entre otros, continúan el tema del cumplimiento y continuidad del Antiguo y el Nuevo Testamento. Más aún, el lenguaje al final del capítulo hace eco del lenguaje sobre Moisés en Éxodo 33.12–14 y Números 12.3, donde los temas de la revelación divina, el descanso y la mansedumbre de Moisés resaltan. Las tradiciones judías del tiempo de Mateo reflejadas en Filón de Alejandría, Josefo, y otra literatura ofrecen otros testimonios de la misma preocupación por mantener viva la imagen de Moisés como legislador y fuente de inspiración para la vida. El estilo del Evangelio de Mateo, con su continua referencia al Antiguo

Testamento, contrasta con algunas tradiciones contemporáneas que ignoran y subestiman el Antiguo Testamento como si tuviera poca importancia teológica para la Iglesia. La historia de la vida de Jesús, sus enseñanzas y sus milagros se interpretan a la luz de las esperanzas establecidas en la historia del pueblo de Dios en el Antiguo Testamento.

Las dos controversias sobre el sábado nos invitan a reflexionar sobre la importancia de la escala de valores que define las prioridades de la comunidad cristiana. En muchas ocasiones la forma de vestir y el maquillaje se convierten en obstáculos para la convivencia entre los miembros de la iglesia. Se juzga a las personas a la luz de tradiciones particulares y se dejan de lado la misericordia y la justicia. Pertenecer a la familia de la fe se basa en el compromiso y el discipulado, en la respuesta de fe que no requiere señales extraordinarias, sino la confianza y seguimiento al Señor en quien se cumplen la promesas de Dios y se conjuga la esperanza de la humanidad.

Discurso de las parábolas

(13.1-52)

Introducción

Mateo 13.1–52 es el tercer discurso de enseñanzas de Jesús. Este discurso combina siete parábolas en las que Jesús explica el carácter oculto del reino de los cielos. Comienza con una audiencia amplia («mucha gente» 13.1), aunque sólo los discípulos reciben la explicación de la parábola del sembrador (13.10 y 18). Desde el versículo 13.36 en adelante, sólo los discípulos son la audiencia de la enseñanza de Jesús. Mientras la multitud no entiende las parábolas (13.13), los discípulos sí las entienden (13.16, 51). Además de estas dos observaciones respecto a la audiencia, el discurso parece estar estructurado en tres partes principales, cada una de ellas terminando con una interpretación de una parábola específica. En primer lugar encontramos la parábola del sembrador (13.3–9), seguida de un paréntesis que explica el propósito de las parábolas (13.10–17), y una interpretación de la parábola misma (13.18–23). La segunda parte contiene las tres parábolas sobre el crecimiento: las parábolas de la cizaña (13.24–30), del grano de mostaza (13.31–32), y de la levadura (13.33), seguidas por otro paréntesis sobre el propósito de las parábolas (13.34–35) y una interpretación de la parábola de la cizaña (13.36–43). La tercera parte contiene tres parábolas más: el tesoro escondido (13.44), la perla (13.45–46), y la parábola de la red (13.47–48) con su correspondiente interpretación (13.49–50). La sección concluye con la afirmación positiva de que los discípulos entienden, y se les compara con un escriba docto en el reino de los cielos (13.51–52).

Esta es la primera vez que Mateo utiliza el término *parábola* en todo el Evangelio. El origen de las parábolas en el Nuevo Testamento se remonta a las tradiciones bíblicas de los proverbios y otras comparaciones del Antiguo Testamento. En los labios de Jesús, las parábolas tenían el objeto de forzar a la gente a tomar una decisión con respecto a su actitud ante Jesús y su mensaje. Quien escucha la parábola viene a ser parte integrante de su historia, la interpreta y responde a ella. Los Evangelios utilizan las parábolas de Jesús y las adaptan tanto en contenido como en contexto para ofrecer la oportunidad al lector de identificarse con la historia, interpretar el sentido del mensaje de Cristo a la Iglesia, e interpretar su vida a la luz de las enseñanzas y exigencias del mensaje cristiano. Como las parábolas están llenas de detalles y lenguaje poético, muchas de ellas fueron interpretadas alegóricamente por los evangelistas. Frecuentemente, la interpretación posterior de las parábolas ha convertido a muchas de ellas en alegorías ajenas al mensaje original de Jesús y los Evangelios. Para una interpretación justa y adecuada, es importante tomar en consideración el contexto histórico original de las parábolas y sus imágenes concretas dentro de ese contexto, y evitar la alegorización no prevista en el texto y su contexto.

Introducción al discurso (13.1–3a)

El comienzo del capítulo sitúa a Jesús junto al mar (probablemente el Mar de Galilea). La referencia temporal («en aquel día») y local (« la casa») sirven de transición de las escenas anteriores a la nueva escena junto al mar. En la barca, Jesús asume la posición común de los maestros de su tiempo («se sentó», véase el comentario a 5.1–2) y la multitud se convierte en la audiencia inmediata del discurso. La primera parte del tercer versículo sirve de título a todas las parábolas que siguen.

Parábola del Sembrador e interpretación (13.3b–9, 18–23)

3b–9 La parábola del sembrador es una de las más conocidas de todas las parábolas de los Evangelios. Como las demás parábolas de Jesús, la imagen del sembrador cuya semilla cae en diversos terrenos, describe en cuatro escenas principales la forma común de sembrar trigo y otros cereales en la época del Nuevo Testamento. Como era de esperarse, parte de la semilla cae en terreno hostil al crecimiento (tales como el camino, los pedregales y los espinos) y parte de la semilla (asumimos que la mayor parte) cae en buena tierra. El énfasis de la parábola está en la confianza de que la semilla que cayó en buena tierra fructificará en abundancia (a ciento, sesenta y treinta por uno).

18–23 Estos versículos describen la interpretación de la parábola del sembrador para beneficio de los discípulos de Jesús (el «vosotros» se refiere a los discípulos 13.10, 16 y 18). La interpretación de la parábola identifica los diversos tipos de terrenos y les adscribe un sentido simbólico y alegórico. Notemos que Mateo no dice que el sembrador es el que siembra la palabra (como Marcos hace). El énfasis no está en el sembrador o en la semilla, sino en los diversos tipos de terreno. La tabla siguiente sirve para ilustrar este paralelismo.

Parábola del sembrador	Interpretación de la parábola
semilla junto al camino	quien oye la palabra del Reino y no la entiende,
las aves del cielo	el mal
se la comieron	arrebata lo que fue sembrado en el corazón
semilla en pedregales	oye la palabra
germinación rápida	al momento la recibe con gozo
poca profundidad	no tiene raíz en sí, sino que es de corta duración
cuando sale el sol	la aflicción o la persecución por causa de la palabra,
se seca	tropiezo por causa de la persecución y la aflicción
semilla junto a espinos	oye la palabra
espinos crecen	las preocupaciones de este siglo y el engaño de las riquezas
y la ahogan	hace infructuosa la palabra
semilla en buena tierra	oye y entiende la palabra
dió fruto en abundancia	da fruto en abundancia

Como Mateo dice que esta explicación de la parábola es para los discípulos, éstos se identifican con la semilla que cayó en buena tierra, pues escuchan y entienden. A pesar de las dificultades, de la persecución y de la hostilidad, la cosecha es segura. Dos detalles adicionales: a) la parábola enseña que «entender la palabra» es un elemento esencial en el discipulado que produce fruto (13.19, 23). b) El tipo de terreno es el determinante del resultado de la siembra (no el sembrador ni la semilla). Ante las dificultades y el desaliento causado por la poca efectividad de muchos de los programas evangelísticos, la iglesia hispana debe recordar que parte de la semilla cae en buena tierra, y produce fruto en abundancia.

Propósito de las parábolas (13.10–17)

En esta sección Jesús les explica a sus discípulos por qué le habla en parábolas a la multitud. La respuesta de Jesús sirve para distinguir entre la capacidad de los discípulos de comprender, y la de la multitud, que no entiende. Las parábolas son medios de revelación de «los misterios del reino de los cielos» (13.11) para los discípulos. La multitud recibe la enseñanza en parábolas porque no ve ni entiende (13.13). La enseñanza de Jesús a sus discípulos, como en el caso de la parábola de los talentos (13.12, véase 25.29) es un don de Dios que exige responsabilidad y fidelidad de parte de quienes lo reciben. En el Evangelio según San Mateo las explicaciones de las parábolas se les ofrecen sólo a los discípulos, aparte de la multitud. Que Jesús enseñe en parábolas también sirve como cumplimiento de la palabra profética de Isaías (Is 6.9–10). Esta fórmula de cumplimiento es otro ejemplo de cómo Mateo interpreta la vida, ministerio, acciones y enseñanzas de Jesús a la luz del Antiguo Testamento. En contraste con la multitud que no entiende, los discípulos son objeto de la revelación especial de Dios. Son bienaventurados porque «ven» y «oyen» (13.16).

Parábola del trigo y la cizaña e interpretación (13.24–30, 36–44)

Después de la interpretación de la parábola del sembrador el Evangelio continúa con otro grupo de parábolas: la cizaña (13.24–30), la semilla de mostaza (13.31–32), y la levadura (13.3). Tras otro paréntesis sobre el uso de las parábolas (13.34–35), los discípulos reciben una explicación de la parábola de la cizaña. Para fines prácticos comentaremos sobre la parábola y su interpretación en conjunto (como hicimos con la parábola del sembrador) y luego comentaremos sobre las demás.

24–30 Comenzando con la frase de transición, «les refirió otra parábola», la audiencia vuelve a incluir a la multitud además de los discípulos. Esta parábola compara «el reino de los cielos» con la historia de un hombre que sembró buena semilla en su campo y un enemigo suyo sembró cizaña entre el trigo, de modo que ambas semillas germinaron al mismo tiempo. La historia da lugar a un diálogo entre «el padre de familia» y sus siervos, con la decisión de que se va a permitir que ambas plantas crezcan juntas hasta el tiempo de la siega, cuando la cizaña será echada al fuego y el trigo será recogido en el granero. La comunidad vive la realidad de que no todos son buena semilla. De acuerdo a 7.15–27 la apariencia de religiosidad hace difícil distinguir entre los verdaderos miembros de la comunidad y quienes no lo son. En principio, la parábola afirma que Dios ha establecido que habrá un juicio en el cual los justos y los injustos serán separados en su destino eterno.

36–43 La interpretación de esta parábola se les ofrece sólo a los discípulos (13.36–37). Como la interpretación de la parábola del sembrador, esta explicación alegoriza sus detalles principales interpretándolos como símbolos. La siguiente tabla identifica en forma paralela cada detalle de la parábola.

Parábola del trigo y la cizaña	Interpretación de la parábola
hombre que siembra la semilla	el Hijo del hombre
el campo	el mundo
buena semilla	hijos del reino
cizaña	hijos del mal
enemigo que siembra mala semilla	el diablo
siega	fin del mundo
segadores	ángeles
quemar la cizaña	horno de fuego
granero	reino del Padre

Esta interpretación alegórica convierte a la parábola en una descripción apocalíptica del fin del mundo. La identificación de la cizaña (los hijos del mal) adquiere un aspecto ético, y su juicio se determina, no tanto por su carácter intrínseco, sino porque sus acciones afectan negativamente a los fieles: «a todos los que sirven de tropiezo y a los que hacen maldad» (13.41). Los discípulos escuchan que las dificultades del tiempo presente causadas por los malignos tendrán su justo castigo al fin del mundo (véase también 25.31–46).

Parábolas de la semilla de mostaza y de la levadura (13.31–33)

Las parábolas del grano de mostaza y la levadura son parábolas de contrastes. Ambas comparan el inicio –aparentemente insignificante– del reino de los cielos, con su final asombroso. El grano de mostaza, del cual se dice que es la más pequeña de las semillas, viene a ser un árbol en el cual las aves hacen nidos. La comparación es hiperbólica, porque el grano de mostaza de hecho no es la más pequeña de las semillas, y el arbusto de mostaza es pequeño y las aves no pueden hacer nidos en él. Sin embargo, como parábola, lo importante es la comparación entre el pequeño inicio y el milagro del árbol. Lo mismo puede decirse de la levadura, cuyo efecto es asombroso. Cuando la levadura fermenta la harina, la hace crecer de tal manera que al final es mucho mayor que al comienzo. El reino de los cielos, a pesar de su inicio insignificante, tiene el potencial y la promesa de un crecimiento y realización sorprendentes.

Las parábolas y la Escritura (13.34–35)

Estos dos versículos interpretan la práctica de Jesús de enseñar en parábolas como cumplimiento de las palabras del Antiguo Testamento. La referencia bíblica es al Salmo 78.2. Asaf, a quien el Salmo es atribuido, y que era considerado como profeta en la antigüedad judía (2 Cr 29.30).

Parábolas del tesoro escondido y la perla preciosa (13.44–46)

Estas dos parábolas del tesoro escondido y la perla preciosa ilustran la misma enseñanza: el valor superior del reino de los cielos justifica la subordinación de otros valores. El valor del reino es tal, que la persona debe estar dispuesta a sacrificar todo a cambio de obtenerlo. En la parábola, la imagen de un tesoro escondido refleja la costumbre antigua de enterrar valores para esconderlos, especialmente en tiempos de inestabilidad social y política, cuando la protección de los propietarios no estaba asegurada. La perla llama la atención a la necesidad de tomar decisiones inmediatas y arriesgadas. Ante la oferta del reino la persona es llamada a sacrificarlo todo, sin pensarlo demasiado, porque el valor de la oferta sobrepasa las seguridades pasajeras.

Parábola de la red e interpretación (13.47–50)

47–48 La parábola de la red barredera (*sagēnē*) ilustra el destino final de los malvados. Esta parábola final alude al comienzo del capítulo, volviendo a utilizar la palabra «mar» (13.1, 47). Utiliza la imagen común de la pesca en el mar de Galilea. La comparación es entre el reino de los cielos y la separación de los peces buenos de los malos, al final de un día de pesca. En el Nuevo Testamento hay tres palabras que se traducen como «red» para referirse a la pesca. La más común es *diktuon* que no especifica a qué tipo de red se refiere (Mt 4.20–21). Se bajaba y echaba en el agua y se le vaciaban los peces en el barco. El otro tipo de red, *amfiballō* (Mt 4.18), se refiere a la red de menor tamaño, de forma circular, que se arrojaba para atrapar los peces. Finalmente la red *sagēnē* utilizada aquí, se refiere a la red barredera que era arrastrada entre dos barcos o hasta la playa. Tal red atrapaba una gran cantidad de peces. Algunos peces no podían comerse debido a las regulaciones alimenticias judías.

49–50 La interpretación de la parábola en los versículos 49–50 es una alegoría análoga a la interpretación de la parábola de la cizaña (13.36–43). En esta ocasión, sin embargo, el énfasis cae sólo sobre el destino de los malos, quienes serán echados en el horno de fuego, donde será el «llanto y crujir de dientes»—esto es, lamento y desesperación (13.42, véase también 8.11–12, 50; 22.13; 24.51; 25.30).

Tesoros nuevos y viejos (13.51–52)

Esta sección, exclusiva del Evangelio de Mateo, cierra el discurso de las parábolas con un pequeño diálogo entre Jesús y sus discípulos. Tanto en la interpretación de la parábola del sembrador (13.18–23) como en la interpretación de la parábola de la cizaña (13.36) sólo los discípulos son la audiencia de Jesús. Así que las preguntas y respuestas de esta sección son entre Jesús y sus discípulos. La sección confirma lo dicho en 13.11 y

13.16–17: los discípulos entienden el mensaje de las parábolas de Jesús y, como fue prometido en 13.23 producirán fruto en abundancia. Por su entendimiento, los discípulos vienen a ser los verdaderos maestros («escriba docto») en el reino de los cielos. Su ministerio de sacar de su tesoro cosas nuevas y viejas los convierte en portadores de la tradición de la fe que comienza en el Antiguo Testamento, pero son también capaces de explicar la nueva revelación ofrecida en la vida, acciones y enseñanzas del Señor Jesucristo.

Observaciones generales

El capítulo de las parábolas señala otro momento transicional en el Evangelio. En primer lugar, la distinción entre la multitud y los discípulos se hace más clara que en el sermón del monte. Las primeras parábolas, aunque dichas frente a la multitud, sólo se le explican a los discípulos. Según el Evangelio, la multitud es incapaz de comprender el mensaje de Jesús (13.13). Los discípulos, por su parte, sí entienden (13.16, 51). En segundo lugar, el Evangelio continúa relacionando las enseñanzas de Jesús con las promesas proféticas del Antiguo Testamento, viniendo a ser así un puente hermenéutico entre el ministerio de Jesús y la comunidad cristiana a fines del primer siglo. Este discurso en parábolas es pertinente para la iglesia hispana como afirmación de su identidad y reto en su discipulado. Las parábolas, en su lenguaje simbólico, revelan la afirmación y solidaridad con el pueblo que sufre al margen de los poderes institucionalizados. Los discípulos que viven a diario la experiencia de persecución y marginalización tienen la seguridad de que el final de la historia no depende de los esfuerzos autónomos de la humanidad sino que está en las manos de Dios. El reto de las parábolas es practicar una ética de acuerdo a la realidad esperada del reino de los cielos. La capacidad de entender las parábolas de Jesús tiene como consecuencia natural el producir frutos, tomar el riesgo de vivir en el presente a la luz de los valores y expectativas de ese reino, como anteriormente enseñó el sermón del monte.

Finalmente, a partir de los próximos versículos, la tensión entre Jesús y sus discípulos por una parte, y los líderes religiosos de la época por otra, se hace cada vez más marcada. La comunidad hispana puede descubrir en este capítulo su potencial de comprensión como miembros de la familia de fe.

Conflicto y confesión

(13.53-17.23)

Introducción

Con la fórmula de final del discurso (13.53) el Evangelio vuelve a tomar la narración suspendida temporalmente en 12.46–50. De aquí en adelante Mateo sigue el orden de la historia de Marcos con las necesarias variaciones que el evangelista cree necesarias por razones teológicas y estilísticas. Desde la historia del rechazo en Nazaret (13.53–58) hasta la historia sobre el pago del impuesto al templo (17.24–27), Mateo resalta el conflicto con los líderes religiosos y la ignorancia y la falta de fe del pueblo en general. En contraste, los discípulos continúan creciendo en su conocimiento y confesión de fe en Jesús y su ministerio.Aunque en ocasiones los discípulos necesitan aclaraciones sobre la verdadera naturaleza del mesianismo y ministerio de Jesús así como sobre sus implicaciones para su entendimiento y futuro como discípulos.

Rechazo en Nazaret (13.53–58)

13.53–58 Con la fórmula de conclusión del tercer gran discurso del Evangelio (13.53 véase la introducción), Mateo comienza a detallar el rechazo y oposición a Jesús por el pueblo en general. Esta escena está compuesta con una simetría que muestra su importancia y calidad literaria. Entre el primer versículo transicional (13.53) y el último versículo que informa el resultado del rechazo (13.58), la escena forma un quiasmo literario con palabras claves en el cual la primera línea corresponde a la última (A::A'), la segunda a la penúltima (B::B') y así sucesivamente como lo muestra el siguiente esquema. (Un «quiasmo» es una estructura literaria común en la antigüedad. Es una estructura de círculos concéntricos, de modo que el primer punto es paralelo al último, el segundo es paralelo al penúltimo, y así sucesivamente. En tal estructura, el punto principal que se intenta subrayar se encuentra en el centro mismo del círculo.)

A) Vino a su *tierra* y les enseñaba en la sinagoga de ellos,
B) de tal manera que se *maravillaban* y decían:
C) —¿*De dónde saca* este esta sabiduría y estos milagros?
D 1) ¿*No* es este el hijo del carpintero?
D 2) ¿*No* se llama su madre María, y sus hermanos, Jacobo, José, Simón y Judas?
D 3) ¿No están todas sus hermanas con nosotros?
C') ¿*De dónde*, pues, *saca* este todas estas cosas?
B') Y se *escandalizaban* de él.
A') Pero Jesús les dijo: —«No hay profeta sin honra, sino en su propia *tierra* y en su casa».

Jesús regresó a su tierra natal, Nazaret (2.23; 4.13; 21.11), y enseñaba en la sinagoga «de ellos» (véase el comentario a 4.23). La gente en la sinagoga se «maravillaba» de su sabiduría y las maravillas que hacía. El vocablo traducido «maravillaban» (*ekplēssō*) puede tener un sentido positivo (como en 7.28) o un sentido negativo (como en 19.25). Dado el paralelismo con 13.57 es muy probable que el sentido sea algo así como asombro o espanto. Las preguntas que se hace la multitud explican su asombro. Después de todo, ellos sabían que su padre era el «carpintero» —oficio de quien trabajaba en madera o albañilería. Conocían el nombre de su madre, María, y a los hermanos y hermanas de Jesús.

Esta sección sobre la familia de Jesús ha sido motivo de debates entre los cristianos a través de toda la historia de la iglesia, especialmente en cuanto a qué significa «hermanos» y «hermanas». Mientras la mayoría de los protestantes entienden que son hijos de María y José, los católicos interpretan las palabras como referentes a familiares cercanos tales como primos o medio hermanos, hijos de José pero no de María—quien según la doctrina católica permaneció siempre virgen. Empero tal discusión desvía la atención del sentido principal del texto, que es señalar la familiaridad que la comunidad tenía con la familis de Jesús y la poca estima hacia su ministerio. La respuesta de Jesús con el conocido proverbio sobre el profeta sin honra en su casa y su tierra, informa tanto esta situación particular como su destino en la historia total del Evangelio, cuando la gente de su propia tierra pedirá que lo crucifiquen.

La incredulidad (*apistia*) de la gente impidió que Jesús realizara muchos milagros allí. Es importante distinguir entre la incredulidad (*apistia*) de la gente y la poca fe (*oligopistos*) demostrada por los discípulos en varias ocasiones en el Evangelio (6.30; 8.26; 14.31; 16.8; 17.20). Si bien es cierto que los discípulos muestran «poca» fe en algunas ocasiones, la gente en la sinagoga no muestra fe alguna, sino «incredulidad».

Asesinato de Juan el Bautista (14.1–12)

Después de que Jesús fue rechazado por la gente de su tierra, la historia del Evangelio torna a la esfera política. La escena puede dividirse en tres partes principales: [a] la opinión de Herodes sobre Jesús (14.1–2), en la cual Herodes escucha (14.1) y reacciona (14.2) a las noticias sobre Jesús, [b] el arresto y encarcelamiento de Juan (3–5), y [c] el asesinato de Juan (6–12). Herodes Antipas (hijo de Herodes el Grande, véase el comentario a 2.1) se había casado con Herodías, su sobrina política, que era esposa de su hermano Felipe. Al mencionar que Juan había sido encarcelado (14.3, véase también 4.12 y 11.2) Mateo revela la verdadera naturaleza de Herodes, quien quería matar al profeta, pero el temor a la opinión pública se lo impedía. Según la Ley de Moisés nadie debía casarse con la esposa del hermano (Lv 18.16; 20.21). La predicación de Juan llamaba la atención sobre la corrupción política y gubernamental. La resistencia a la voluntad divina de parte de las autoridades en ocasiones tiene consecuencias dolorosas para los profetas de Dios.

Los detalles de las circunstancias de la decapitación de Juan sirven como anticipación del destino al cual Jesús se confrontará en el futuro cercano. Los discípulos de Juan enterraron su cuerpo y le llevaron la noticia a Jesús. La sección siguiente comienza con la noticia de la retirada de Jesús a un lugar desierto luego de enterarse de la muerte de Juan.

Alimentación de los cinco mil (14.13–21)

La historia de la alimentación de los cinco mil muestra la compasión de Jesús por la multitud, al satisfacer sus necesidades materiales de forma milagrosa. La narración tiene la misma forma literaria que la historia de la alimentación de los cuatro mil (15.29–38). Ambas historias comienzan con una descripción geográfica seguida por la sanación de los enfermos

(14.13–14; 15.29–31). Además, los dos relatos incluyen un diálogo entre Jesús y sus discípulos sobre la hora, la necesidad de la gente y el número limitado de provisiones (14.15–18; 15.32–34). Finalmente, ambas historias culminan con la descripción del milagro de provisión que incluye una oración de gracias, el partimiento de las provisiones, la repartición de los panes y los peces, la abundancia de comida, las canastas llenas al final, y el número de hombres que comieron (14.19–21; 15.35–38). El milagro de la alimentación de los cinco mil hace eco de otros tres prodigios: el milagro de Eliseo cuando alimentó a cien hombres (2 R 4.42–44), la historia del Maná en el desierto (Ex 16.1–36) y, de forma anticipada, la última cena de Jesús (26.17–29).

14.13–14 La historia de la alimentación de los cinco mil comienza con una frase que la une con la historia del asesinato de Juan el Bautista. El Evangelio no dice por qué se apartó Jesús, pero es posible que se haya alejado a una región fuera de la jurisdicción de Herodes Antipas. El movimiento de la gente «a pie» sugiere un peregrinaje por la costa. Como es común, Jesús tiene compasión de la gente y sana a los enfermos.

14.15–18 Al anochecer comienza un diálogo entre Jesús y sus discípulos que ilustra la situación de necesidad. El diálogo también revela por un lado la sensibilidad de los discípulos y por otro sus limitadas provisiones. La respuesta de Jesús en Mateo es inesperada. Sólo Mateo contiene la primera parte de esta instrucción. El énfasis de la respuesta de Jesús está en el pronombre «vosotros» (14.16). El diálogo concluye con la declaración de la poca cantidad de panes y peces, y la instrucción de Jesús (exclusiva de Mateo) de que se los trajeran. Panes y peces eran los elementos más comunes de la dieta diaria de Galilea en el tiempo de Jesús.

14.19–21 Mateo presenta el resto de la escena de forma estilizada en cuatro partes: [a] la bendición y distribución del pan (14.19), [b] el resultado de la acción: comen y sacian (14.20a–b), [c] los sobrantes (14.20c), y [d] el número de gente (14.21). De una manera que anticipa la liturgia de la última cena, (26.26) el Señor tomó los cinco panes y dos peces, levantó los ojos al cielo y los bendijo. Es muy probable que la oración por el pan siguiera el modelo de las oraciones judías de la época. De acuerdo a la Misná (*m. Ber* 6.1) la oración sería algo así como «Bendito seas tú, Señor, Dios nuestro, rey del universo, que produces el pan de la tierra». Después de la bendición, partió el pan y lo repartió a los discípulos, y éstos a la multitud. Todos comieron y se saciaron. La generosidad de alimentos puede verse en las doce cestas que se llenaron. La multitud alimentada fue de cinco mil hombres (sin contar las mujeres y los niños). Sólo Mateo llama la atención a que las mujeres y los niños no fueron contados (véase Ex 12.37). Esto refleja la costumbre de la época, de no contar a las mujeres y a los niños. Por otro lado, cuando Mateo llama la atención sobre este hecho, señala la realidad de la presencia de mujeres y niños en la multitud, y que también los que no son contados—o no cuentan—participaron de los beneficios del milagro.

La interpretación de este pasaje (y de los demás milagros de provisión) comúnmente llama la atención por su naturaleza del milagro o por la abundancia de pan y pescado. Generalmente el énfasis recae en el Señor que provee en abundancia. Entre la comunidad hispana se destaca otro elemento a menudo pasado por alto por los comentaristas. El énfasis está en la afirmación de que todos comieron (inclusive las mujeres y los niños). Desde esta perspectiva lo más importante es el reconocimiento de que el Señor reparte a todos por igual y nadie se queda con hambre. Hasta el pueblo que no se toma en cuenta (los que no son contados) por la sociedad dominante no es pasado por alto ante el Señor que no sólo provee, sino que también reparte.

Jesús camina sobre el mar (14.22–33)

Mientras Jesús se despide de la multitud después de alimentarla, los discípulos se adelantan en la barca a la otra orilla del lago. Durante su travesía, las olas azotan la barca y Jesús se les acerca de madrugada caminado sobre las aguas. Ante el temor de los discípulos y la reafirmación de Jesús, Pedro pide ir hacia Jesús. Pero comienza a hundirse por el miedo a las olas. Jesús lo rescata y al subir a la barca el viento se calma. El resultado final de la odisea es que los discípulos adoran a Jesús y lo confiesan como Hijo de Dios. La historia, que tiene semejanzas con la de la tempestad calmada (8.23–27), tiene su paralelo literario en Marcos (Mc 6.45–52); pero Mateo la presenta con variaciones estilísticas, con la añadidura sobre Pedro (14.28–31), y con la conclusión que en Mateo es una confesión de fe (14.32)—mientras que en Marcos es la falta de entendimiento y el endurecimiento de los corazones.

14.22–24 Esta introducción enlaza esta historia con la precedente, y presenta el contexto para lo que sucederá más adelante. La barca es la misma de 14.13. Despedida la multitud, Jesús subió a la montaña (véase la frase similar en 5.1) para orar. Mateo presenta a Jesús orando sólo aquí y en Getsemaní (26.36, 39, 42, 44). Mientras Jesús oraba, la barca estaba siendo azotada por las olas y el viento contrario.

14.25–27 Jesús se dirige a los discípulos en horas de la madrugada. La cuarta vigilia de la noche cubre desde las tres hasta las seis de la mañana. Entre la niebla de la noche y la tempestad del mar los discípulos creyeron ver un fantasma, y gritaban de miedo. El lector puede imaginarse a varios hombres, algunos de ellos con experiencia de pescadores, gritando de miedo en medio del mar a eso de las tres o cuatro de la mañana (en los momentos más oscuros de la noche). Ante esto las palabras de Jesús «¡Tened ánimo! Soy yo, no temáis» adquieren un sentido más revelador. El «soy yo» (*egō eimi*) recuerda el nombre de Dios quien, de acuerdo a Job «anda sobre las olas del mar» (Job 9.8) y de quien el Salmo 11.19 dice: «En el mar fue tu camino y tus sendas en las muchas aguas; tus pisadas no fueron halladas». Mateo 14.27 adelanta la misma confesión de fe que los discípulos afirmarán al final del pasaje.

14.28–31 Estos versículos no tienen paralelo literario en ninguno de los otros Evangelios. Como en 16.17–19, esta historia de Pedro surge como un paréntesis en la narración del Evangelio de Mateo. Probablemente refleje en tradiciones orales antiguas que hablaban sobre Pedro, y que eran importantes para la comunidad del autor de este evangelio. Ante la afirmación de Jesús, Pedro quiere una demostración y pide hacer lo mismo que su maestro, a lo cual Jesús consiente. Pedro desciende de la barca y camina hacia Jesús. Pero el miedo al viento lo vence y comienza a hundirse. Su grito de ayuda recuerda el versículo 8.25 y al Salmo 69.1–3. Jesús, como en el Salmo 18.15–16, extiende su mano y lo sostiene. Las palabras de Jesús al final del versículo 31 presentan a Pedro como un ejemplo del creyente que sufre de poca fe. Después de haber dado los primeros pasos, la tribulación y las dificultades le hacen flaquear. La duda de Pedro es paradigma de la duda de todos los creyentes.

14.32–33 La calma de la tempestad es automática. Las acciones de Jesús son suficientes para que la tormenta se calme y la seguridad vuelva a la barca. Los que estaban en la barca (los demás discípulos) se asombraron y adoraron a Jesús, como los magos en 2.2 y los once discípulos en 28.17. La adoración está fundada en la confesión de fe que sigue: «Verdaderamente eres Hijo de Dios» (14.33). Aunque Mateo ha sido explícito en declarar la filiación divina de Jesús en muchas ocasiones anteriores (2.15; 3.17; 4.3, 6; 8.29), esta es la primera vez que los discípulos hacen esta confesión. Más adelante, Pedro también hará suya esta confesión de fe (16.16). Así la historia concluye en forma positiva declarando el entendimiento, la fe, y la confesión de los discípulos, en contraste con la falta de fe de los paisanos de Jesús, de Herodes, y de los líderes religiosos de la época.

Resumen de Sanaciones en Genesaret (14.34–36)

Encontramos en estos versículos otro resumen de los milagros de Jesús durante su ministerio (véase 4.23–25; 9.35–38). La travesía que había comenzado en 14.22 termina en Genesaret, un valle fértil al noroeste del mar de Galilea y al sur de Capernaum. Allí la gente lo busca y le traen los enfermos. Lo que comenzó en 14.13 como una salida de Jesús hacia un lugar desierto se ha convertido en una odisea de sanidad, de alimentación de cinco mil hombres (además de las mujeres y los niños), el cruce del mar caminando, y ahora un grupo de personas que buscan, por lo menos, tocar el borde de su manto (como en 9.20–21) para recibir sanación. Sin entrar en detalles, Mateo informa que todos los que lo tocaron fueron sanados.

Jesús y la tradición oral (15.1–20)

El Evangelio según San Mateo presenta su perspectiva como uno de los testigo del debate cristiano primitivo sobre la función de la ley y la traición oral judía dentro de la comunidad cristiana. Las dos partes principales de este pasaje presentan la respuesta de Jesús a la pregunta sobre su postura en relación con la tradición oral de los fariseos. La primera parte (15.1–11) narra el diálogo entre Jesús y ciertos escribas y fariseos de Jerusalén ante la pregunta de éstos de por qué los discípulos no se lavan las manos cuando comen pan. La segunda parte (15.12–20) presenta la conversación entre Jesús y sus discípulos, en la cual el Señor explica las implicaciones de su respuesta a los escribas y fariseos.

15.1–2 Esta sección expone el encuentro entre Jesús y los escribas y fariseos en forma de controversia, en la cual se intercambian preguntas y respuestas con citas e interpretaciones de las Escrituras adelantar un punto de vista (15.1–11). El pasaje comienza con la llegada a Jerusalén de una delegación de escribas y fariseos que le piden a Jesús una explicación de por qué los discípulos no honran «la tradición de los ancianos» (15.1–2a). La «tradición de los ancianos» se refiere a la interpretación farisaica de que Moisés recibió en Sinaí tanto la Ley escrita en los mandamientos como la Ley oral. Esta Ley oral fue pasada de generación en generación y era tan importante como la Ley en la Escritura. Como evidencia para su pregunta, la delegación ofrece el ejemplo concreto de que los discípulos comen pan sin lavarse las manos (15.2b). El lavarse las manos antes de comer no era asunto de higiene sino de pureza ritual. La práctica defendida por los fariseos elevaba el comer en la casa a un nivel tan sagrado como el sacrificio en el templo.

15.3–6 La respuesta de Jesús cambia el tema de la discusión por otro de mucha más importancia: cómo la tradición de los ancianos se utiliza para invalidar los mandamientos de Dios (15.3–6). Mateo presenta la respuesta de Jesús siguiendo el estilo de las discusiones rabínicas de su época. Con la pregunta y respuesta de Jesús (Mt 15.3–5) se presenta el ejemplo del quinto mandamiento (Ex 20.12; Dt 5.16) y la consecuencia de su violación (Ex 21.17; Lv 20.9), y presenta su acusación de cómo el mandamiento es violado por la enseñanza de la tradición de los ancianos (Mt 15.6). El asunto a discutir era si los votos hechos a Dios tenían precedencia sobre las obligaciones para con el padre y la madre. Si es así, la obligación de honrarles (ayudarles con recursos económicos o sostén) quedaba anulada si estos recursos se dedicaban al templo y a su servicio. Los fariseos, en su esfuerzo de reconocer la suprema importancia de Dios, decían que sí. La propuesta de Jesús entiende que la tradición utilizaba a Dios como excusa para evadir la responsabilidad para con el padre y la madre, y por consiguiente deshonrar a Dios y violar el mandamiento divino (15.6b). En conclusión, los fariseos con su reclamo de la tradición de los ancianos invalidan los mandamientos de Dios. El lavarse las manos no es un mandamiento, y por tanto no tiene que ser obedecido.

15.7–11 Estos cinco versículos contienen dos declaraciones directas de Jesús. En primer lugar Jesús se dirige a los fariseos y los acusa de hipocresía, diciendo que su actitud e interpretación de la tradición de los ancianos confirma la sentencia profética de que su honra a Dios es sólo de labios y que enseñan mandamientos humanos (15.7–9; Is 29.13). En segundo lugar, Jesús se dirige a la multitud y les llama la atención para que comprendan el principio general sobre el cual se basa la conducta de los discípulos: no es la comida (o el comer sin lavarse las manos) sino lo que sale de la boca lo que contamina al ser humano (15.10–11).

15.12–14 La segunda parte de la discusión sobre la tradición de los ancianos se centra en el diálogo entre Jesús y sus discípulos después del debate con los fariseos (15.12–20). Los discípulos se acercan y comentan que los fariseos se ofendieron con las palabras de Jesús. Probablemente se refieran específicamente a lo dicho en los versículos 7 al 9. Jesús responde con una metáfora: toda planta no plantada por su Padre celestial será arrancada. Esta frase recuerda la parábola de la cizaña (13.24–30) y su interpretación (13.36–43), en la cual la cizaña es semilla plantada por el diablo y su destino es el horno de fuego. Los escribas y los fariseos son comparados con ciegos que guían a otros ciegos (véase 23.16, 24).

15.15–20 Pedro pide a Jesús que les explique la parábola, por cuya explicación sabemos que se refiere a la frase: «No lo que entra por la boca contamina al hombre; pero lo que sale de la boca, esto contamina al hombre» (15.11). La explicación de la parábola (que servirá para completar el entendimiento de los discípulos) contrasta lo que entra por la boca (15.17) y lo que sale de ella (15.18) y ofrece ejemplos para ilustrarla (15.19). Lo que realmente tiene importancia es lo que sale de la boca porque esto refleja las intenciones del corazón (véase 12.34). En conclusión, la motivación del corazón y sus intenciones son lo que contamina al ser humano, no el comer sin lavarse las manos (15.20).

El debate sobre el valor de la tradición de los ancianos termina con la implicación de que sólo Jesús interpreta la Ley de manera adecuada, de acuerdo a la voluntad de Dios, y sólo su interpretación tiene vigencia para la iglesia. El mensaje del Evangelio es consistente: cuando la tradición de los ancianos entra en conflicto con la voluntad de Dios, la interpretación de Jesús la rechaza y propone nuevamente la interpretación de acuerdo a la voluntad de Dios. Más importante que las manifestaciones externas de pureza y religiosidad son la integridad del juicio y la moral.

Jesús y la mujer cananea (15.21–28)

Una vez terminada la controversia con los escribas y fariseos, Jesús se dirige a la región de Tiro y Sidón, un área fenicia al noroeste de Galilea. Si comparamos esta historia con su paralelo literario en Marcos (Mc 7.24–30), las diferencias en Mateo revelan cómo la historia se ajusta a las circunstancias y puntos sobresalientes particulares de este Evangelio y su comunidad. La historia de la sanación de la hija de la mujer cananea sigue el mismo patrón literario de la historia de la sanación del hijo del centurión (véase el comentario a 8.5–13). Comienza con una descripción geográfica (15.21), seguida por una presentación de la persona que pide ayuda (15.22a), e inmediatamente presenta la petición propiamente dicha (15.22b), a la cual le sigue la respuesta negativa de Jesús (15.23–24). A esta respuesta inicial de Jesús, la mujer reacciona con humildad y afirmación de fe (15.25–27). Finalmente, Jesús responde y afirma la fe de quien pide (15.28a). La historia termina con una declaración sobre la petición contestada (15.28b).

Aunque Mateo concuerda con Marcos que Jesús fue a la región de Tiro y Sidón (15.21), Jesús nunca entra en una casa. Al contrario, la mujer se la acerca saliendo «de aquella región» (15.22), dando la impresión de que Jesús no había abandonado totalmente el territorio israelita. Este arreglo geográfico concuerda con 10.5–6, donde Jesús instruye sus discípulos «por camino de gentiles no vayáis». A diferencia de Marcos, que identifica la mujer como «sirofenicia de origen», Mateo la llama «cananea», identificándola con un grupo étnico que tradicionalmente los israelitas estaban llamados a evitar.

El material exclusivo de Mateo también resalta las particularidades y los intereses del evangelista. Por ejemplo, sólo Mateo tiene la declaración «No soy enviado sino a las ovejas perdidas de la casa de Israel» (15.24). Mientras en Marcos, Jesús responde a la mujer «deja primero que se sacien los hijos» (Mc 7.27), Mateo no incluye la cláusula temporal, transformando la respuesta de Jesús en una negación total a la petición de ayuda de la mujer («No está bien tomar el pan de los hijos y echarlo a los perros», 15.26).

La insistencia de la mujer llama la atención de Jesús, quien finalmente responde a su petición. La mujer, sin negar los privilegios de «los hijos» (esto es, los israelitas), le llama la atención de que «aun los perros comen de las migajas que caen de la mesa de sus amos» (15.27). La rutina diaria de comer viene a ser una metáfora del reino de los cielos. Jesús reconoce la gran fe de la mujer cananea (contrario a la falta de fe de los israelitas en otras historias de Mateo).

La historia de la sanación de la hija de la mujer cananea cumple con el patrón establecido en el judaísmo de la época para la aceptación de un gentil como prosélito de Israel. La iglesia se encuentra en una encrucijada de fe. En primer lugar están las tradiciones de fe, las promesas proféticas del pasado de Israel y su herencia teológica contenida en el Antiguo Testamento. Por otro lado, está la nueva circunstancia de la revelación en Jesús como el Mesías y su renovada interpretación de la fe y la exigencia ética a la luz del reino de los cielos. En tercer lugar, la nueva experiencia histórica después de la destrucción del templo en los años 70, la llegada de gentiles buscando ser recibidos como miembros de la comunidad, y las acusaciones del fariseísmo que dudaba de la autenticidad de la fidelidad a la ley por parte de la iglesia. Mateo responde afirmando que Jesús cumple la ley y los profetas, que es el intérprete auténtico de la Ley, y que la participación en los privilegios de la comunidad de fe implica la aceptación de esa fe y de sus códigos de conducta ética.

Alimentación de los cuatro mil (15.29–39)

15.29–31 Como en la historia de la alimentación de los cinco mil (14.13–21), la escena comienza con una descripción geográfica y con la mención de una multitud que se acerca a Jesús trayendo un número de enfermos «cojos, ciegos, mudos, mancos y otros muchos enfermos» y cómo Jesús los sana antes de alimentar a la multitud. En esta ocasión la historia incluye la reacción positiva de la gente («se maravillaban» y «glorificaban a Dios») ante los milagros de Jesús. Este es el último resumen de sanaciones en Mateo (4.23–25; 8.16–17; 9.35–36; 14.13–14, 34–36).

15.32–39 A la sanación de la gente sigue un diálogo entre Jesús y sus discípulos. En esta ocasión el diálogo gira alrededor del número de días que la multitud ha estado con Jesús y la preocupación de Jesús (no de los discípulos como en la alimentación de los cinco mil) del peligro si regresan con hambre. Ante su preocupación, los discípulos responden con el planteamiento del problema: no tienen suficiente alimento para saciar tan grande número de gente (15.33–34). Finalmente, la historia culmina con el milagro de provisión que incluye una oración de gracias, el partimiento de las provisiones, la repartición de los panes y los peces, la abundancia de comida, las canastas llenas (la palabra para «canastas» se refiere aquí a una cesta grande) al final, y el número de hombres que comieron (15.35–38). Después del milagro (como en la alimentación de los cinco mil) Jesús vuelve a un viaje a través del mar hacia otra región costera de Galilea.

Con este segundo milagro de provisión, el Evangelio de Mateo parece expandir la referencia al pan de la historia anterior sobre la mujer cananea. La alimentación de los cuatro mil puede ser una señal de que no sólo los hijos comen del pan, sino todo el mundo. Todos comen en abundancia de la gracia de Dios que se extiende a los ignorados por la sociedad, a los discriminados por su raza y grupo étnico, y queda comida hasta para los que no están presentes.

La demanda de una señal (16.1–4)

Esta escena es semejante a la de 12.38–42. Sin embargo aquí el énfasis es diferente. La escena tiene tres partes principales: [a] después de la transición en el versículo anterior, aparece la petición de los saduceos y fariseos (véase el comentario a 3.7–8 para más información sobre los fariseos y los saduceos), quienes le piden una señal del cielo «para tentarlo» (16.1). [b] La respuesta de Jesús tiene dos partes. [1] La primera que contrasta la hipocresía de los fariseos y los saduceos señalando su habilidad de predecir el clima en base a observaciones meteorológicas («habrá buen tiempo», «habrá tempestad») y su incapacidad para distinguir «las señales de los tiempos» (16.2–3). [2] La segunda, (16.4a) rechaza la petición de la «generación mala y adúltera» (véase el comentario a 11.2–19) y dice que la única señal será la del «profeta Jonás» (sobre la señal de Jonás véase el comentario a 12.38–42). [c] Finalmente, la escena termina con la salida de Jesús después de dejar a los fariseos y los saduceos (16.4b).

16.2b–3 Los versículos 2b–3 no aparecen en numerosos manuscritos griegos antiguos, especialmente en el área de Egipto donde la descripción de los colores y las consecuencias para el clima es diferente. Estos versículos relacionan de forma indirecta la petición de una «señal del cielo» en el versículo uno con « las señales de los tiempos». La frase «las señales de los tiempos» probablemente se refiere al ministerio de Jesús en su totalidad como señal del reino de los cielos. Así como las nubes anuncian la lluvia, la presencia de Jesús, sus enseñanzas, sus obras prodigiosas, y su vida ejemplar son «señal» inconfundible de la llegada del reino de los cielos al pueblo de Dios.

La levadura de los fariseos (16.5–12)

Esta escena puede dividirse en tres partes principales. Comienza con una introducción narrativa que establece la circunstancia «olvidaron llevar pan» y el trasfondo para el diálogo que sigue (16.5). Luego sigue un diálogo entre Jesús y sus discípulos sobre el significado de la levadura de los fariseos y saduceos (16.6–11). La sección termina con una declaración sobre el entendimiento final de los discípulos (16.12). La historia resalta el contraste entre la enseñanza de Jesús y la de los líderes religiosos de la época. También sirve de recordatorio de la presencia proveedora de Jesús para sus discípulos. Finalmente, la historia, a diferencia de Marcos, presenta una visión más positiva de los discípulos que llegan a comprender el sentido de las palabras de Jesús.

Después de la controversia anterior con los fariseos y saduceos Jesús dice a sus discípulos que se guarden de la «levadura» de estos líderes religiosos de Israel. Los discípulos toman la palabra literalmente y creen que Jesús les está hablando de la levadura en el pan, ya que ellos olvidaron traer pan consigo. Sin embargo, Jesús les aclara su instrucción. No es la levadura del pan, pues después de todo él había provisto suficiente pan en las dos ocasiones anteriores de la multiplicación de los panes y los peces (14.17–21; 15.34–38). Finalmente, los discípulos entienden que Jesús está hablando de las doctrinas de los fariseos y saduceos, y no de la levadura del pan.

Confesión de Pedro (16.13–20)

La escena de la confesión de Pedro es uno de los pasajes más conocidos y comentados. Es uno de los puntos culminantes del Evangelio. Pedro confiesa públicamente la naturaleza e identidad de Jesús, eliminando así toda sombra de duda en el lector. La escena tiene tres partes principales: [a] una introducción (13a); [b] un diálogo entre Jesús y sus discípulos (13b–19); y [c] una conclusión (20). Esta historia tiene equivalentes literarios en Marcos (8.27–30) y Lucas (9.18–21). Sin embargo, el Evangelio de Mateo contiene una sección única relacionada con el apóstol Pedro (vv 17–19) que ha sido objeto de serios debates teológicos en la cristiandad.

16.13a Cesarea de Filipo era una ciudad en las llanuras del monte Hermón, unas veinte millas al norte del mar de Galilea, anteriormente conocida como Paneas. El emperador Augusto se la había concedido a Herodes el Grande en el año 20 a. de C. Herodes Felipe (hijo de Herodes) ordenó su reconstrucción y expansión cuando llegó a ser tetrarca del área y le cambió el nombre para honrar a Augusto (Tiberio) y a sí mismo (por ello, «Cesarea de Filipo»). La ciudad era el centro de gobierno de la región.

16.13b–14 El diálogo entre Jesús y sus discípulos comienza con una pregunta sobre la opinión pública («los hombres») en relación con su persona («el Hijo del hombre» 16.13). La pregunta tiene que ver con su identidad y con el carácter de su ministerio. La respuesta de los discípulos hace eco de la opinión popular (16.14). Por ejemplo, Herodes Antipas creía que Jesús era Juan el Bautista resucitado de entre los muertos (14.1–2). Otras personas pensaban que Jesús era Elías (para más información sobre Elías, véase el comentario a 3.4–6). Jesús ya había dicho que Juan el Bautista era el Elías que había de venir (11.9–14). Otras personas pensaban que Jesús era Jeremías, probablemente por su ministerio en medio del sufrimiento y la oposición (2.17; 27.9). Mateo es el único evangelio que menciona a Jeremías por nombre. Finalmente, otras personas pensaban que Jesús era alguno otro de los profetas.

16.15–16 El diálogo continúa con la segunda pregunta de Jesús. En esta ocasión el tema de la pregunta no es la opinión pública sino la opinión de los discípulos («vosotros»). La respuesta de Simón Pedro es la confesión de fe más extensa en los evangelios: «Tú eres el Cristo, el Hijo del Dios viviente» (véase también 26.63). Mientas el Evangelio de Marcos dice «Tú eres el Cristo» (8.29), y Lucas dice «el Cristo de Dios» (9.20), la respuesta en Mateo incluye todo lo anterior y lo expande convirtiéndolo en toda una confesión de fe. El Evangelio de Mateo ya ha ofrecido claves cristológicas que apuntan a esta confesión (véase la introducción a este comentario). La confesión de Pedro tiene su fundamento en las esperanzas mesiánicas de Israel, que esperaba la llegada de un descendiente de David cuyo trono sería eterno (1 Sa 7.14–16). La frase «Dios viviente» es una frase que aparece en el Antiguo Testamento (Dt 5.26; Sa 42.2), otras veces en Mateo (26.63), y muchas veces en el resto del Nuevo Testamento (Hch 14.15; Ro 9.26; 2 Co 3.3; etc.). Se utiliza para describir al Dios verdadero en contraposición a los reclamos de divinidad de los emperadores y los dioses paganos.

16.17–20 Estos versículos, exclusivos de Mateo, contienen la respuesta de Jesús a Pedro. Se refieren al origen de la confesión y a la comisión y autorización de Pedro en su papel especial en la iglesia. Simón es «bienaventurado» (véase el comentario a 5.3–12) porque su confesión de fe no nace de la conclusión humana sino que es producto de la acción de Dios (véase también 11.27). La interpretación de los versículos 18–19 es una de las más discutidas y debatidas. Jesús responde a la confesión de Pedro con una declaración que juega con el sentido griego del nombre Pedro (*petros*) y la palabra griega para roca (*petra*). En el idioma original de Jesús (arameo) no hay diferencia entre las palabras. La discusión fundamental es si el sentido de la frase «edificaré mi iglesia» se refiere a que Pedro es el fundamento de la iglesia o si la iglesia está fundada sobre la «roca» refiriéndose a otra cosa. Mateo es el único evangelio que utiliza la palabra griega para «iglesia» (aquí y en 18.17). «Hades» es la traducción griega de la palabra hebrea *seol* y se refiere al lugar de los muertos y a la tumba, y se usa como símbolo del poder de la muerte. Así, la primera parte de la declaración a Pedro afirma la fundación de la iglesia y su permanencia. Finalmente, las ideas de «las llaves» y «atar» y «desatar» representan la autoridad especial concedida a Pedro como líder entre los apóstoles. La comunidad de discípulos, en el ejercicio de su ministerio de predicación y enseñanza, tiene la gran responsabilidad de ser mayordomos de la gracia y por medio de la proclamación de Jesús ofrecer o no la oportunidad de participar del reino. La escena termina con la instrucción de Jesús que no hicieran público que él era el Cristo.

Primer anuncio de la pasión (16.21–23)

Con la frase «desde entonces...» el Evangelio marca una nueva etapa en el ministerio de Jesús. Inmediatamente después de la historia de la confesión de Pedro, Mateo coloca el primero y más extenso de tres anuncios de la pasión de este evangelio (16.21–23; 17.22–23 y 20.17–19, véase también 26.1–2). Sirve para recordar a los discípulos la naturaleza del ministerio de

Cristo y las implicaciones que tal ministerio tiene para el discipulado. Este anuncio de la pasión apunta hacia el futuro del ministerio de Jesús y lo que sucederá en Jerusalén. La escena comienza con una introducción que enlaza la escena con la anterior y sirve de transición para el diálogo que sigue (16.21). Este versículo ofrece un resumen anticipado de lo que le sucederá a Jesús a manos de los líderes religiosos durante la última semana de su ministerio. Ante el anuncio de la muerte de Jesús, Pedro intentó proteger la vida del Señor (16.22). Evidentemente, Pedro no había comprendido la naturaleza del mesianismo de Jesús. La respuesta de Jesús contrasta con la bienaventuranza de la sección anterior. De manera semejante a 4.10, Pedro se había convertido en instrumento de tentación y piedra de tropiezo. Esta respuesta sirve de balance a la confesión de Pedro al definir qué clase de Mesías era Jesús. En lugar de un Mesías militar y triunfante que impone su reino por la fuerza de las armas, el mesianismo de Jesús cumple con el plan de Dios y se caracteriza por su pasión, muerte y resurrección.

Costo del discipulado (16.24–28)

El destino de Jesús en Jerusalén sirve para ilustrar las complicaciones y los sacrificios que han de afrontar los discípulos. Esta breve sección comienza con la introducción «entonces...» (16.24a) seguida de una amonestación sobre el costo de seguir a Cristo (16.24b–28). La simetría y poética del pasaje está altamente estilizada con declaraciones en tres imperativos (16.24b, véase 10.38–39): explicación en paralelismo antitético (16.25), preguntas retóricas en paralelismo sintético (16.26), y una doble sentencia escatológica sobre la venida del Hijo del hombre (16.27–28).

Después del anuncio de la pasión, Jesús les dice a los discípulos que su destino debe ser el modelo a seguir. Para ser discípulo de Jesús es necesario cumplir con tres condiciones: [a] negación propia, [b] tomar la cruz, y [c] seguirle. Estas frases tan comunes en las iglesias contemporáneas han perdido su reclamo radical y su sentido histórico. Negarse a sí mismo, tomar la cruz, y seguir a alguien son palabras cargadas de sentido en el mundo romano. Por ejemplo, llevar la cruz indica que el discípulo estaba dispuesto a ser condenado como criminal, sentenciado por sedición y morir en público como una persona sin ciudadanía, humillada y despreciada. Las seguridades que garantizan la vida deben ser substituidas por el sacrificio. Perder la vida por causa de Cristo es salvarla. Los valores y esperanzas deben ceder ante algo más valioso que la vida misma. Como en 24.30 y 25.31, en la venida gloriosa del Hijo del hombre se llevará a cabo un juicio justo en el cual la recompensa/castigo será proporcional a las acciones de cada cual (16.23–27). El versículo 28 ha sido objeto de debates acalorados entre los comentaristas. Probablemente se refiera a la transfiguración de Jesús (17.1–9), a su resurrección, (28.16–20), o a la esperanza de que algunos de los discípulos estarían vivos a la venida del Hijo del hombre, que se esperaba fuera inminente.

Transfiguración de Jesús (17.1–13)

La historia de la transfiguración se encuentra en los tres evangelios sinópticos (Mt 17.1–13; Mc 9.2–13; Lc 9.28–36) con variaciones que se ajustan a la perspectiva particular de cada evangelista. En este contexto se confirma la confesión de Pedro y se refinan aspectos sobresalientes de la cristología de Mateo. Esta historia se centra en la manifestación del resplandor del rostro de Cristo y la voz que habla desde la nube. La historia repite temas presentados en Mateo anteriormente, tales como la filiación divina de Jesús. Además, transforma la historia de la transfiguración en una presentación de Jesús en donde hace eco de las imágenes sobre Moisés en el Antiguo Testamento. La historia puede bosquejarse como sigue: En primer lugar una introducción (17.1). Luego sigue la visión de Jesús transfigurado en compañía de Moisés y Elías (17.2–3). Después, Pedro ofrece una propuesta de construir tres enramadas (17.4). Una nube de luz y una voz desde la nube interrumpen a Pedro y hablan de Cristo (17.5). A esto los discípulos responden con temor (17.6). Jesús les habla y los anima (7.7). La escena concluye con la instrucción de mantener en secreto la visión hasta la resurrección (17.8).

17.1–3 Seis días después de la confesión de Pedro, Jesús toma a los primeros tres discípulos (Mt 4.18–21; 10.2) para que vayan con él a un monte alto. La descripción de la transfiguración en Mateo resalta algunos detalles particulares. En primer lugar, sólo Mateo señala que «resplandeció su rostro como el sol» (además de sus vestidos, como en Marcos). En segundo lugar, el orden de los dos personajes que aparecen es diferente (Moisés y Elías en Mateo; Elías con Moisés en Marcos). Estos detalles conectan de manera especial la historia de la transfiguración en Mateo con la imagen de Moisés en el Antiguo Testamento. En primer lugar, la referencia a la montaña recuerda la historia en Éxodo 24.12–18 donde se cuenta que Moisés escuchó la voz de Dios en el monte Sinaí y seis días después (en el séptimo día) escuchó la voz de Dios. Tanto en esta historia como la de Moisés el líder toma consigo tres seguidores en particular. La referencia mateana al rostro resplandeciente tiene su precedente en la historia de Moisés en Éxodo 34.29–35, donde se dice que «la piel de su rostro resplandecía por haber estado hablando con Dios». El orden de los personajes resalta la persona de Moisés que según el orden canónico es anterior a Elías. Así, como en muchos otros lugares en Mateo, Jesús se presenta bajo el arquetipo de Moisés, como el nuevo revelador de la presencia y voluntad de Dios para el pueblo.

17.4–5 La propuesta de Pedro de construir tres enramadas se ignora completamente y se substituye por la descripción de una nube de luz y una voz de desde la nube que dice: «Este es mi Hijo amado, en quien tengo complacencia» (17.5). A diferencia de Marcos, Mateo no dice que Pedro no sabía lo que decía o que estaba asustado. La voz de la nube recuerda la declaración del cielo en la historia del bautismo de Jesús (véase el comentario a Mt 3.17, y también 12.18) en donde se añade la frase «a él oíd», que recuerda a Deuteronomio (18.15) donde Dios promete un profeta como Moisés a quien el pueblo debe prestar oído. Así que la voz de la nube, además de confirmar la identidad de Jesús como Hijo de Dios (como en el bautismo), añade a la cristología de Mateo la imagen de un profeta como Moisés. La referencia a la nube de luz y a la voz es un eco de las tradiciones bíblicas y judías de la nube que descendió en el monte Sinaí, y la gloria de Dios (*shekinah*) que según las tradiciones judías volvería a aparecer en los días del fin (2 Macabeos 2.8).

17.6–8 La reacción de los discípulos a la voz de la nube (la voz que sale de la gloriosa presencia de Dios) es temor reverente. Nuevamente Mateo se distancia de los otros evangelios presentando la reacción de reverencia y temor como resultado al escuchar la voz, y no como respuesta a la transfiguración. El temor reverente de los discípulos nos recuerda a Éxodo 34.30, cuando Aarón tuvo temor de acercarse a Moisés al ver su rostro resplandeciente. En contraste con la tipología mosaica, Mateo es el único que señala que Jesús se acerca y toca los discípulos como gesto de seguridad y afirmación. Los discípulos, finalmente, se encuentran solos en compañía de Jesús.

17.9–13 Después de la visión de la transfiguración, tanto Mateo como Marcos continúan la historia con una pequeña conversación alrededor del tema de la venida del profeta Elías. La escena comienza con una introducción (17.9a) que describe el cambio de escenario con la bajada del monte de la transfiguración. La instrucción de Jesús anticipa la conclusión del Evangelio en la cual Jesús, después de su resurrección, instruirá a los once a hacer discípulos en todas las naciones (17.9b). Nuevamente la pregunta sobre Elías (17.10) sirve para relacionar la transfiguración en el contexto escatológico del plan de Dios (véase el comentario a 3.4–6 y 11.2–19).

Jesús responde con la afirmación de que Elías ya ha venido, y que el destino del Hijo del hombre será semejante al de Elías. Aquí se refiere a su muerte a manos del Imperio (17.11–12). La escena concluye con la aclaración de que los discípulos entendieron que Jesús hablaba de Juan el Bautista (17.1, véase 11.14).

Sanación de un niño lunático (17.14–21)

Esta historia está compuesta de dos secciones principales: [a] la sanación del niño «lunático» (14–18) y [b] la discusión entre Jesús y sus discípulos (19–20). Después del descenso del monte de la transfiguración, Mateo relata la historia de la sanación de un niño lunático. El lenguaje bíblico refleja la perspectiva de la época de que algunas enfermedades, como la epilepsia, y algunas condiciones psicológicas eran afectadas por la luna o por demonios. La condición del niño y los síntomas descritos por el padre sugieren que el niño padecía de epilepsia. El énfasis de la historia está en la incapacidad de los discípulos de sanar al niño, más que en el milagro propiamente dicho. Las respuestas de Jesús a la queja del padre (17.17) y la pregunta de los discípulos (17.20) utilizan dos palabras diferentes para referirse a la incredulidad (o falta de fe, *apistos*) de la generación, y la poca fe (*oligopistia*) de los discípulos. Así los discípulos no son censurados de la misma manera que la «generación». Sin embargo, la poca fe de los discípulos fue la razón por la cual fueron incapaces de intervenir por el niño. El dicho de 17.20 contrasta el tamaño y la calidad de la fe (grano de mostaza) con el potencial de la misma (puede mover montes). Para quien tiene fe, aun las cosas más difíciles son posibles (véase 21.21). El versículo 21 no aparece en los manuscritos más antiguos. Posiblemente fue copiado aquí de Marcos 9.29.

Segundo anuncio de la pasión (17.22–23)

El segundo anuncio de la pasión (véase el comentario a 16.21–23) vuelve a confirmar su previo anuncio en 16.21–23. El Evangelio contiene varias declaraciones que señalan indirectamente a la futura muerte violenta de Jesús. Desde su nacimiento, Herodes el Grande intentó matarlo (2.13), y en 17.12 Jesús compara el asesinato de Juan el Bautista con su propio destino. Mientras en el primer anuncio de la pasión Jesús dijo que era necesario ir a Jerusalén y padecer mucho, en este anuncio declara lo que ocurrirá en tres detalles fundamentales: [a] será entregado, [b] lo matarán, y [c] al tercer día resucitará. Otra diferencia fundamental entre este anuncio de la pasión y el primero es la reacción inmediata de los discípulos: «se entristecieron mucho» (17.23).

El impuesto del templo (17.24–27)

Esta escena, exclusiva de Mateo, consta de dos partes principales. En primer lugar, hay una breve conversación en Capernaum entre Pedro y los cobradores de impuestos del templo, quienes le preguntan si Jesús paga o no las dos dracmas, esto es, el impuesto del templo. De acuerdo a la interpretación común de Ex 30.13 y 38.26 todo varón mayor de veinte años debía pagar dos dracmas anuales que eran utilizadas para cubrir los costos de la operación del templo de Jerusalén. Pedro responde que sí (17.24–25a). Aunque el impuesto del templo no era compulsorio, la inmensa mayoría de los varones judíos cumplía con el pago del impuesto.

La segunda parte de la escena es una conversación entre Jesús y Pedro sobre quiénes tienen la obligación de pagar impuestos a los «reyes de la tierra». La conversación termina con una instrucción de ir a pescar, tomar la moneda que encuentre en la boca del pez y utilizarla para pagar el impuesto del templo por ambos. Lo importante de la conversación es la disposición de pagar el impuesto del templo a pesar de estar exento de pagarlo como «hijo». Aunque la escena no narra que Pedro llevara a cabo las instrucciones de Jesús, la lección está clara: en ocasiones es necesario dejar pasar algunos privilegios en aras de las buenas relaciones y los valores compartidos por la sociedad.

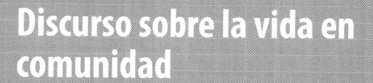

Discurso sobre la vida en comunidad

(18.1-35)

Este es el cuarto discurso del Evangelio (véase la introducción). En él Mateo agrupa materiales bajo los temas de la grandeza, la humildad y la reconciliación para instruir a su iglesia en asuntos de interés pastoral y de la vida en comunidad. El discurso puede dividirse en dos partes principales: [1] sobre la grandeza y la humildad (18.1–14), y [2] sobre la admonición y la reconciliación (18.15–35). Cada una de estas partes está compuesta de tres unidades más pequeñas, terminando cada una de ellas con una parábola.

Grandeza y humildad (18.1–14)

La primera parte introduce el tema de la verdadera grandeza utilizando como ejemplo la humildad de un niño (18.1–5). La comunidad en pleno tiene la responsabilidad de cuidar de los pequeños (los creyentes en Cristo), con los cuales el Señor mismo se identifica; y cualquier ofensa o escándalo contra ellos debe evitarse (18.6–9). Finalmente, con la parábola de la oveja perdida se llama los creyentes a ser imitadores de Dios en su interés de mantener la unidad del grupo y procurar que ninguno de los pequeños se pierda (18.10–14).

18.1–5 El discurso se lanza con la pregunta de los discípulos sobre quién es el mayor en el reino de los cielos. Jesús responde con el ejemplo de un niño. En este contexto particular el niño viene a ser símbolo de humildad y vulnerabilidad: «cualquiera que se humille como este niño» (18.4). La verdadera grandeza en el reino de los cielos consiste en la humildad. Finalmente, el niño (en su humildad) viene a representar a Jesús mismo («a mí me recibe»).

18.6–9 Todavía más, el niño viene a ser (en su pequeñez) símbolo de los creyentes «estos pequeños que creen en mí» (18.6). Con esta frase, Jesús toma la pregunta original del primer versículo y la transforma en una amonestación sobre el cuidado por los más pequeños e indefensos. La advertencia contra cualquiera que «haga tropezar» o escandalice (*scandalizo*) muestra el interés de Jesús por la unidad y solidaridad de su comunidad. Aunque es imposible que no haya dificultades, las personas responsables saben que la sentencia por su conducta es severa. La piedra de molino era una piedra pesada que al ser rodada por los burros molía el trigo. La hipérbole subraya y apunta hacia la importancia de evitar que los pequeños (los creyentes en Cristo) se escandalicen o caigan—como en 5.29–30, la hipérbole sobre el amputarse un miembro del cuerpo y sacarse un ojo por no caer uno.

Parábola de la oveja perdida (18.10–14)

18.10–14 La parábola del pastor que busca su oveja perdida (compárese con Lc 15.1–7) ilustra el interés del evangelista en la unidad y el cuidado mutuo de los miembros. La introducción mateana «mirad que no despreciéis a uno de estos pequeños» y su conclusión «no es la voluntad de vuestro Padre que está en los cielos que se pierda uno de estos pequeños» conectan la parábola con 18.6 donde los pequeños son los creyentes en Cristo. En otras palabras, la parábola tiene la intención de advertir contra quienes desprecian a los creyentes en Cristo. La sección está construida en forma simétrica cuyo punto central es la frase «la que se había descarriado» (18.12c). El siguiente esquema ilustra la simetría en forma de quiasmo de la parábola donde la primera línea corresponde a la última en forma concéntrica.

a) no menospreciéis a uno de estos pequeños (10ª)
b) mi Padre que está en los cielos (10b)
c) se descarría una de ellas (12ª)
d) deja las noventa y nueve (12b)
e) a buscar la que se había descarriado (12c)
d·) las noventa y nueve (13ª)
c·) que no se descarriaron (13b)
b·) vuestro Padre que está en los cielos (14ª)
a·) que se pierda uno de estos pequeños (14b).

Como puede apreciarse, el tema de la parábola es el interés de Dios por el bienestar de la comunidad, por su unidad y perseverancia. La exhortación a no menospreciar a los pequeños tiene un fundamento teológico. Así como Dios no quiere que los pequeños se pierdan, de la misma manera la parábola exhorta a no menospreciar a los pequeños. Ahora la pregunta de quién es el mayor en el reino de los cielos ha evolucionado a un llamado a cuidar de los pequeños.

Reconciliación y perdón (18.15–35)

La verdadera grandeza es la humildad (18.1–5), y los creyentes en Cristo se identifican con el Señor mismo de tal manera que una ofensa contra ellos no será pasada por alto (18.6–9). Toda la comunidad está llamada a cuidar y no causar escándalo a los pequeños sino a ser como Dios, quien no quiere que nadie se pierda (18.10–14). ¿Qué hacer cuando alguien causa ofensa o es motivo de escándalo? Esta pregunta se contesta en la segunda parte del discurso. La sección puede dividirse en tres partes principales: [a] sobre la reprensión y disciplina del ofensor (18.15–20), [b] sobre el perdón (18.21–22), [c] parábola del siervo que no quiso perdonar (18.23–35).

Resolución de conflictos en la iglesia (18.15–20)

18.15–20 La tarea pastoral de la iglesia reconoce que la primera acción ante la ofensa es intentar la reconciliación entre las partes. Esta sección, en armonía con las secciones anteriores y las que siguen, se entiende la disciplina eclesiástica en términos de la búsqueda de cumplir la voluntad divina en la integridad de la vida comunitaria en su unidad, paz y pureza, y buscar la reconciliación mutua. El proceso propuesto por Mateo sirve como paradigma de los pasos mínimos a seguir en la búsqueda de la solución a la ofensa. Entiéndase que la motivación no es la venganza sino la reconciliación. La estructura literaria de esta sección consiste en tres partes mayores: [1] ofensa y disciplina; [2] solidaridad divina, y [3] presencia de Cristo.

La escena imagina una situación común en la cual una persona peca contra otra. La primera acción del ofendido es llamar la atención del ofensor con miras a resolver la situación. Si la solución es positiva, el asunto termina ahí. Si la respuesta es negativa, el ofendido ha de llamar una o dos personas como testigos. El Evangelio justifica esta acción apelando a la enseñanza en Deuteronomio 19.15 que instruía que toda acusación debía hacerse ante dos o tres testigos. Esta era una medida para proteger contra las acusaciones falsas y arbitrarias. Mateo se hace heredero de la tradición (tanto en el Antiguo Testamento como en la literatura apócrifa y rabínica) de la protección del derecho de los acusados. Si la respuesta es negativa, el asunto ha de ser llevado ante la iglesia. Si este paso final no resulta en la solución de la situación la persona es expulsada de la comunidad («gentil y publicano»). La escena presupone un entendimiento del pecado y su naturaleza comunitaria. No hay pecado privado para la comunidad de fe, sino que toda acción tiene sus consecuencias sociales. Esta perspectiva tiene eco en la comunidad teológica hispana que entiende que ser iglesia es una realidad comunitaria.

La segunda parte de esta escena contiene tres declaraciones que revelan la naturaleza sagrada de la disciplina eclesiástica. La primera declaración (18.18) hace eco de Mateo16.19, enlazando así las decisiones de la iglesia con la sanción divina. En segundo lugar, la declaración «si dos de vosotros se ponen de acuerdo» puede señalar a la primera instancia de intento de reconciliación, cuando el ofendido confronta al ofensor en privado. Aun en la relación interpersonal Dios interviene en el asunto. Finalmente, la tercera declaración puede referirse a los dos o tres testigos mencionados anteriormente, o puede ser una referencia indirecta a la asamblea de la iglesia que se reúne para deliberar. Lo importante es la certeza de la presencia Cristo en las reuniones que se llevan a cabo en su nombre.

Setenta veces siete (18.21–22)

18.21–22 Esta pequeña conversación entre Pedro y Jesús responde a la interrogante normal sobre el límite del perdón a los ofensores. En continuidad con el párrafo anterior se plantea la pregunta, ¿qué hacer si la persona después de perdonada vuelve a cometer la misma ofensa? ¿Cuántas veces debe estar dispuesto el ofendido a perdonar al ofensor? La respuesta de Jesús implica que el perdón debe ofrecerse sin límites.

Es importante no pasar por alto el contexto de esta declaración de Jesús. Esta sección sobre el perdón ha sido utilizada en la tarea pastoral con una perspectiva legalista para afirmar que todas las personas deben estar dispuestas a perdonar siempre. Sin embargo, el contexto literario requiere que el perdón se entienda como parte del proceso de la disciplina y la reconciliación. No es perdón gratuito para quien sin consideración alguna lleva a cabo una conducta abusiva y destructiva. El perdón que se ofrece es perdón en reconciliación y solidaridad.

Parábola del siervo que no quiso perdonar (18.23–35)

18.23–35 Si por un lado, algunas personas están dispuestas a perdonar aun en situaciones destructivas, por el otro la parábola del siervo que no quiso perdonar advierte las consecuencias para quienes no están dispuestos a perdonar. La parábola compara la misericordia inmensa del rey que estuvo dispuesto a perdonar la deuda de diez mil talentos a un siervo, con la falta de misericordia del mismo siervo contra un deudor que le debía cien denarios. Mientras un talento equivale al salario de quince años de trabajo, cien denarios equivalen al salario de tres meses. La suma exorbitante es una exageración parabólica para ilustrar no tanto la cantidad de la deuda sino la imposibilidad de pagarla. Ante la petición de clemencia y paciencia, el rey no sólo le concedió lo que pidió sino que «le perdonó la deuda» (18.27).

La severidad del siervo perdonado puede verse en su falta de misericordia con otro siervo que le debía dinero. El segundo siervo debía mucho menos, una deuda insignificante en comparación con la deuda que se le había perdonado originalmente. La queja de los consiervos al señor sobre la severidad del perdonado, y la reacción del amo, se entienden. Se espera que el perdonado esté dispuesto a perdonar. Con la conclusión de la parábola, la enseñanza queda clara: la persona perdonada también ha de ser generosa en el perdón hacia otros. En el contexto del discurso, y como conclusión, la verdadera grandeza consiste en la humildad que cuida de los miembros más débiles de la congregación, que busca la reconciliación en medio de la disciplina, y que está dispuesta a perdonar de todo corazón, así como Dios perdona los pecados del pueblo.

De Galilea a Judea

(19.1-20.34)

Introducción

Mateo comienza una nueva sección narrativa con la transición común al final de los discursos, «cuando Jesús terminó estas palabras...» (véase la introducción). Esta sección, que está enmarcada en el contexto del viaje de Jesús desde Galilea hasta Judea (19.1b), consiste en una serie de enseñanzas y milagros de Jesús que servirán de trasfondo para la siguiente sección sobre Jesús en Jerusalén (21.1–23.39). La sección incluye: [1] una introducción (19.1–2); [2] una discusión sobre el divorcio y el celibato (19.3–12); [3] Jesús y los niños (19.13–15); [4] el joven rico (19.16–30); [5] la parábola de la viña (20.1–16); [6] tercer anuncio de la pasión (20.17–19); [7] petición de la madre de los hijos de Zebedeo (20.20–28); y [8] sanación de los dos ciegos de Jericó (20.29–34).

Polémica sobre el divorcio (19.1–12)

19.1–2 Estos versículos sirven de transición entre el discurso sobre la vida en comunidad (18.1–35). Como antes, Mateo concluye sus discursos instructivos con la frase «cuando Jesús terminó...» (7.28; 11.1; 13.53; 19.1; 26.1). El viaje a Judea es la primera señal de que el final de Jesús se acerca. Ya en 16.21 el evangelista había puesto en labios de Jesús que le era necesario ir a Jerusalén donde padecería y al tercer día resucitaría. Aunque Mateo mencionará a Galilea otras veces en el Evangelio (21.11; 26.32; 27.55;

28.6, 10), Jesús no pisará de nuevo el suelo de Galilea hasta después de la resurrección (28.16). La introducción termina con un resumen sobre la sanación de la multitud que seguía a Jesús (19.2, véase también 4.24–25; 8.16–17; 9.35–38; 12.15–21).

19.3–12 Esta sección discute dos temas principales: el divorcio y el celibato. En el primer caso los fariseos (véase el comentario a 3.7–10) se acercan a Jesús para entramparlo con una pregunta sobre las condiciones bajo las cuales estaba permitido el divorcio. La escena es un ejemplo de los diálogos polémicos en Mateo, en los cuales los oponentes de Jesús le presentan una pregunta relacionada con una situación de la experiencia cotidiana que es motivo de debate teológico en el judaísmo de la época. La escena presenta el siguiente bosquejo: [1] primera pregunta de los fariseos (19.3): seguida de [2] respuesta de Jesús que incluye la referencia a las Escrituras y la aplicación del texto (19.4–6); [3] segunda pregunta de los fariseos (19.7), [4] seguida por la respuesta de Jesús (19.8) que explica la ley del Deuteronomio y, [5] la respuesta final de Jesús a la pregunta inicial (19.9).

La segunda parte consiste en el diálogo entre Jesús y sus discípulos ante su reacción a las palabras de Jesús. Esta sección consiste en: [1] la reacción de los discípulos (19.10), [2] seguida por la explicación de Jesús (19.11–12a), y [3] una exhortación final (19.12b).

La pregunta que los fariseos le hacen a Jesús para tentarlo tiene su trasfondo en el debate rabínico entre las escuelas de Hillel y Shammai, dos rabinos del primer siglo antes de Cristo. Para ambos, el derecho al divorcio estaba establecido en la Ley de Moisés. Pero el debate giraba en torno a las razones que podían justificar el divorcio. La escuela de Hillel entendía el texto de Deuteronomio 24.1 en forma amplia y permitía que el hombre se divorciara de su mujer por las causas más triviales. La escuela de Shammai, por su parte, entendía el texto bíblico como restringido a la inmoralidad sexual, limitando así la justificación para el divorcio. Jesús responde con otra pregunta, llevando la discusión al libro de Génesis (Gn 1.27 7 2.24) como testimonio de la voluntad original de Dios de que el matrimonio fuera una relación permanente. La conclusión de Jesús, en armonía con la tradición judía, es que el matrimonio es una institución establecida por Dios, y por lo tanto no puede ser anulado por los humanos. Como es de esperarse, los fariseos aluden a Deuteronomio 24.1–4 donde no sólo se permite el divorcio sino que se declaran las condiciones y documentos necesarios para hacerlo legal. La respuesta de Jesús tiene el efecto de confrontar la Ley de Moisés con el interés original de Dios. En 15.2–4 el Evangelio contrastaba la Ley de Moisés con la tradición de los ancianos, declarando la validez de la Ley y rechazando la tradición. En esta ocasión el contraste es entre la intención original de Dios expresada en la creación y la concesión mosaica posterior. La forma de la respuesta toma las palabras de Deuteronomio como permiso y no como mandamiento. El privilegio israelita del divorcio no debe confundirse con la voluntad divina de la permanencia del matrimonio. La conclusión de Jesús es que la única circunstancia en la cual el divorcio se permite es en caso de fornicación (véase el comentario a 5.21–48). Con la respuesta de Jesús no sólo se limita la posibilidad del divorcio sino que se limitan las posibilidades de un matrimonio posterior al divorcio.

La segunda parte de la escena presenta un diálogo entre Jesús y sus discípulos que entienden las implicaciones de las palabras de Jesús y proponen que la mejor solución es el celibato. La exhortación final en la respuesta de Jesús, lejos de animar a los discípulos, hace evidente que no todas las personas son capaces de llevar una vida célibe, aunque la alternativa del celibato no se rechaza ni se elimina.

Jesús bendice los niños (19.13–15)

19.13–15 Mientras en 18.2–4 los niños son símbolo de la humildad, en este pasaje son personajes reales. La escena comienza con la presentación de unos niños para que Jesús los bendijera. Poner las manos sobre ellos y orar por ellos era una forma común de bendecir (y de ordenar). El texto no explica el porqué de la objeción de los discípulos. Sin embargo la respuesta de Jesús declara el valor de los niños, «de ellos es el reino de los cielos». La escena concluye con Jesús retirándose del lugar después de haber bendecido los niños. Como el verbo utilizado aquí (*kōluō*) es el mismo de Hechos 8.36 y 10.47, algunos comentaristas relacionan este pasaje con el bautismo de niños. Sin embargo, ésta es una práctica que no puede probarse en este texto.

El joven rico (19.16–30)

19.16–30 La historia del joven rico tiene tres secciones principales. En primer lugar, está el diálogo entre Jesús y un joven que pregunta sobre el bien necesario para ganar la vida eterna (19.16–22). En segundo lugar, está el diálogo entre Jesús y sus discípulos sobre las riquezas y el reino de los cielos (19.23–26). Finalmente, la pregunta de Pedro sirve para ilustrar las recompensas a quienes, en contraste con el joven rico, siguen a Jesús (19.27–30).

19.16–22 La escena del diálogo entre el joven rico y Jesús sigue un patrón alternando preguntas del joven y respuestas de Jesús y concluyendo con la reacción final del joven, como sigue: [1] primera pregunta (19.16) en la cual el joven indaga sobre qué cosa buena es necesario hacer para tener vida eterna (19.16); [2] la respuesta de Jesús, de acuerdo a la tradición bíblica, que en primer lugar lo único bueno es Dios, y que para entrar en la vida es necesario guardar los mandamientos (19.17). En otras palabras, como en la tradición rabínica (*m. Abot* 6.3), el Evangelio declara una equivalencia entre Dios y los mandamientos. [3] La segunda pregunta del joven busca especificación sobre cuáles mandamientos debe guardar (19.18a). [4] Jesús responde a esta pregunta con la lista de mandamientos de la segunda tabla (Ex 20.12–16; Dt 5.16–20) y la añadidura del mandamiento de amar al prójimo como a sí mismo (Lv 19.18). Esta lista de mandamientos, con la adición de Levítico 19.18, recuerda las antítesis del sermón del monte (véase el comentario a Mt 5.21–48). Mateo, nuevamente enfatiza que Jesús cumple la Ley y enseña a los demás que han de cumplirla (19.18b–19). [5] El joven, que parece no estar satisfecho, ya que ha guardado todo esto, pregunta qué más le falta (19.20). (La palabra para «joven», *neaniscos*, probablemente se refiere a un hombre entre los 21 a los 28 años). [6] Los cinco imperativos «anda», «vende», «dalo», «ven», y «sígueme» en la respuesta de Jesús describen en qué consiste la perfección y resumen la visión del Evangelio del verdadero discipulado (19.21). Ser perfecto no es una cualidad de un grupo selecto de discípulos, sino que es el significado de ser discípulo. Es obediencia al cumplimiento de la voluntad de Dios que se manifiesta en el amor al prójimo y el seguimiento incondicional de Cristo. [7] Como puede verse, la reacción final del joven es decepcionante (19.22), pues se fue triste. Ya que prefería las posesiones que el seguimiento a Cristo, serviría a las riquezas (véase el comentario a 6.24).

19.23–26 La reacción decepcionante del joven rico dio lugar al comentario de Jesús a sus discípulos sobre la incompatibilidad entre las riquezas y el reino de los cielos. La imagen del camello y el ojo de la aguja confirma y expande lo establecido de que nadie puede servir a Dios y a las riquezas (6.24) y que elengaño de las riquezas ahoga la palabra y la hacen infructuosa (13.22). El camello y el ojo de la aguja representan el animal común más grande y la apertura más pequeña posible. La opinión de que el ojo de la aguja se refiere a una puerta más pequeña por la cual puede pasar un camello sin carga no tiene evidencia histórica ni arqueológica para sostenerla. Al contrario, tanto la respuesta de quienes oyeron a Jesús y la siguiente declaración afirman que la imagen representa lo imposible para los humanos. No hay manera por la cual el joven podía seguir siendo rico y ser discípulo de Jesús al mismo tiempo.

19.27–30 Los versículos finales demuestran, en la declaración de Pedro, que los discípulos representan un contraste positivo a la respuesta decepcionante del joven rico y una confirmación de que puede llegarse a la entrega incondicional al reino de los cielos. La recompensa del reino excede el costo del sacrificio del discipulado. El dicho final, «muchos primeros serán últimos, y los últimos, primeros» se repetirá al final de la parábola que sigue (10.1–16), convirtiéndola en una ilustración de la inversión escatológica del reino.

Parábola de los obreros en la viña (20.1–16)

20.1–16 Inmediatamente después de la discusión sobre las riquezas y las recompensas del discipulado que lo entrega todo por el reino de los cielos, Jesús ilustra la naturaleza del reino de los cielos con la parábola del padre de familia que contrató obreros para su viña. La parábola se divide en dos partes principales: [1] el padre de familia contrata obreros para su viña (20.1–7), [2] pago del jornal a los obreros (20.8–16). En énfasis de la parábola está en los versículos 15–16, donde el señor de la viña explica las razones de su conducta generosa, y la historia concluye con un dicho similar a 19.30, relacionado con la inversión de valores del reino.

La parábola refleja las condiciones de trabajo de los jornaleros en el tiempo del Nuevo Testamento. En tiempos especiales de la siembra o cosecha se hacía imperante la necesidad de obreros para suplir la fuerza laboral inmediata. Estos obreros resultaban en una excelente inversión para los terratenientes, ya que su salario mínimo y la naturaleza temporera de sus empleos representaban una inversión mínima para los contratistas a cambio de una producción máxima por parte de los obreros a sueldo diario. La mano de obra eran los pobres y los extranjeros. Los obreros trabajaban de sol a sol. La primera parte de la parábola comienza en la mañana y describe el contrato (normalmente oral) entre el contratista y el obrero. El dueño va contratando obreros cada tres horas: temprano en la mañana, nueve de la mañana, doce del mediodía, y tres de la tarde; y el último grupo que es contratado a las cinco de la tarde. Algunos intérpretes ven la conversación de los versículos seis y siete como señal de pereza de los obreros. Más probable es la idea de que los obreros estaban todavía buscando empleo y su disposición, y tal vez su necesidad para trabajar les motivaba hasta la última hora. Generalmente se contrataban los más hábiles y se discriminaba contra quienes a primera vista no producirían mejor ganancia para los amos. Es notable que el salario que recibirá el primer grupo es «un denario» (el salario mínimo) por su labor, mientras que los demás recibirán «lo que sea justo» (20.2, 4, 7).

La segunda parte de la parábola comienza en la noche (del mismo día) a la hora de pagar a los obreros por su trabajo del día. Según la Ley de Moisés las personas debían recibir su salario al final del día (Lv 19.13; Dt 24.14–15). Esta Ley tenía la función de garantizar el salario de los obreros y evitar la explotación. Era una ley de justicia que garantizaba el sustento mínimo de los pobres y los extranjeros. El señor de la viña actúa de manera honrada y legal. La instrucción de pagarles el jornal comenzando con los últimos, y que todos reciban un denario, es inesperada. Los primeros, al ver la generosidad del señor de la viña, esperan recibir más. Después de todo, ellos trabajaron todo el día. Al recibir sólo un denario, murmuran contra el padre de familia. A esto el padre responde que no ha cometido ninguna injusticia, sino que ha cumplido con ellos el acuerdo original, pagarles un denario por el día de trabajo. La respuesta continúa con la afirmación de la libertad del padre de familia de hacer con sus recursos lo que crea conveniente. Además, los acusa de tener envidia u «ojo malo» (véase el comentario a 6.22–23) porque él es bueno. Finalmente, la escena concluye con la frase «los primeros serán últimos y los últimos, primeros» que conecta esta historia con la del joven rico.

¿Cómo se relaciona esta parábola con la historia del joven rico? Además de la conclusión de ambas historias, parece que la parábola contrasta la acción libre y justa de Dios con la acción egoísta del rico. En contraste con el joven, para quien sus riquezas son más importantes que el reino de los cielos, la parábola parece señalar la justicia distributiva de Dios que trata a todas las personas por igual, que no discrimina contra el pobre, sino que en su bondad provee para todos de tal manera que ninguno pase hambre. Por eso todos reciben un denario, no tanto por el trabajo realizado, sino porque todos tienen derecho al pan diario. La parábola es un modelo y un reto a la iglesia de la justicia del Dios que reparte a todos por igual de tal manera que el prestigio y el poder del dinero no determinan el status en el reino.

Tercer anuncio de la pasión (20.17–19)

20.17–19 La escena del tercer anuncio de la pasión se transforma en una conversación privada entre Jesús y los doce discípulos en el camino a Jerusalén (mencionada dos veces). La escena sirve para anticipar los eventos que se llevarán a cabo en Jerusalén. A diferencia de los previos anuncios (16.21; 17.21–23), éste ofrece un resumen con detalles de la trama, los personajes y los eventos de los últimos capítulos del Evangelio: sumos sacerdotes y escribas (26.47–56), sentencia a muerte (26.57–68), en manos de los gentiles (27.1–14), burlas (27.29, 31, 41), azotes (27.26), crucifixión (27.33–50) y resurrección (28.1–20). La pasión de Jesús en Jerusalén refleja el consorcio entre el poder religioso y el poder político. El anuncio anticipado de los eventos de la pasión refleja que no son una sorpresa, sino que hace patente la naturaleza voluntaria de Jesús, cuya obediencia a la voluntad divina no se detiene ni ante la muerte. Aunque este anuncio de la pasión aumenta la tensión y la expectación del lector, también anuncia que los eventos son parte del plan de Dios cuyo final es victorioso.

Petición de la madre de los hijos de Zebedeo (20.20–28)

20.20–28 Inmediatamente después del tercer anuncio de la pasión, la madre de los hijos de Zebedeo hace una petición inesperada: que sus hijos compartan la autoridad de Cristo (20.20–21). Los demás discípulos responden indignados (20.24). La situación ofrece otra oportunidad para una enseñanza sobre la verdadera grandeza y reafirmar la naturaleza del ministerio de Jesús (20.25–28). La historia puede dividirse en dos partes principales: [1] petición de la madre de los hijos de Zebedeo y respuesta de Jesús (20.20–23) y [2] reacción de los demás discípulos y respuesta de Jesús (20.24–28). El diálogo entre Jesús y la madre de los hijos de Zebedeo es breve y directo. Ella pide puestos de honor para sus hijos. La respuesta de Jesús establece que para alcanzar puestos de honor requiere estar dispuesto al sacrificio y a la tribulación, aunque esto no garantiza tales puestos (20.22–23). Sólo Dios posee la autoridad y soberanía para determinar dónde y quién ocupará diversos puestos. La libertad divina no está sujeta al capricho de la oferta y demanda.

20.24–28 La respuesta a la indignación de los demás discípulos contrasta el estilo de los líderes de las naciones, basado en el dominio y la explotación, con el estilo que se espera de los discípulos. Como en el ejemplo de 18.1–5, el verdadero liderato de la comunidad cristiana es de servicio y sacrificio. El modelo de Cristo, que vino para servir y dar su vida en rescate por muchos, es el modelo a imitar por la iglesia. Los reclamos de prestigio y fama, así como los privilegios de una clase superior, no tienen cabida en la iglesia de Cristo.

Sanación de dos ciegos (20.29–34)

20.29–34 Jericó, a unos veinte kilómetros de Jerusalén, era la última parada antes de llegar a la capital desde la región de Galilea. Había sido expandida por Herodes quien construyó un acueducto para proveer agua, tres palacios y unos jardines que la hicieron famosa. La historia de la sanación de los dos ciegos de Jericó es semejante a la que aparece en 9.27–31 (véase el comentario a 9:27–31). En comparación con su paralelo literario en Marcos (Mc 10.46–52), Mateo vuelve a convertir en dos al personaje del ciego, tal y como lo hizo en 8.28–34 (cf. Mc 5.1–20). Mateo también suprime el dato de que los ciegos eran mendigos. Estos dos ciegos, cuando oyeron que Jesús pasaba, pidieron ayuda. El doble grito: «Señor, Hijo de David» (véase el comentario a 9.27–31) resalta el reconocimiento mesiánico de Jesús («Señor») y su ministerio de sanación («hijo de David»). La historia contrasta la reacción de la gente que trataba de silenciar a los ciegos con la de Jesús, quien se detiene, conversa con ellos, y los sana. Irónicamente, la misma multitud que intenta silenciar el grito de los ciegos utilizará un grito semejante en la próxima escena (21.9). La conclusión del milagro revela la compasión de Jesús y el discipulado de los ciegos («lo siguieron»). Así, la historia, más que una historia de milagro (el último milagro propiamente dicho de Jesús en Mateo), es una historia de discipulado. Quienes llaman a Jesús «Señor» le siguen.

Primeros días en Jerusalén

(21.1-22.46)

Introducción

Con la llegada de Jesús a Jerusalén se desata una serie de eventos que culminarán en la muerte y resurrección de Jesús. Los capítulos 21 al 23 se centran en la entrada a la ciudad, la purificación del Templo, y una serie de parábolas y polémicas entre Jesús y los diversos grupos político-religiosos en Jerusalén. La narración culmina con una denuncia de Jesús contra los escribas y fariseos y un lamento sobre Jerusalén antes de salir del Templo.

Bosquejo

Estos capítulos pueden bosquejarse de la siguiente manera:

I. Primeros eventos en Jerusalén (21.1–22)
   - A. Entrada triunfal (21.1–11)
   - B. Purificación del templo (21.12–17)
   - C. Maldición de la higuera estéril (21.18–22)

II. Polémicas y parábolas (21.23–22.46)
   - A. Polémica con los principales sacerdotes y los ancianos del pueblo (21.23–27)
   - B. Parábolas (21.28–22.14)
     1. Dos hijos (21.28–32)
     2. Labradores malvados (21.33–46)
     3. Fiesta de bodas (22.1–14)

C. Polémica con los discípulos de los fariseos y los herodianos sobre el tributo a César (22.15–22)
D. Polémica con los saduceos (22.23–33)
E. Polémica con los fariseos (22.34–40)
F. Acertijo a los fariseos (22.41–46)

III. Denuncia contra los escribas y fariseos (23.1–36)
IV. Lamento sobre Jerusalén (23.37–39)

Primeros eventos (21.1–22)

21.1–22 Los primeros acontecimientos en Jerusalén (21.1–22) repasan algunos temas que han sido insinuados previamente en el Evangelio a la vez que anticipan los sucesos de la pasión, ofreciendo un trasfondo histórico y teológico. Jesús había anunciado su viaje a Jerusalén desde su primer vaticinio de la pasión en 16.21. Estos primeros eventos pueden dividirse en tres escenas principales: [1] la entrada triunfal (21.1–11), [2] la purificación del templo (21.12–17), y [3] la maldición de la higuera estéril (21.18–22).

Entrada triunfal a Jerusalén (21.1–11)

21.1–11 La escena de la entrada triunfal a Jerusalén (21.1–11) puede dividirse en cinco secciones (véase también 1.18–25): [1] una breve introducción señalando el contexto geográfico (21.1): Jerusalén, Betfagé, y el monte de los Olivos. La aldea de Betfagé estaba cerca de Jerusalén. Según algunas fuentes judías antiguas, Betfagé estaba dentro de la jurisdicción de la ciudad de Jerusalén. El monte de los Olivos se refiere a una colina alrededor de un kilómetro al este de Jerusalén. De acuerdo a las expectativas apocalípticas de la época (Zac 14.4), este monte estaba relacionado con la llegada del Mesías y el establecimiento del reino de Dios. [2] La segunda sección consiste en las instrucciones de Jesús (21.2–3). El Señor ordena a dos de sus discípulos que vayan a la ciudad y desaten una asna y un pollino y se los traigan. Si alguien presenta objeción, la respuesta de los discípulos apunta a la autoridad y señorío de Jesús. [3] Como en 1.18–25, la tercera sección (21.4–5) consiste en una fórmula de cumplimiento (véase la introducción) en la cual Mateo enlaza palabras de Isaías 62.11 («decid a la hija de Sión») y Zacarías 9.9 («tu Rey viene a ti, manso y sentado sobre un asno, sobre un pollino, hijo de animal de carga»). Con la fórmula de cumplimiento, el Evangelio resalta cómo la historia de Jesús está en continuidad y cumplimiento con las tradiciones del Antiguo Testamento a la vez que interpreta teológicamente la entrada en Jerusalén como parte de la historia de la salvación. [4] La cuarta parte (21.6) informa que los dos discípulos siguieron las instrucciones de Jesús. Finalmente, [5] la descripción de la entrada triunfal propiamente dicha (21.6–11) resalta el carácter simbólico del evento. Jesús entra en medio de la aclamación de la multitud como en un desfile de conquista militar que recuerda la proclamación de Salomón como rey (1 Re 1.32–40) y los desfiles de triunfo romanos. Sin embargo, la entrada triunfal a Jerusalén contrasta con estas tradiciones militares al resaltar el carácter manso de Jesús y la ausencia de imágenes militares en la descripción de los hechos. La entrada triunfal define el ministerio de Jesús como de paz y solidaridad, no de violencia militar e imperialista. El grito de «¡Hosana!» es una expresión de alabanza y petición por la intervención divina que hace eco del Salmo 118.25–26. Este Salmo se cantaba especialmente durante las celebraciones judías de la pascua, los tabernáculos, y la fiesta de la dedicación (*hanukkah*). El título «Hijo de David» recuerda 1.1 y las muchas instancias en las cuales aparece como título cristológico en Mateo. La escena concluye con la identificación de Jesús como «el profeta de Nazaret de Galilea» recordando así 2.1–3. Así, la entrada triunfal reafirma la identidad y el ministerio de Jesús como se presentan en las secciones anteriores del Evangelio, y prepara para los eventos que sucederán en las siguientes secciones.

Purificación del Templo (21.12–17)

21.12–17 Inmediatamente después de la entrada triunfal a Jerusalén, Jesús entra en el Templo. La escena de la purificación del templo (21.12–17) es el primer suceso en que se manifiesta el conflicto abierto entre Jesús y los líderes religiosos y políticos. La escena puede bosquejarse en dos partes principales: [1] Jesús purifica el Templo (21.12–13) y [2] la reacción de los líderes del Templo (21.14–17). La primera parte (21.12–13) describe la entrada y las acciones de Jesús en el Templo. Lo más probable es que se refiera al atrio exterior (atrio de los gentiles) del Templo, donde los oficiales religiosos habían establecido todo un sistema de intercambio y comercio para garantizar el uso de monedas y animales aprobados por los sacerdotes. El resultado era todo un negocio de ventas y un monopolio que resultaba en ganancia para la clase sacerdotal a costa de la fe y buena voluntad de los peregrinos que llegaban al Templo para ofrecer sus sacrificios. Jesús, indignado por lo que vio, protestó, echando del Templo a los que vendían y compraban, y volcando las sillas de los cambistas y los que vendían palomas.

Los cambistas estaban a cargo de asegurarse que la moneda utilizada en el Templo era la moneda siria (no las griegas o romanas, que tenían imágenes). Las palomas eran las ofrendas de los pobres (Lv 5.7, 11; 12.6, 8). Algunos líderes religiosos habían protestado el alto costo de las palomas vendidas en el Templo. Finalmente, la primera parte concluye con una cita de la Escritura en la cual Jesús une Isaías 56.7 («mi casa, casa de oración será llamada») con Jeremías 7.11 («pero vosotros la habéis hecho cueva de ladrones»). Es notable cómo Mateo no incluye la frase «para todas las naciones» de Isaías. También, el pasaje de Jeremías es parte del discurso de juicio contra el Templo, y anuncia su destrucción. Es muy probable que las citas en el Evangelio sean una referencia indirecta no sólo a la corrupción del culto sino también a la eventual destrucción del Templo ocurrida en los años 70.

21.14–17 Después de esta cita de Jesús, la segunda sección (21.14–17) describe la reacción de los líderes del Templo a los hechos que comenzaron con la entrada triunfal («las maravillas que hacía y a los muchachos aclamando en el Templo»). Por primera vez desde la historia del nacimiento de Jesús vuelven a aparecer en escena los principales sacerdotes y los escribas (2.4; 21.15, véase también 16.21 y 20.18). Las maravillas de Jesús se refieren a sanaciones realizadas por Jesús en el Templo. Tanto el Antiguo Testamento (Lv 21.18–19; 2 S 5.6) como la comunidad de Qumrán (1QSa 2.5–22; CD 15.15–17) y la literatura rabínica (*m Hag* 1.1) prohibían la entrada de los ciegos y los cojos al Templo de Jerusalén. Sin embargo, Jesús transforma la situación sanándolos y ofreciéndoles así la oportunidad que nadie les ofrecía: adorar a Dios como todo otro israelita. El clamor de los muchachos se refiere a los gritos de alabanza («¡Hosana al Hijo de David!») durante la entrada triunfal. Jesús responde nuevamente con una cita de las Escrituras en el Salmo 8.2. El Salmo 8 se interpretaba como una referencia al éxodo y el cántico de Moisés de Éxodo 15. Así Mateo relaciona la proclamación de alabanza del Salmo con los gritos de júbilo del pueblo y la idea de Jesús como el nuevo Moisés. La escena concluye con la súbita salida de Jesús hacia Betania, una pequeña aldea al este de Jerusalén (a unos tres kilómetros), cerca del monte de los Olivos.

La higuera estéril (21.18–22)

21.18–22 Mateo concluye la sección con la historia de la maldición de la higuera estéril (21.18–22). A diferencia de Marcos, que narra esta historia en dos secciones, antes y después de la purificación del Templo (Mc 11.12–14 y 20–26), el Evangelio de Mateo la cuenta como un solo suceso después de la purificación del Templo. La historia tiene tres partes principales: [1] la maldición de la higuera estéril (21.18–19), [2] la reacción de los discípulos (21.20), y [3] la respuesta de Jesús (21.21–22). Como los dos actos anteriores de la entrada triunfal y la purificación del Templo, la maldición de la higuera estéril es un acto simbólico que sirve para ilustrar una lección. La maldición de la higuera se ha interpretado como una alusión a la falta de frutos del liderato religioso de Jerusalén y de servicio en el Templo. Como resultado de su infructuosidad, el castigo divino vendrá sobre ellos y el Templo será destruido. La reacción del asombro de los discípulos al ver la inmediatez del prodigio sirve para transformar la historia en una enseñanza sobre la fe y la oración. A semejanza del dicho en 17.20 sobre la poca fe de los discípulos que no pudieron sanar al niño lunático, este dicho en 21.21 habla de que la fe puede hacer posible lo imposible. La enseñanza sobre la oración recuerda a Mateo 7.7–11 y 18.19 (véase el comentario).

Polémicas y parábolas (21.23–22.46)

21.23–22.46 Los principales sacerdotes y los escribas comenzaron a demostrar su hostilidad contra Jesús como resultado de los eventos alrededor de la entrada triunfal y la limpieza del Templo (21.15). Con la segunda llegada de Jesús al Templo comienza esta sección mayor del Evangelio en la cual los diversos grupos religiosos y políticos de Jerusalén establecerán una serie de debates públicos para entrampar a Jesús. Después de la introducción que localiza a Jesús en el Templo, la sección está dividida en seis partes principales, cada una de ellas en el contexto de una polémica con uno de los grupos representativos del liderato religioso y político de Jerusalén: los principales sacerdotes y los escribas, los discípulos de los fariseos, los herodianos, los saduceos, y los fariseos a través de un intérprete de la Ley. La primera polémica con los principales sacerdotes y los escribas del pueblo sobre la autoridad de Jesús (21.23–27) es seguida de tres parábolas que extienden la respuesta de Jesús a la polémica misma(21.28–22.14). La segunda es iniciada por los discípulos de los fariseos y los herodianos sobre el pagar tributo a César (22.15–22). Los saduceos inician una discusión sobre la resurrección (22.23–33). Los fariseos y los intérpretes de la Ley toman parte en la cuarta polémica sobre el gran mandamiento de la Ley (22.34–40). La última polémica es iniciada por Jesús mismo proponiéndoles un acertijo sobre la filiación davídica del Mesías (22.41–46). Cada una de las polémicas ilustra cómo el liderato religioso y político de la época se opone a Jesús y al plan de Dios y cómo más adelante estos mismos grupos, en consorcio con el representante del poder imperial, manipularán la situación para crucificar a

Jesús. El lector recibe una visión negativa de estos líderes, sus motivaciones y sus acciones.

La autoridad de Jesús (21.23–27)

21.23–27 La escena de la discusión entre Jesús y los principales sacerdotes establece el patrón literario básico que Mateo utilizará en cada una de las polémicas en esta sección (véase también el comentario a 12.1–8 y 9–14; 19.3–9). Comienza con una breve identificación de las personas que vienen a Jesús. En esta ocasión son los principales sacerdotes y los ancianos del pueblo (véase el comentario a 2.1–12). Luego de la identificación, los personajes hacen una o dos preguntas. En esta ocasión las preguntas son sobre la fuente de la autoridad de Jesús para hacer las cosas que hace, y probablemente se refieren a lo sucedido durante la entrada triunfal y la purificación del Templo (21.1–22). En tercer lugar, después de las preguntas de los oponentes, el Señor contesta con otra pregunta. La pregunta de Jesús a los principales sacerdotes y a los ancianos se refiere al origen y autoridad del bautismo de Juan el Bautista (3.1–12). Estas preguntas de Jesús deben ser consideradas cuidadosamente porque contienen la clave a la respuesta de Jesús a la pregunta original. Con toda probabilidad, Jesús está insinuando que su autoridad descansa en lo que sucedió durante su bautismo: Dios lo ungió con su Espíritu Santo y lo proclamó su Hijo ante la multitud (véase el comentario a 3.13–17).

Luego de la pregunta de Jesús, la polémica continúa con la negativa de los oponentes a responder. Los principales sacerdotes y los ancianos se declaran ignorantes, no porque no tuvieran una opinión, sino porque deseaban estar libres de la presión pública y de las implicaciones de sus posibles respuestas. Finalmente, Jesús responde de la misma manera que los oponentes. Su negación a responder a la pregunta no consiste en un escape fácil sino en demostrarles a los sacerdotes y ancianos que ellos no pueden salirse con la suya y evitar el juicio del pueblo.

Parábolas y hostilidad (21.28–22.14)

21.28–22.14 Las tres parábolas que siguen representan la continuación de la respuesta de Jesús a la reacción hostil de los principales sacerdotes y ancianos del pueblo (sobre las parábolas, véase la introducción a 13.1–52). Además, sirven de amonestación a la iglesia sobre las posibles consecuencias de la desobediencia y la falsa seguridad. Cada una de las tres parábolas ofrecen lecciones que se complementan mutuamente. La primera parábola (21.28–32) llama la atención a la importancia de la acción de acuerdo a la voluntad de Dios, en contraste de los líderes religiosos que decían y no hacían. La segunda (21.33–46) apunta a las consecuencias de la desobediencia. Finalmente, la parábola de la fiesta de boda (22.1–14) advierte contra la falsa seguridad de quienes no cumplen con las expectativas y condiciones del reino.

Parábola de los dos hijos (21.28–32)

21.28–32 La parábola de los dos hijos (exclusiva de Mateo) continúa la respuesta de Jesús a los principales sacerdotes y los escribas del pueblo sobre el origen de su autoridad (21.23–27). Tiene dos partes principales, y cada una de ellas comienza con una pregunta de Jesús: [1] la parábola propiamente dicha (21.28–30), y [2] la aplicación de la parábola al contexto inmediato (21.31–32). El drama de la parábola comienza con la pregunta retórica de Jesús y la descripción preliminar de la situación: «un hombre tenía dos hijos» (21.28a). Jesús presenta la historia en dos escenas paralelas en las que el padre envía a sus hijos a trabajar en su viña, con las sucesivas respuestas y acciones de los hijos. El primero dice que no irá; pero luego, arrepentido, va. El segundo dice que irá, pero no lo hace. La aplicación de la parábola comienza con la pregunta de Jesús, «¿cuál de los dos hizo la voluntad de su padre?» (21.31a). La respuesta de los principales sacerdotes y los ancianos contrasta con su propia conducta, porque ellos son comparables al segundo hijo y no al primero. Jesús compara la respuesta de «los publicanos y las rameras» (esta frase ocurre sólo en 21.31 y 32 en el Nuevo Testamento) con la respuesta del primer hijo, porque creyeron a Juan, mientras los líderes religiosos no se arrepintieron para creerle. Con esta parábola Jesús no sólo confronta a los líderes religiosos con su conducta en desacuerdo con la voluntad de Dios, sino que también vuelve a tomar el tema de Juan el Bautista de la sección anterior. Juan vino en «camino de justicia» (véase el comentario a 3.14–15) y ellos no le creyeron.

Parábola de los labradores malvados (21.33–46)

21.33–46 La parábola de los labradores malvados (21.33–46) es realmente una alegoría de la historia de la salvación en la cual Mateo declara el juicio de Dios contra la infidelidad de los líderes religiosos de Israel. La historia también introduce el tema cristológico de Jesús como la piedra angular

(21.42) y el establecimiento de otra «gente» o pueblo que produzca frutos dignos del reino de Dios (21.43). Enmarcado dentro de la introducción («oíd otra parábola») en 21.33a y la conclusión en 21.45–46, el pasaje está dividido en dos partes principales. La primera parte incluye la introducción y la parábola propiamente dicha (21.33–39). Después de la descripción de los pasos preliminares en la plantación de la viña, como la construcción de un cerca, un lagar, y la edificación de la torre, (véase el antecedente en Is 5.1–7), la parábola está construida siguiendo una simetría de tres pares de acciones y respuestas: [1] envío de los primeros siervos y reacción de los labradores (21.34–35), [2] envío de los próximos siervos y reacción de los labradores (21.36), y [3] envío del hijo y reacción de los labradores (21.37–39). (En Hebreos 13.11–12 encontramos una interpretación teológica cristiana de la muerte de Jesús fuera de las murallas de la ciudad, que nos recuerda esta parábola.)

En la tabla siguiente podemos ver los puntos de contacto más sobresalientes donde el carácter alegórico de la parábola alude a la historia de la salvación.

Parábola de los labradores malvados	**Historia de la salvación**
La viña	Israel, Jerusalén y/o el Reino
Señor de la viña	Dios
Labradores	Líderes de Israel/Jerusalén
Frutos	La obediencia debida a Dios
Rechazo de los siervos	Rechazo de los profetas
Envío y rechazo del hijo	Envío y rechazo de Jesús
Labradores castigados	Destrucción de Jerusalén y el Templo
Nuevos labradores	La iglesia

La segunda parte consiste en la aplicación de la parábola con la pregunta «cuando venga, pues, el señor de la viña, ¿qué hará a aquellos labradores?» (21.40). La respuesta condenatoria de los líderes religiosos (21.41) será confirmada con la conclusión de Jesús («por tanto, os digo que el reino de Dios será quitado de vosotros y será dado a gente que produzca los frutos de él») en 21.43. Aquí encontramos la referencia al Salmo 118.23–23. Como es costumbre de Mateo, el Antiguo Testamento sirve para interpretar los hechos del presente. En esta ocasión, la cita bíblica muestra cómo Dios transforma las expectativas y señala su desprecio hacia los líderes de mayor reconocimiento y autoridad (véase también Hch 4.11; Ro 9.31–33, y 1 P 2.6–8). En la conclusión de la historia (21.45–46), los principales sacerdotes y los fariseos entendieron que la parábola se refería a ellos. En lugar de reaccionar positivamente y buscar cambiar la situación, su reacción fue exactamente como la parábola describe a los labradores malvados: buscaban cómo echarle mano. Sin embargo, no hicieron nada al momento porque temían al pueblo que, como en el caso de Juan (21.26), tenía a Jesús por profeta (21.46).

Parábola de la fiesta de boda (22.1–14)

22.1–14 La tercera y última parábola del grupo es la de la fiesta de bodas (22.1–14). Esta es una alegoría que continúa el tema del reemplazo de quienes rechazan la invitación divina por quienes están dispuestos a aceptar su invitación. Sin embargo, el final de la parábola advierte contra la complacencia o la falsa seguridad. Entre la introducción (22.1) y la conclusión (22.14), la parábola está construida en tres escenas principales. La primera (22.2–7) consta de dos invitaciones a la boda del hijo del rey y las sucesivas respuestas negativas de los invitados, concluyendo con la reacción final del rey. Mateo repite algunos de los temas de la parábola anterior. Los invitados al banquete que no asistieron y hasta asesinaron a algunos mensajeros corresponden a los labradores malvados. El castigo por la mala acción de los invitados es severo. Éste ha sido relacionado con la destrucción de Jerusalén por los romanos en el año 70. La segunda parte de la parábola (22.8–10) consiste en la invitación al banquete y la respuesta positiva de los nuevos invitados. El banquete de boda estaba lleno de gente, tanto «malos como buenos». Como en las parábolas de la cizaña (13.24–30, 36–43) y la red (13.47–50), esta frase ha sido interpretada como una alusión al carácter mixto de la iglesia. La tercera escena (22.11–13) tiene que ver con la presencia del rey en el banquete y el juicio contra un invitado vestido inadecuadamente. Esta escena puede interpretarse como una alusión al juicio, cuando la justicia de cada cual será revelada. El juicio de la persona vestida inadecuadamente advierte contra la complacencia de un cristianismo sin discipulado, y contra la falsa seguridad que cultiva sentido de superioridad. La frase final, «muchos son llamados, pero pocos escogidos» (22.14), tiene base en la realidad de la parábola, pues de entre tantos invitados, sólo los vestidos adecuadamente participan del banquete escatológico de las bodas.

El tributo a César (22.15–22)

22.15–22 La polémica con los discípulos de los fariseos y los herodianos (22.15–22) tiene la intención de entrampar a Jesús en su respuesta a la pregunta de si está permitido o no pagar tributo a César. La escena consiste en la introducción (22.15–16) que identifica los personajes que vienen a Jesús para tratar de atraparlo en sus palabras: los fariseos (véase la introducción) y los herodianos. Los herodianos eran un grupo de simpatizantes del Imperio Romano que defendían la dinastía de Herodes el Grande. Vemos, pues, un consorcio político-religioso que se hacen aliados en su oposición a Jesús. Estos personajes se acercan a Jesús con palabras de alabanza llenas de hipocresía. A pesar de todo, sus palabras (aunque mal intencionadas) eran la verdad. Después de la introducción los fariseos y herodianos hacen la pregunta: «¿Está permitido dar tributo a César, o no?» (22.17) a la cual Jesús responde, cuestionando sus motivos (22.18) y pidiendo que le muestren una moneda del tributo (22.19). El denario era una moneda romana, y constituía el salario mínimo por un día de trabajo. Probablemente aquí se refiera al denario de Tiberio que llevaba la imagen del emperador («¿de quién es esta imagen?») y la inscripción «Tiberio, hijo del divino César» («¿y la inscripción?») (22.20). La respuesta final de Jesús («Dad, pues, a César lo que es de César, y a Dios lo que es de Dios») debe entenderse como una crítica al sistema idolátrico imperial romano que concedía atributos divinos al emperador y esperaba tanto la adoración como la fidelidad al sistema. Tanto la imagen en la moneda (que violaba el mandamiento contra las imágenes) como la inscripción estaban en conflicto con los valores monoteístas fundamentales del judaísmo. Los discípulos de los fariseos y los herodianos son confrontados como quienes le dan a César lo que le pertenece sólo a Dios. Jesús no defendió el pagar impuestos a César. Al contrario, llama a reconocer el reclamo absoluto del reino de los cielos y su justicia. Ante la respuesta final de Jesús, los fariseos y herodianos lo dejan y se van. Los herodianos no volverán a mencionarse en el Evangelio, pero los fariseos volverán más adelante (22.34–40).

Debate sobre la resurrección (22.23–33)

22.23–33 Llegamos ahora a la polémica con los saduceos sobre el tema de la resurrección. Los saduceos eran un partido religioso con gran influencia política. Estaban relacionados con la clase sacerdotal y la alta sociedad israelita. Al contrario de los fariseos, no creían en la resurrección y negaban la existencia de ángeles y espíritus (Hch 23.6–8). Su teología estaba basada en el reconocimiento del Pentateuco como única Escritura, y que el destino y el progreso humano dependía de la libre elección de las personas. Después de la introducción, los saduceos citan el lugar tradicional de la ley del «levirato» que establecía la obligación del pariente más cercano de casarse con la viuda en caso de que el marido muriera sin herederos (22.24, véase Dt 25.5–10). A continuación plantean el caso de una sucesión de siete hermanos sin herederos. La pregunta tiene la intención de crear una situación sin solución y burlarse de Jesús. El Señor responde en tres partes. En primer lugar, Jesús los confronta con su ignorancia de las Escrituras y del poder de Dios (22.29). Segundo, la descripción del estado matrimonial en la resurrección anula la situación planteada por los saduceos ya que la resurrección no es una mera continuación de la existencia terrenal (22.30). En tercer lugar, Jesús ataca de frente a los saduceos, citando la escritura (Ex 3.6) e inmediatamente proponiendo una aplicación del texto (22.31–32), de tal modo que la continuidad del pacto de Dios con los patriarcas necesariamente implica la resurrección. La conclusión de la historia hace eco de la reacción de los discípulos de los fariseos y los herodianos en la escena anterior, pero en esta ocasión quien se admira es la gente y no los saduceos, como era de esperarse (22.33; 22.22).

El gran mandamiento (22.34–40)

22.34–40 Los fariseos, al ver que Jesús había silenciado a los saduceos, entran en escena con la última de las controversias. Después de una breve introducción (22.34), uno de ellos, probablemente un profesional en asuntos de interpretación de la ley de Moisés (*nomikos* «un intérprete de la ley») hace la pregunta sobre cuál es el mandamiento más importante, o cuál mandamiento puede considerarse como el resumen general de la Ley (23.36). La respuesta de Jesús tiene dos partes. En primer lugar, una cita de la Escritura (Dt 6.5) y un breve comentario. Esta cita es parte del conocido pasaje llamado *shemá* («escucha») en Deuteronomio 6.4–9 que era como una confesión de fe que todo judío piadoso repetía por lo menos tres veces al día. El comentario, «primer y grande mandamiento», afirma lo que todo israelita sabía: amar a Dios con el corazón, el alma, y la mente resume la primera de las dos tablas de la Ley.

Jesús añade una segunda parte a su respuesta. Al mandamiento de amar a Dios, Jesús añade el segundo (no segundo en importancia, sino en orden) mandamiento de amar al prójimo como a sí mismo (Lv 19.18). Mateo cita Levítico 19.18 en tres ocasiones (5.43; 19.19 y 22.39) más que cualquier otra cita del Antiguo Testamento. Jesús comenta las citas de Levítico y Deuteronomio, declarando que toda la Ley y los profetas dependen de estos dos mandamientos. Con una pincelada, Jesús integra las dos tablas de la Ley. El amor a Dios y al prójimo tiene que ver con un estilo de vida que integra la religión y la ética como dos aspectos de la misma realidad. Amar no tiene que ver con sentimientos y emociones pasajeras sino con una actitud de servicio que surge voluntariamente. Como en el sermón del monte (5.17–48), la vida comunitaria del discipulado está enmarcada en la auténtica interpretación de la Ley cuya esencia es el amor.

Jesús, ¿hijo de David? (22.41–46)

22.41–46 Después de la serie de controversias entre Jesús y los líderes religiosos y políticos de Jerusalén, iniciadas en 21.23, Jesús toma la iniciativa y plantea una pregunta de interpretación bíblica que los fariseos no pueden contestar. La escena comienza con una introducción en la cual se identifica la audiencia: los fariseos. Después de la introducción, Jesús hace dos series de dos preguntas (22.42, 44 y 45). Los fariseos son capaces de responder a las primeras dos, pero no fueron capaces de responder a la segunda serie. La pregunta ¿de quién es hijo el Cristo? recibe la inmediata respuesta tradicional «de David» (22.41b). Las siguientes dos preguntas surgen de la interpretación del Salmo 110.1 donde David (quien según la tradición bíblica había escrito el Salmo) llama «Señor» al Mesías, dado que el Salmo había sido interpretado como un pasaje mesiánico (véase también Mc 12.36; Lc 20.42–43; Hch 2.34–35; 1 Co 15.25; Ef 1.20–22; Col 3.1; Heb 1.13; 8.1; 10.12–13). Sentarse a la derecha significa ocupar el lugar de más alto honor. Si David llamaba «Señor» al Mesías, éste no podía ser simplemente su hijo.

Los fariseos fueron incapaces de responder a la pregunta y, como consecuencia, ninguno se atrevió a preguntarle algo más. Si bien es cierto que los fariseos no pudieron responder a la pregunta, las personas que leen a Mateo sí pueden. El mensaje cristológico del Evangelio reconoce en Jesús no sólo al hijo de David (1.1) sino también al Hijo de Dios (3.17; 17.5; 16.16) a quien los discípulos llaman «Señor». La última escena de las controversias o polémicas de Jesús con las autoridades religiosas y políticas de Jerusalén concluye, dejando en silencio a los oponentes de Jesús, pero esperando la respuesta adecuada del lector.

Denuncia de los escribas y fariseos

(23.1-36)

Introducción

La última escena en los alrededores del Templo sirve como una lección a los discípulos y al pueblo, sobre la importancia de la concordancia entre las palabras y las acciones. El capítulo puede dividirse en tres partes principales: [1] la exhortación a no imitar la conducta de los escribas y fariseos (23.1–12), [2] los «ayes»contra los escribas y fariseos (23.13–36), y [3] el lamento sobre Jerusalén (23.37–39). Este capítulo ha sido objeto de mucho debate entre los estudiosos de Mateo y los estudiosos de los orígenes del cristianismo y el judaísmo. El debate está enfocado en la serie de siete «ayes» que Jesús dirige contra los escribas y fariseos (23.13, 15, 16, 23, 25, 27, 29). La preocupación de muchos estudiosos recae en el uso indiscriminado de las acusaciones contra los escribas y fariseos en el Evangelio, y el peligro de que una interpretación fuera de contexto sea utilizada como una acusación general contra todos los judíos y el judaísmo en general. Esto ha dado ocasión para el desarrollo del antisemitismo y las atrocidades contra los judíos en diversos momentos de la historia.

Antes de pasar a la discusión del pasaje, es importante situar el lenguaje de Mateo en el contexto histórico y literario de la época. En primer lugar, el uso de los «ayes» tiene su antecedente bíblico en la literatura profética del Antiguo Testamento (Am 5.8; 6.1; Is 1.4; 3.11; 5.8–28; 10.5; véase también Mt 11.21–24; 18.7–9). También hay siete «ayes» en el libro del Apocalipsis (8.13, donde hay «tres ayes»; 12.12; 18.10, 16, 19). Estos «ayes» son oráculos proféticos en los cuales después de la frase «¡ay de los que...!», generalmente viene una descripción de la mala acción o caracterización negativa de los acusados, y luego una descripción del castigo por su mala acción. En segundo lugar, el ataque de Mateo contra los escribas y fariseos es un ejemplo de la retórica polémica de la época utilizada para fortalecer la identidad interna del grupo a través del contraste con otros grupos que representaban una amenaza a su identidad y existencia. La forma convencional de esta retórica se ve ejemplificada en los escritos filosóficos romanos donde se acusa a los otros grupos de ser inmorales, impíos, infieles, mal intencionados, criminales, intelectualmente muertos, etc. En tercer lugar, la literatura judía contemporánea y la literatura rabínica posterior contienen ejemplos de la misma retórica negativa contra los líderes religiosos del Templo y contra los fariseos. Por ejemplo, en los documentos del Mar Muerto, los fariseos son llamados mentirosos, engañadores, y malos intérpretes (4QpNah 3–4, véase también *b. Sotah* 22b; *Ec. Rabbah* 1.9). Finalmente, esta polémica de Mateo está dirigida contra los escribas y fariseos, pero los mismos sirven de modelo de lo que no debe hacerse. Así, en lugar de acusar al judaísmo y a los judíos en general, el capítulo debe leerse como una advertencia y una amonestación a los miembros de la comunidad cristiana de Mateo, para que se cuiden de no caer en los mismos errores. Más que los fariseos, o el judaísmo en general, o los judíos contemporáneos en particular, el verdadero objeto de la crítica de Jesús es la hipocresía, el intento de utilizar la aparente piedad religiosa para la ganancia personal, y la posibilidad de llegar a la violencia para detener la verdad que desenmascara la hipocresía.

Exhortación a no ser como los escribas y fariseos (23.1–12)

En esta sección, Jesús exhorta al pueblo y a sus discípulos a imitar las buenas enseñanzas de los escribas y fariseos, y a evitar su conducta inadecuada. Después de la introducción en 23.1, la sección tiene dos partes principales: En primer lugar una descripción de los escribas y fariseos (23.2–7) en sus aspectos [1] positivos (23.2–3a) y [2] negativos (23.3b–c), [3] de las cargas que éstos imponen (23.4), y [4] de su deseo de alabanzas (23.5–7). En segundo luga la instrucción de cómo debe ser la conducta de los discípulos que contrasta con la de los escribas y fariseos (sobre los escribas y los fariseos véase el comentario a 3.7–8 y 8.18–22), especialmente en [1] evitar títulos (23.8–10), [2] el servicio mutuo (23.11), [3] la inversión escatológica (23.12).

23.2–7 La primera parte de la exhortación es la caracterización de Mateo de los escribas y fariseos. Ésta comienza con la breve afirmación positiva de que los escribas y los fariseos se sientan en «la cátedra de Moisés» (23.2). Es posible que esta frase se refiera a una silla reservada para el líder de la sinagoga que ocupaba un lugar sobresaliente en algunas sinagogas antiguas. En la antigüedad, los maestros enseñaban sentados, y de ahí la palabra castellana «catedrático» (la «cátedra» es una silla). Sin embargo, lo más probable es que la frase se refiera, en forma metafórica, a la autoridad de la enseñanza de los escribas y fariseos: ellos enseñaban con la autoridad de Moisés. La dificultad con los escribas y fariseos no es su enseñanza, sino su práctica, «porque dicen, y no hacen» (23.3). Por otro lado, Mateo describe lo que sí hacen los escribas y fariseos con un grupo de metáforas que demuestran la incongruencia entre su doctrina y su práctica. Sus vidas están dirigidas por la fama y el honor. Como en Mateo 6.1 y 5, hacen cosas para ser vistos por la gente. Las *filacterias* se refiere a unas cajitas que se ataban en la frente y el brazo izquierdo a la hora de la oración en obediencia a la Ley (Ex 13.9, 16 y Dt 6.8; 11.18). Su engrandecimiento mostraba su ostentación religiosa. Lo mismo sucedía con el tamaño de los *flecos* o borlas cosidas en las cuatro puntas del manto en señal de devoción (Nm 15.38; Dt 22.12). Jesús cumplía con esta prescripción de la Ley (véase el comentario a 9.18–26). La búsqueda de prestigio y honor por parte de los escribas y fariseos se muestra en su preferencia por los lugares importantes y los títulos de reconocimiento, tales como *rabí* (que significa «maestro»).

23.8–12 Los discípulos, por su parte, deben caracterizarse por su humildad. La humildad de los miembros de la comunidad se basa en la igualdad entre los hermanos y hermanas. Los títulos de «maestro» y «padre» están limitados sólo a Cristo y a Dios. Siguiendo el ejemplo de la enseñanza de Cristo (Mt 20.26–27), la grandeza se manifiesta en la disposición al servicio mutuo. Finalmente, la inversión escatológica del orden común tiene su fundamento en las enseñanzas del Antiguo Testamento (Job 22.29; Pr 29.23; Isa 10.33). Los discípulos practican la humildad porque entienden la enseñanza de Cristo de que quienes se enaltecen serán humillados y quienes se humillan serán enaltecidos (véase 18.4).

«Ayes» contra los escribas y fariseos (23.13–36)

23.13–15 Los versículos 13–36 contienen una serie de siete «ayes» contra los escribas y fariseos. (El versículo 23.14 no aparece en los manuscritos más antiguos, y en otros manuscritos aparece en otro lugar). Estos «ayes» resaltan las diferencias entre los verdaderos discípulos y los escribas y fariseos. Aunque es difícil determinar una estructura particular, hay correspondencia mutua entre algunos de los «ayes». Ésta no es la primera vez que Mateo acusa a los escribas y fariseos de hipocresía (véase 15.7 y 22.18). Los primeros dos «ayes» (23.13 y 15) tienen que ver con la competencia por ganar adeptos. A pesar del esfuerzo de los escribas y fariseos, sus esfuerzos resultan en imposibilitar la entrada al reino de sus prosélitos. A unos les cierran las puertas (23.13) y a otros los hacen «dos veces más hijos del infierno» que los mismos escribas y fariseos (23.15, véase también 5.20).

23.16–24 Los «ayes» tercero y cuarto tienen que ver con la interpretación de la Ley, y ambos concluyen que los escribas y fariseos yerran el blanco de lo más importante. Mientras el tercer «ay» comienza con la frase «guías ciegos», el cuarto termina con esa frase, creando así una inclusión literaria entre ambos. Ya en 15.14, Jesús ha acusado a los fariseos de ser ciegos guías de ciegos, y, en 9.10–13 y 12.1–8, les acusó de faltar en misericordia. El primer ejemplo manifiesta una visión superficial de los juramentos y una arbitrariedad que valora los elementos materiales más que los elementos santificadores. En otras palabras, fallan en sus juramentos porque reemplazan a Dios por lo temporal y menosprecian el valor último del juramento que consiste en tener a Dios como testigo. En 5.33–37 Mateo ha instruido a los discípulos a no jurar. El cuarto «ay» tiene que ver con la enseñanza sobre el diezmo que la Ley de Moisés había establecido (Lv 27.30; Dt 14.22–23). La hipocresía se muestra cuando éstos se preocupaban por calcular el diezmo de las especias más pequeñas, mientras olvidaban lo más importante de la Ley: «la justicia, la misericordia y la fe» (23.23, véase también Am 5.21–24; Miq 6.8 y Mt 12.1–8; 15.1–20). Ambas cosas tenían que ser hechas. El mosquito y el camello eran dos de los animales inmundos mencionados en la Ley de Moisés. El camello era el más grande (Lv 11.4) y el mosquito el más pequeño (Lv 11.20–23).

23.25–28 Los «ayes» quinto y sexto tienen que ver con el contraste entre lo externo y lo interno. El lavado de vasos y platos es una costumbre que tiene que ver con la pureza ritual. En contraste con la impureza externa de utensilios, la impureza de los escribas y fariseos consistía en su robo e injusticia. Mateo no elimina la limpieza de los utensilios, pero deja bien claro que lo más importante es la limpieza interna del plato, y luego la externa. El sexto «ay» lleva la imagen un poco más lejos al comparar a los escribas y fariseos con sepulcros blanqueados cuyo exterior los hacía lucir mejor. Su hipocresía consistía, según este «ay», en que su apariencia de justicia ocultaba su iniquidad.

23.29–33 El último «ay» es el más extenso de todos. Después de la fórmula «ay de vosotros...», Mateo presenta tres ejemplos concretos: «edificáis», «adornáis», y «decís». Los escribas y fariseos quieren dar la impresión de que honran la memoria de los profetas y los justos del pasado a través de monumentos y mausoleos. Sin embargo, como «hijos» de sus antepasados, reflejan las mismas cualidades morales y continúan el mismo tipo de mala conducta. Su destino es el mismo que el de sus antepasados, pues están dispuestos a honrar a los profetas después de haber sido asesinados; pero mientras vivían no prestaron atención a su mensaje. La ironía de la situación consiste en que el mismo que censura a los escribas y fariseos por su hipocresía, sufrirá el mismo destino de los profetas, en manos de quienes él mismo amonesta (véase 16.21; 20.18). En 23.33 se repite la misma acusación que anteriormente hicieran Juan el Bautista (3.7) y Jesús mismo (12.34). Sin embargo, con la diferencia fundamental de que, en el caso de Juan, los acusados eran los fariseos y los saduceos que intentaban huir de la ira venidera. También en esta ocasión, la pregunta retórica final («¿cómo escaparéis de la condenación del infierno?») da la impresión de que la sentencia ha sido dictada y el castigo está pronto a ejecutarse.

23.34–36 Estos versículos expanden y justifican el tema de juicio iniciado en el último «ay» contra los escribas y fariseos que a su vez, sirve como anticipación del discurso escatológico en los capítulos 24–25. Algunos comentaristas asocian estos versículos con el lamento sobre Jerusalén en los versículos siguientes. En realidad, es difícil llegar a una conclusión completamente satisfactoria. Dado el evidente cambio en estilo y audiencia en los versículos 37–39, tiene más sentido ver esta sección como la conclusión lógica del séptimo «ay». La misma consta de tres partes principales: [1] una descripción del crimen (23.34) que consiste en el maltrato, y hasta el asesinato, de los profetas, sabios, y escribas al servicio del Señor. [2] El castigo por el crimen (23.35) ante el reclamo de la sangre de los inocentes, desde Abel hasta Zacarías. [3] Finalmente, la conclusión escatológica (23.36), con la frase «de cierto...» que declara la inmediatez del castigo sobre «esta generación». Es probable que esta última declaración se refiera a la destrucción del Templo durante la guerra judeo–romana en el año 70.

Lamento sobre Jerusalén (23.37–39)

La denuncia contra los escribas y fariseos da lugar a una sentencia de juicio contra la ciudad de Jerusalén. Como la sección anterior, el lamento sobre Jerusalén tiene tres partes principales: [1] la ciudad es cómplice y partícipe con los escribas y fariseos del crimen de asesinato de los profetas y quienes fueron enviados por Dios, y también es culpable de despreciar la voluntad divina y su protección (23.37). La idea de juntar los polluelos debajo de las alas es una imagen del cuidado misericordioso de Dios con raíces en el Antiguo Testamento (Dt 32.11; Rt 2.12; Sal 17.8; 36.7; 57.1; 61.4; 91.4) y presente también en la literatura rabínica (*Lev. Rab* 19.23). Los hijos de Jerusalén son los israelitas (Gl 4.25; también en la literatura de Qumrán en 4Q 179). [2] El castigo por el crimen se encuentra en la sentencia «vuestra casa os es dejada desierta» (23.38), y puede referirse tanto al Templo como a la ciudad en su totalidad de la cual se apartará la presencia y protección divina. [3] La conclusión condiciona la venida del Mesías a la aclamación del pueblo. La frase «bendito el que viene...» (23.39) hace eco de la entrada triunfal (21.9) y es una cita del Salmo 118.26a. Este Salmo se cita aquí y en 21.42.

Observaciones generales

Mateo comienza el final de su evangelio con una serie de historias que muestran el conflicto de Jesús con sus contemporáneos. Tanto la entrada triunfal y la purificación del Templo como los otros hechos narrados señalan no sólo el futuro violento del ministerio terrenal de Jesús, sino que cada historia es una lección para la comunidad de fieles que escuchan el mensaje del Evangelio. No sólo Jesús encontrará oposición en su camino, sino que la iglesia también experimentará oposición y persecución desde sus comienzos. Las predicaciones que anuncian un evangelio de progreso económico y éxito superficial tienen mucho que aprender de estos pasajes. Lo mismo puede decirse de la vida religiosa que se satisface en su propia justicia y superioridad espiritual. Las sentencias de juicio contra la hipocresía de los escribas y fariseos puede servir de antídoto contra la enfermedad de la soberbia espiritual y la religión que se refugia en la experiencia religiosa y se olvida de su responsabilidad ética y social.

Con la llegada de Jesús a Jerusalén se desata una serie de eventos que culminarán en su muerte y resurrección. Los capítulos 21.1–23.39 se centran en la entrada a la ciudad, la purificación del Templo, y una serie de parábolas y polémicas entre Jesús y los diversos grupos político–religiosos en Jerusalén. La narración culmina con una denuncia de Jesús contra los escribas y fariseos y un lamento sobre Jerusalén antes de salir del Templo.

Discurso escatológico

(24.1-25.46)

Introducción

Los capítulos 24 y 25 contienen el quinto y último discurso de Jesús a sus discípulos. Aquí Mateo responde a las preguntas de los discípulos sobre el cuándo y las señales de la venida de Jesús (*parousía*), y el fin del siglo (24.3). Aunque el Evangelio ha introducido anteriormente algunos de los temas principales de estos capítulos como el de falsos profetas (7.15–23), la persecución de los discípulos (10.21–39) y la venida del Hijo del hombre (13.47–50; 16.27, véase el comentario a 8.18–22), ésta es la primera vez que el tema de la venida se presenta sistemáticamente. Mateo ha compuesto este discurso utilizando material del Evangelio de Marcos (Mc 13.1–37), material de tradiciones compartidas con el Evangelio de Lucas (Lc 12.41–48; 19.11–27) y tradiciones que conocemos sólo a través de Mateo, como la parábola de las diez vírgenes (25.1–13) y el juicio de las naciones (25.31–46). El discurso en su totalidad enfatiza la importancia de la fidelidad en los momentos de dificultades y persecución, y la vigilancia para que la llegada del Hijo del hombre no tome por sorpresa a los creyentes.

El discurso puede dividirse en tres secciones principales: [1] una descripción de los eventos relacionados con la venida del Hijo del hombre (24.1–35), [2] una serie de parábolas de exhortación a la vigilancia y fidelidad (24.36–25.30), y [3] una escena del juicio de las naciones (25.31–46). La primera sección (24.1–35) consiste en: [a] una introducción (24.1–2), [b] el principio de dolores (24.3–8), [c] la persecución (24.9–14), [d] la huida de Jerusalén (24.15–22), [e] los falsos cristos y falsos profetas (24.23–28), y

[f] la venida (*parousía*) del Hijo del hombre (24.29–35). La segunda sección (24.36–25.30) cubre el tema de la vigilancia para estar preparados para la venida del Hijo del hombre. La sección consiste en: [a] la imposibilidad de conocer el tiempo específico (24.36–44), y [b] tres parábolas sobre la vigilancia ante la tardanza (24.45–25.30). El discurso concluye en la tercera sección con el juicio de las naciones (25.31–46) en donde se describe el destino de los pueblos según a su consideración de «estos mis hermanos más pequeños».

Estos capítulos han sido objeto de mucho debate entre diversas perspectivas de interpretación bíblica. Entre las perspectivas más importantes sobresalen las que interpretan estos capítulos como profecías ya cumplidas. Según esta perspectiva, el discurso se refiere fundamentalmente a los hechos relacionados con la destrucción del Templo de Jerusalén durante la guerra de los judíos contra Roma en los alrededores del año 70 de nuestra era. El mayor apoyo para esta opinión es la referencia a «esta generación» (24.34), interpretándose como una referencia a las personas que vivían en la época de Jesús. La segunda opinión es que el discurso es puramente escatológico y que su mensaje se refiere a los eventos del futuro inmediato antes de la segunda venida de Jesús. La insistencia en la imposibilidad de determinar la fecha de la venida del Hijo del hombre y la interpretación de los eventos cósmicos en 24.29–30 desde una perspectiva literal son dos de los principales argumentos para sostener la interpretación futurista del discurso. La tercera opinión es que el discurso se refiere a ambos, a algunos eventos ya ocurridos como la destrucción del Templo de Jerusalén, y a la expectativa de la venida (*parousía*) de Jesús al final de los tiempos. Esta perspectiva mantiene la tensión creativa entre el cumplimiento parcial del discurso en la destrucción del Templo y la insistencia a estar vigilantes en espera de la venida del Hijo del hombre. El discurso ha de entenderse pues, en términos del pasado (como la destrucción del Templo), del presente con su exhortación a la vigilancia y la fidelidad, y del futuro en términos de la esperanza del final escatológico que vindicará al pueblo de Dios y establecerá la era mesiánica en su plenitud.

La venida del Hijo del hombre (24.1–35)
Introducción al discurso (24.1–2)

24.1–2 Los primeros dos versículos sirven de transición entre los acontecimientos después de la llegada y entrada a Jerusalén y el quinto (y último) gran discurso del Evangelio (véase la introducción). Según 21.23,

Jesús había entrado en el área del Templo. Luego, lo que se cuenta desde 21.23 hasta 23.39 ocurrió en esa zona. Ahora Jesús sale del Templo y los discípulos le llaman la atención a la maravilla arquitectónica y de ingeniería que es el Templo mismo. Según los historiadores y las descripciones de la época, el Templo de Jerusalén (reconstruído y expandido por Herodes) era una de las obras más maravillosas de la época. A la observación de los discípulos, Jesús responde con el anuncio de la destrucción del Templo. Con la frase «no quedará... piedra sobre piedra» se anuncia un asolamiento total. Ya en el Antiguo Testamento los profetas Miqueas (3.12) y Jeremías (7.8–15; 9.10–11) habían anunciado la destrucción del Templo como castigo por la maldad de Israel. Jesús reafirma la misma sentencia (23.38) como castigo por el pecado del pueblo.

Principio de dolores (24.3–8)

La escena se mueve nuevamente al monte de los Olivos (véase el comentario a 21.1) y, estando sentado Jesús en la montaña (véase el comentario a 5.1–2), como hacían los maestros en la época, los discípulos le hacen una doble pregunta: ¿cuándo sucederán estas cosas?, y ¿cuál es la señal de la venida y del final del siglo? (24.3b). La respuesta de Jesús que comienza en 24.4 culminará en 25.46. La primera parte (24.3–8) advierte a los discípulos que antes de la venida del fin del siglo habrá mucha tribulación. Los discípulos no deben dejarse engañar por falsos imitadores que engañarán a muchas personas (24.4–5, véase también vv 11 y 24). Más aún, los conflictos bélicos y los diferentes desastres naturales no significan que el fin está cerca; al contrario, «aún no es el fin» (24.6). La palabra traducida como «dolores» (*ōdinōn*) es la que se utiliza para hablar de dolores de parto. La misma palabra se usa en la literatura apócrifa como 1 Enoc 62.4; 2 Esdr 4.42 y otra literatura rabínica para referirse a la cercanía de la era mesiánica. En otras palabras, el sufrimiento por el cual pasarán los discípulos en este periodo es señal de la cercanía del nacimiento de la nueva era mesiánica.

Persecución (24.9–14)

Las guerras y los desastres naturales son «sólo principio de dolores», porque los discípulos experimentarán en carne propia la aflicción (13.21) y el martirio por causa de su fe (10.17–18). Los versículos 10–12 presentan en forma creciente el impacto que esta aflicción tendrá sobre algunos seguidores: muchos tropezarán, habrá traición mutua, apostasía, falsos profetas, y el aumento de la iniquidad. Estos eventos pueden ocurrir concurrentemente. Ya en 7.15–20 Mateo ha introducido el tema de los falsos profetas que reitera en esta ocasión. Como en la persecución de los discípulos en 10.22–23, la perseverancia hasta el fin es la marca del verdadero discipulado (24.13). El versículo 14 establece un límite para el fin: la proclamación de «este evangelio del Reino» a todo el mundo habitado (*oikovmenē*) (véase también 10.23; 16.28; 19.28). La expresión exclusiva de Mateo: «este evangelio del Reino» (véase también 26.13) es tomada por los comentaristas como una referencia interna al Evangelio de Mateo. La persecución se convierte en oportunidad de testificar a todas las naciones (*ethnos*) antes de que venga el fin; esto es, la venida del Hijo del hombre será pospuesta hasta entonces.

Huída de Jerusalén (24.15–22)

Estos versículos describen la aflicción y experiencia angustiosa relacionada con los eventos acontecidos alrededor de la destrucción del Templo de Jerusalén. La «abominación desoladora» es una expresión tomada de las palabras de Daniel (Dn 9.27; 11.31; 12.11) que tienen que ver con la profanación del Templo en manos de impíos. En esta ocasión se refiere a la destrucción de Jerusalén y a la profanación del Templo por el ejército romano comandado por Tito, que tuvieron lugar en los alrededores del año 70. El Evangelio de Mateo entiende que esta destrucción señala el comienzo del fin. La huida de Jerusalén tiene la intención de proteger a los discípulos del peligro inminente. La oración para que la salida no sea en invierno ni sábado tiene que ver con las dificultades del clima y la Ley israelita que prohibía caminar más de un kilómetro durante el día de reposo. A pesar de las grandes dificultades y tribulaciones, Dios continúa mostrando su compasión por su pueblo, haciendo que estos días no sean tan numerosos.

Falsos cristos y falsos profetas (24.23–28)

Este párrafo vuelve a tomar el tema de los falsos cristos y los falsos profetas introducido en 24.4–5. La mención tiene la intención de advertir de antemano para evitar ser engañados. La venida del Hijo del hombre (véase el comentario a 8.18–22) no será un evento aislado o limitado a un lugar, sino que será tan repentino como el relámpago que es impredecible tanto en términos de cuándo ocurrirá como dónde ocurrirá. El proverbio del versículo 28 sobre las aves de rapiña (*buitres o águilas*) que se reúnen donde hay un cadáver tiene su antecedente en el Antiguo Testamento (Job 9.26;

39.30; Hab 1.8). Aquí puede significar que la venida del Hijo del hombre es tan evidente como reconocer que donde hay buitres hay un cadáver.

La venida del Hijo del hombre (24.29–35)

24.29–31 La descripción de la venida del Hijo del hombre concluye la primera parte del discurso. Mateo vuelve a citar imágenes del Antiguo Testamento (Is 13.9–10; 34.4; Jer 4.23–26; Ez 32.7; Jl 2.10–11; 2.31; 3.15; Am 8.9; Sof 1.15) que describen cambios cósmicos como parte de los eventos apocalípticos y la manifestación del Señor al final de los siglos. La literatura apocalíptica de la época del Nuevo Testamento también utiliza el mismo lenguaje para describir la venida del Señor (1 En 80.2–8; 102.2; 2 Esdr 5.4–5; Test Mos 10.5, entre otros). La descripción de la venida del Hijo del hombre en 24.30 hace uso del lenguaje apocalíptico de Daniel (Dn 7.13–14) y la literatura apócrifa (1 En 62.5). El lamento de la gente puede ser de arrepentimiento o de desesperación. Así, también la descripción de la congregación de los escogidos es parte del lenguaje bíblico (Dt 30.4; Is 27.13; 60.4) para describir el retorno de los exiliados a sus tierras, y en Mateo (Mt 13.41–42, 49–50) para describir la venida del Hijo del hombre. La trompeta (realmente cuerno) hace eco del sonido que anunciaba el día de reposo, la llegada de un alto dignatario, o la llamada a la batalla (Jos 6.5; Is 27.13; 1QM 2.15–4.17, etc). La descripción de la venida (*parousía*) del Hijo del hombre la presenta como un evento cósmico, en el cual los fieles serán congregados y los impíos se lamentarán. Es un lenguaje de esperanza y vindicación.

24.32–35 La parábola de la higuera enfatiza la inmediatez de la venida del Señor. Las señales ofrecidas anteriormente, la persecución, los desastres naturales, y la destrucción del Templo de Jerusalén, apuntan hacia la venida del Señor. Así como el retoño de las ramas en la primavera señala que el verano está cerca, los acontecimientos en la historia de la humanidad señalan hacia otro objetivo: la venida del Hijo del hombre. El dicho final, «el cielo y la tierra pasarán, pero mis palabras no pasarán» (véase Sal 148.6; Is 40.8; 51.6; 55.11), declara la firmeza de la palabra de Cristo y la seguridad de que su mensaje se cumplirá.

Vigilancia escatológica (24.36–25.30)

El tema de la vigilancia se hace necesario dado lo impredecible del día y la hora de la venida del Señor. Además, es posible que al tiempo de escribirse el Evangelio ya algunas personas estuvieran perdiendo la paciencia y la esperanza por la tardanza de la venida. Ambas circunstancias requieren la continua motivación a la fidelidad.

El día y la hora (24.36–44)

Esta sección comienza con (24.36), repite (24.42), y concluye (24.44) la declaración general de que nadie (excepto el Padre) conoce el día ni la hora. Algunos manuscritos incluyen la frase «ni el Hijo» (como en la versión DHH). El pasaje incluye tres ejemplos que ilustran lo impredecible del evento. La frase «como en los días de Noé» se refiere a la forma indiferente de la vida diaria y a la rutina en los tiempos del patriarca. La complacencia, falsa seguridad y la indiferencia eran las características de la época. Nadie se interesaba ni se imaginaba la destrucción repentina del diluvio (24.37–39). El segundo ejemplo, construído en perfecta simetría, de dos hombres en el campo y dos mujeres en el molino refuerza el sentido de lo cotidiano. Ambos grupos llevan a cabo su rutina diaria cuando repentinamente uno de ellos es tomado y el otro dejado. Es posible que el tomado se refiera a los congregados por los ángeles en 24.31. El tercer ejemplo sobre la necesidad de estar vigilantes viene de la experiencia cotidiana de lo sorpresivo que es que alguien entre a robar en una casa. El lenguaje recuerda la amonestación sobre el amontonar riquezas (6.19–20). Si bien es absurdo depositar la esperanza en los bienes materiales, también es absurdo descuidar la seguridad del hogar, porque los ladrones no anuncian cuándo han de venir. Luego, «el padre de familia» debe estar preparado, porque la venida del Hijo del hombre será «a la hora que no pensáis».

Parábolas escatológicas (24.45–25.30)

¿Qué deben hacer los discípulos en el tiempo entre la proclamación de Jesús y la parousía? ¿Cómo deben ocupar su tiempo? Es a preguntas como éstas que responden las parábolas de los dos siervos (24.45–51), las diez vírgenes (25.1–13) y los talentos (25.14–30). El tema de la ejecución fiel de las tareas asignadas y su respectiva recompensa caracteriza la primera y tercera de estas parábolas. Cada una de ellas contrasta la conducta adecuada de algunas personas con la conducta negligente de otras. El Evangelio enfatiza la importancia de estar vigilante, ocuparse en hacer la voluntad de Dios, y recordar las consecuencias de la negligencia y la desobediencia.

Parábola de los dos siervos (24.45–51)

La parábola de los dos siervos contrasta la conducta (y destino final) de dos siervos que responden de manera diferente en el desempeño de sus responsabilidades administrativas en ausencia de su amo. La parábola se divide en dos partes principales, cada una de ellas relacionada con un siervo. La primera parte identifica al siervo como «fiel y prudente», y describe la tarea que se le ha encargado (alimentar a sus consiervos a su tiempo), su bienaventuranza si cuando el amo regrese lo encuentra realizando su tarea, y su recompensa por la fidelidad. La segunda parte describe la actitud del siervo malo por medio de su pensamiento: «mi señor tarda en venir». Este siervo es sorprendido infraganti en su conducta reprochable con la venida súbita e inesperada de su amo. El castigo por su infidelidad es el mismo castigo de los hipócritas (véase Mt 23), y su tormento intolerable. La parábola advierte contra la negligencia que puede surgir por la tardanza de la parousía («mi señor se tarda en venir») y exhorta a la fidelidad y cumplimiento del deber (como el siervo «fiel»).

Las diez vírgenes (25.1–13)

La parábola (exclusiva de Mateo) de las diez vírgenes utiliza las costumbres de las fiestas de bodas en el mundo antiguo (véase el comentario a 1.18) para exhortar a la comunidad a la continua vigilancia (estar preparados) hasta le venida del Hijo del hombre. Como en la parábola anterior, esta parábola contrasta la conducta de cinco vírgenes «prudentes» con cinco «insensatas». La parábola se refiere a la costumbre de hacer una procesión cuando el novio venía a la casa de la novia para llevarla a casa de sus padres. La procesión se hacía en compañía de amistades (entre ellas algunas amigas vírgenes) hasta la casa de los padres del novio donde se celebraba un banquete. Nuevamente, un punto importante en la historia es la demora de la llegada del novio (como la demora en la parousía). Mateo exhorta a la comunidad de fieles a ser como las cinco vírgenes prudentes que estuvieron preparadas para la llegada del novio. La prudencia de estar preparados para la venida del Señor tiene la recompensa de participar en las bodas. El castigo por la insensatez de no estar preparados es la exclusión de los beneficios del reino. Como en Mateo 7.21–23, el Señor responderá «no os conozco». La parábola concluye reiterando en forma semejante lo ya dicho en 24.42: «velad, pues, porque no sabéis el día ni la hora en que el Hijo del hombre ha de venir» (25.13).

Parábola de los talentos (25.14–30)

Como la parábola de los dos siervos (24.45–51), esta parábola también utiliza la imagen de un amo que al salir de viaje deja a sus siervos a cargo de una tarea y, al regresar, los juzga de acuerdo a la fidelidad con la que ejercieron su administración. En este caso hay tres ejemplos para contrastar la conducta fiel con la infiel. La parábola tiene un paralelo literario parcial en Lucas (Lc 19.11–27) con algunas variaciones tales como la cantidad de dinero (minas) y el número de siervos (diez). La parábola en Mateo muestra una simetría y estructura bien organizada, y puede bosquejarse de la siguiente manera:

I. El amo confía su dinero a tres siervos (25.14–15)
   - A. Llamado de los siervos (25.14)
   - B. Tres cantidades de talentos (cinco, dos, uno) (25.15a)
   - C. Viaje del amo (25.15b)

II. Los siervos llevan a cabo sus negocios (24.16–18)
   - A. Cinco talentos... otros cinco (25.16)
   - B. Dos talentos... otros dos (25.17)
   - C. Un talento... escondió el dinero (25.18)

III. Rendimiento de cuentas (25.19–30)
   - A. Regreso del amo (25.19)
   - B. Tres informes y la respuesta del amo (25.20–28)
   - C. Conclusión (25.29–30)

25.14–15 La parábola comienza con el establecimiento preliminar de las circunstancias para el desarrollo de la trama. El viaje del amo («lejos») produce la impresión de que será un viaje que tomará largo tiempo. La cantidad de dinero entregada es inmensa, especialmente si recordamos que el control del dinero y las riquezas estaba en manos de un grupo limitado, mientras la mayor parte de la población vivía con lo mínimo. Un talento equivale al salario de quince años de trabajo. Las diversas cantidades (cinco, tres, uno) fueron entregadas en proporción a la capacidad de cada siervo. Finalmente, el amo se ausenta.

25.16–18 La descripción de la acción de los tres siervos sigue fundamentalmente el mismo patrón. El que había recibido cinco talentos ganó otros cinco, el que dos, otros dos. El patrón se rompe con el que había recibido un talento: «hizo un hoyo... y escondió el dinero» que había recibido. Los primeros dos siervos administran y multiplican sus talentos mientras el amo está de viaje, mientras el tercer siervo es negligente y perezoso y sólo entierra el dinero.

25.19–30 Cuando regresa el amo «después de mucho tiempo» los tres siervos tienen que rendir cuentas. La descripción del proceso sigue la misma estructura literaria en los primeros dos siervos, lo cual contrasta con la descripción del proceso del tercer siervo. Cada uno de los tres siervos se presenta ante su amo, luego se describe un diálogo que repasa la cantidad entregada, la acción del siervo, y la respuesta del amo. Aunque los primeros dos siervos recibieron cantidades diferentes, la respuesta del amo a su fidelidad administrativa es la misma en los versículos 21 y 23: «Bien, buen siervo y fiel; sobre poco has sido fiel, sobre mucho te pondré. Entra en el gozo de tu señor.». El énfasis está en la fidelidad, no en el éxito de los siervos que obtuvieron ganancia para su amo.

El tercer siervo rinde un informe diferente. En lugar de haber sido diligente durante la ausencia de su amo, había tenido miedo, y culpa a su amo de su propia maldad y negligencia. La respuesta del amo no debe tomarse como una justificación de un sistema económico particular. Al contrario, es una declaración que revela la negligencia crasa del siervo que, con su acción de tomar la vía del menor esfuerzo, causó pérdida para su amo. El entregarle el talento al que tenía diez, y ser echado en las tinieblas de afuera recuerda la sentencia contra los judíos que no tenían fe en la historia de la sanidad del hijo del centurión (véase el comentario a 8.10–12). «El lloro y el crujir de dientes» es una frase favorita de Mateo (Mt 13.42, 50; 22.13; 24.51; 25.30). Se refiere a la desesperación en que se encontrarán quienes no están preparados haciendo lo que su Señor quiere en el tiempo intermedio entre la primera y la segunda venidas de Cristo. De esta manera, la parábola insiste en la necesidad de permanecer fieles y preparados para la venida del Hijo del hombre. La parábola tiene la intención de motivar a los lectores a la vigilancia, el trabajo continuo, y la fiel administración de la gracia durante el tiempo en que esperan la venida del Señor.

El juicio de las naciones (25.31–46)

Mateo 25.31–46 es el pasaje final del discurso escatológico de Mt 24.1–45.46. El pasaje describe, en lenguaje apocalíptico, una escena del juicio final en la que el Hijo del hombre (véase el comentario a 8.18–22) juzga a las naciones y determina su destino final, dependiendo de cómo trataron a «estos mis hermanos más pequeños». La escena puede bosquejarse de la siguiente manera:

Introducción: La venida gloriosa del Hijo del hombre (25.31)

I. La gran separación (25.32–33)

II. Diálogo entre el Rey y los juzgados (25.34–45)
    A. Recompensa a los que están a la mano derecha (25.34–40)
        1. Recompensa (25.34)
        2. Razones (25.35–36)
        3. Respuesta (25.37–39)
        4. Principio (25.40)
    B. Castigo a los que están a la mano izquierda (25.41–45)
        1. Juicio (15.41)
        2. Razones (25.42–43)
        3. Respuesta (25.44)
        4. Principio (25.45)

Conclusión: La división final (25.46)

El carácter artístico del pasaje puede notarse en la repetición de los actos de misericordia.

Rey a los de la derecha	**Rey a los de la derecha**
porque tuve hambre y me disteis de comer	¿Cuándo te vimos hambriento y te alimentamos...
tuve sed y me disteis de beber	o sediento y te dimos de beber?
fui forastero y me recogisteis	¿Y cuándo te vimos forastero y te recogimos...
estuve desnudo y me vestisteis	o desnudo y te vestimos?
enfermo y me visitasteis	¿O cuándo te vimos enfermo...
en la cárcel y fuisteis a verme	o en la cárcel, y fuimos a verte?
porque tuve hambre, y no me disteis de comer;	¿Cuándo te vimos hambriento,
tuve sed, y no me disteis de beber;	sediento,
fui forastero, y no me recogisteis;	forastero,
estuve desnudo, y no me vestisteis	desnudo,
enfermo y en la cárcel, y no me visitasteis”	enfermo o en la cárcel, y no te servimos?”

Este pasaje ha sido interpretado de varias maneras a través de la historia de la iglesia. Entre estas interpretaciones sobresalen dos perspectivas: la «universalista» y la «particularista». El debate mayor está en determinar el significado de las frases que se refieren a «todas las naciones» (*panta ta ethnē*) en el versículo 32 y a la identidad de quienes se identifican como «estos mis hermanos más pequeños» (*toutōn tōn adelphōn mou tōn elaxistōn*) en los versículos 40 y 45.

La escena de desarrolla en el evento escatológico final del juicio de las naciones. El versículo 25.31 introduce el cuadro de la venida del «Hijo del hombre». Esta identificación de Jesús es familiar a los lectores del Evangelio (véase el comentario a 8.18–22, también 10:23; 13:40–43, 49–50; 16:27–28; 19:28; 24:30–31). Como en muchos textos apocalípticos de la época, la majestad y gloria del Hijo del hombre se enfatiza mediante la inclusión de ángeles, y referencias a la gloria y los tronos.

25.32–33 Estos versículos son de mayor importancia para la interpretación del pasaje. «Todas las naciones» se reúnen delante del trono de gloria. Hay seis propuestas principales entre los eruditos bíblicos para la identidad de «las naciones»: [1] todo el mundo no judío, [2] todo el mundo no cristiano, [3] todos los no-judíos que tampoco son cristianos, [4] todos los cristianos, [5] los cristianos vivos cuando Cristo retorne, [6] toda la humanidad. Frases equivalentes se encuentran en otros lugares de Mateo (24:9, 14; 28:19). En todos estos casos se refiere a los no cristianos. Así, como conclusión preliminar, este grupo parece ser de no cristianaos de origen gentil. Este grupo de naciones reunidas delante del trono se divide en dos, como señala la metáfora del pastor que separa las ovejas de los cabritos.

25.34–45 Después de la división en dos grupos, el texto primero cita un diálogo entre el rey y los de la derecha, y después entre el rey y los de la izquierda, en relación a sus respuestas, a las necesidades de «estos mis hermanos más pequeños». En total, pues, son tres grupos: los de la derecha, los de la izquierda, y «mis hermanos más pequeños» de quienes el rey habla. En los versículos 25.34–40, el diálogo revela el destino de los de la derecha, así como sus respuestas (25.33–39), concluyendo con la declaración en la cual el rey se identifica con «los pequeños» (*tōn elaxistōn*, 25:40). La frase «el rey» (*ho basileus*) recuerda 2.2 y 21.5 donde Jesús se presenta como el hijo de David. Posiblemente también apunte a las escenas futuras de 27.11, 29, 37, y 42–42, en las cuales la realeza de Jesús es motivo de burla. Como en 22.11–14, un rey preside sobre el juicio escatológico.

La lista de seis obras de misericordia mencionadas aquí comparte una larga tradición con el Antiguo Testamento y otra literatura judía primitiva (véase, por ejemplo, Job 22.6–7; Is 58.6–7; Ez 18.5–9; 1Enoc 45.3; 51.3; Tb

4.16–17; Sir 7.32–36; *T. Jos* 1.5–7). En el libro de Isaías (58.6–7) estas obras de misericordia deshacen las injusticias y rompen los yugos de opresión contra los indefensos y más vulnerables en la sociedad. El «por qué» del versículo 35 ha generado mucha discusión desde la época de la reforma protestante. Algunos teólogos católicos (como Roberto Belarmino) opinan que esta frase significa que estas obras de misericordia cuentan para ganarse la salvación. Los teólogos protestantes (como Juan Calvino) consideran que estas obras son señales de la salvación, pero no méritos para ganársela. Ambos dan por sentado que los de la derecha son los cristianos.

La otra frase que ha producido mucho debate entre los intérpretes es «estos mis hermanos más pequeños» (*toutōn tōn adelphōn mou tōn elaxistōn*, 25.40, 45). En otros lugares del Evangelio según San Mateo, frases semejantes se refieren a los discípulos de Jesús (10.40; 12.46–50). Cinco propuestas mayores han sido hechas en cuanto a la identificación de este grupo: [1] toda persona en necesidad, sea o no cristiana, [2] todos los cristianos/discípulos (10.40–42), [3] cristianos de ascendencia judía, [4] misioneros o líderes cristianos (10:40–42), [5] cristianos que no son misioneros o líderes. Mateo utiliza el sustantivo «hermano» (*adelphos*) en sentido no biológico, sino que se refiere a los miembros de la comunidad cristiana (5.22–24; 7.3–5; 12.49–50; 18.15, 21, 35; 28.10). El adjetivo que se traduce como «más pequeños» (*elaxistos*) puede relacionarse con la referencia a «pequeñitos» (*micros*) en 10.42; 11.11; 18.6, 10, y 14, que favorecen asociar la identidad del grupo como los creyentes. La dificultad mayor consiste en que algunos eruditos no desean asociar el superlativo «más pequeños» (*elaxistos*) en este pasaje con «pequeñitos» en 10.42–4; 11.1; 18.6, 10, y 14. Sin embargo, el argumento puede ser reforzado por el uso de la frase «mis hermanos» (*tōn adelphōn mou*). La misma, con toda seguridad, se refiere a los hermanos y hermanas de la comunidad cristiana, como en otros lugares en el Evangelio (12.48–49; 28.10, 23.8). A pesar de que Mateo utiliza la frase «más pequeños» refiriéndose a personas sólo en 5.19 (en adición de este pasaje), el uso de la frase «más pequeños» en 10.42, 18:6, 10 y 14, siempre se refiere a otros miembros de la comunidad.

25.46 La última oración del pasaje concluye con la separación final entre los condenados y los justos. Los malvados irán al castigo eterno mientras los justos irán a la «vida eterna» (esta frase ocurre en Mateo sólo aquí y en 19.6, 29). La frase «castigo eterno» (*kolasin aiōniōn*) ocurre sólo aquí en todo el Nuevo Testamento, mientras que la palabra para «castigo» (*kolasis*) aparece sólo aquí y en 1 Jn 4.18. La sentencia judicial de las naciones está determinada por su trato a los «hermanos». Otra situación análoga de la determinación de dividir a la gente de acuerdo a su trato de los discípulos puede verse en Mt 10.5–15 (especialmente 10.12–15) y 10.40–42.

Podemos llegar a dos conclusiones. En primer lugar, la identificación de «todas las naciones» se refiere a los no creyentes, quienes serán juzgados de acuerdo a su consideración de los «hermanos más pequeños». En segundo lugar, la identificación de «estos mis hermanos más pequeños» se refiere a la comunidad de creyentes, los discípulos en todo lugar que sufren como víctimas vulnerables de la persecución, el hambre, la sed, y otras calamidades relacionadas con su testimonio. Las naciones no creyentes serán juzgadas dependiendo de su trato a las comunidades cristianas vulnerables en su medio. Como en 10.5–15 y 40–42, el destino de las naciones depende de su recibimiento y apoyo de los seguidores de Jesús y miembros de la comunidad de fe. Esta interpretación está en armonía con la interpretación de los primeros escritores cristianos, Justino Mártir, Ireneo de Lyons, Clemente de Alejandría y otros que, a través de la historia de la iglesia hasta cerca del año 1800, entendieron la frase «estos mis hermanos más pequeños» como refiriéndose a los miembros de la iglesia.

Observaciones generales

Mateo 24.1–25.46 es el quinto y último gran discurso de Jesús en el Evangelio según San Mateo. Conocido como el «discurso escatológico» de Mateo, éste anuncia la caída de Jerusalén y la destrucción del Templo, a la vez que exhorta a la iglesia sobre su actitud vigilante hasta el regreso del Hijo del hombre al fin de los tiempos. Como otros casos en que se usa lenguaje apocalíptico y aparecen imágenes comunes en la literatura apocalíptica, el discurso no debe considerarse como un itinerario o programa de los eventos cronológicos que señalan la fecha de la venida del Hijo del hombre. Al contrario, el discurso advierte constantemente sobre lo incierto y sorpresivo de la hora. Aunque parte del discurso puede ser interpretado a la luz de acontecimientos relacionados con la caída de Jerusalén y la destrucción del Templo, su mensaje no se limita a una descripción del pasado sino que su horizonte se extiende a través de toda la historia de la iglesia, al presente de quien lee el Evangelio, y al futuro indeterminado de la parousía del Señor.

Como todo el Evangelio según San Mateo, el discurso de los capítulos 24 y 25 debe interpretarse tomando en consideración el contexto literario, histórico y teológico de su composición, tanto en las referencias internas del Evangelio mismo, como en su continuidad con el Antiguo Testamento y la literatura judía de la época. Quienes lo leen, también deben estar conscientes de que las interrogantes teológicas del lector pueden descubrir en el texto dimensiones de significado que se extienden más allá de los límites de texto. En este sentido, el discurso es un discurso dirigido a la iglesia contemporánea. Es una invitación a la vigilancia escatológica. El hecho de no poder determinar «el día ni la hora» de la venida del Hijo del hombre no significa que la iglesia pueda darse el lujo de descuidar la práctica de su responsabilidad ética y su misión en el mundo. Al contrario, la iglesia está llamada a estar preparada en todo tiempo, a trabajar como si su Señor se tardara en venir, y a vivir como si esa venida fuera en el futuro inmediato. La vigilancia continua debe ir acompañada de la diligencia en el trabajo. Como en la parábola de los talentos, a los discípulos se nos advierte que el criterio último al rendir cuentas no consiste en el éxito sino en la fidelidad.

Finalmente, la escena del juicio de las naciones extiende el mensaje escatológico de Jesús a esferas más allá del límite de la comunidad cristiana. Dios se revela como Señor de toda la humanidad a quien todo el mundo ha de rendir cuentas. Como los profetas de Israel en el pasado expresaban la palabra del Señor a las naciones paganas, el hecho de que Dios se dirija a esas naciones representa el reclamo divino de que no sólo su pueblo es responsable ante su majestad, sino toda la humanidad. Si bien es cierto que las naciones serán llamadas a dar cuenta de su trato con los miembros vulnerables de la comunidad de fe, la conclusión del discurso también sirve para exhortar a la iglesia a predicar con su ejemplo. Si los demás son juzgados en su ignorancia de la presencia de Cristo en «estos mis hermanos más pequeños», la comunidad de fe que olvida el cuidado de los más necesitados en su medio no debe vivir segura. Por otra parte, este pasaje bien puede convertirse en una invitación para mostrar, con el ejemplo, el impacto del mensaje del evangelio en la construcción de una sociedad más justa en la que todos tengan alimento, agua, vestimenta, vivienda, salud y libertad.

Pasión de Jesús

(26.1-27.31)

Introducción

Jesús había anunciado en varias ocasiones (16.21; 17.22–23; 20.17–19) que su llegada a Jerusalén desenlazaría una serie de eventos que lo llevarían finalmente a una confrontación con los líderes religiosos y políticos de la época y que resultarían en su arresto, crucifixión, muerte y resurrección. Los capítulos 26 al 28 narran el desenlace de esos anuncios de la pasión. Estos capítulos, vistos desde la perspectiva de la trama de todo el Evangelio, confirman la palabra de Jesús y reafirman el propósito divino en la historia del Hijo de Dios. Así, la muerte de Jesús no se presenta como un accidente, sino como el desenlace del plan de Dios. La tragedia de la cruz, las maquinaciones de los líderes religiosos y políticos, la complicidad del pueblo, y el abandono de los discípulos se presentan como parte de unos hechos que señalan a una realidad más allá de la determinación de causa y efecto. Al contrario, en lugar de interpretar los eventos de la pasión y muerte de Jesús desde la perspectiva del resultado y la consecuencia de las decisiones de los protagonistas, el Evangelio interpreta estos hechos desde la perspectiva de su meta última, su objetivo, que no es otro que la oferta divina de la salvación a la humanidad. La conclusión del Evangelio plantea la doble tensión de la historia: por un lado la responsabilidad y culpabilidad de los protagonistas cuyas decisiones desenlazan una cadena de eventos y sus consecuencias, y por otro, esos acontecimientos como realización del cumplimiento de las Escrituras y como el anticipo del triunfo final de Dios, quien con la resurrección de Jesús no sólo vindica la vida y el ministerio del obediente Hijo de Dios, sino que abre la puerta para que los beneficios de esa vida y ministerio se extiendan hasta lo último de la tierra.

Los capítulos 26 al 28 continúan y confirman los estilos literarios y temas teológicos presentados en los capítulos anteriores. El cumplimiento de las Escrituras a través de citas y alusiones al Antiguo Testamento, la afirmación cristológica de la identidad de Jesús como Hijo de Dios, la caracterización de los discípulos con sus virtudes y limitaciones, y el consorcio entre los líderes religiosos y políticos para eliminar a Jesús, son algunos de los temas que Mateo resalta en todo el Evangelio y confirma en estos capítulos. Algunas escenas reinterpretan tradiciones judías y las contextualizan para la nueva realidad de la vida de la iglesia. Así, la tradición de la cena pascual es transformada e interpretada a la luz de la muerte de Jesús como señal de un nuevo pacto. El desgarramiento del velo del templo establece el fin del sistema de sacrificios. Indudablemente, no podemos leer los últimos tres capítulos de Mateo en aislamiento de todo el Evangelio y su contexto histórico, como tampoco podemos entender el mensaje sin entender la continuidad de la comunidad cristiana iniciada en el Evangelio y continuada a través de los siglos.

Estos capítulos narran una serie de acontecimientos entrelazados. Algunas escenas que ocurren simultáneamente se narran alternadamente. A pesar de que los relatos están íntimamente relacionados, los capítulos pueden dividirse en dos partes principales: [1] los preparativos para la pasión (26.1–46), y [2] el arresto y juicio de Jesús (26.47–27.31).

Esta sección puede bosquejarse como sigue:

I. 26.1–46 Preparativos para la pasión
   - A. 26.1–5 Se establece la escena
   - B. 26.6–13 Unción en Betania
   - C. 26.14–16 Plan de la traición de Judas
   - D. 26.17–30 La última cena
   - E. 26.31–35 Predicción de la negación de Pedro
   - F. 26.36–46 Jesús en Getsemaní

II. 26.47–27.31 Arresto y juicio de Jesús
   - A. 26.47–56 Arresto de Jesús
   - B. 26.57–68 Jesús ante Caifás
   - C. 26.69–75 Fracaso de Pedro
   - D. 27.1–2 Jesús ante Pilato
   - E. 27.3–10 Muerte de Judas
   - F. 27.11–31 Juicio romano

Complot contra Jesús (26.1–5)

La escena comienza con la fórmula de conclusión del último discurso de Jesús: «cuando acabó Jesús todas estas palabras...» (véase la introducción). El anuncio de Jesús a sus discípulos no sólo recuerda los anuncios anteriores de la pasión (véase los comentarios a 16.21; 17.22–23 y 20.17–19) sino que también sirve para señalar que Jesús está en control de la escena. La pascua es la celebración anual que conmemora el éxodo y la liberación de los israelitas de su esclavitud en Egipto (Ex 12.1–27; Dt 16.1–8). Siendo una de las fiestas más importantes del judaísmo en el tiempo de Jesús, la celebración de la pascua estaba repleta de expectativas de liberación y de la esperanza en la manifestación del Mesías que liberaría los israelitas del poder imperial romano. Sin embargo, la fiesta de la pascua se convierte en un anuncio de que Jesús será crucificado.

Inmediatamente después del anuncio de Jesús, el Evangelio establece el trasfondo de la trama en el patio de la casa del sumo sacerdote. La ironía de la confabulación es que lo planificado («no durante la fiesta») está en conflicto con lo dicho por Jesús en los versos anteriores.

Jesús en Betania (26.6–13)

Con el cambio de lugar (Betania) se desarrolla la siguiente escena en la que el tema de la muerte de Jesús ocupa el centro. Tanto el frasco como el perfume reflejan el valor del gesto de la mujer que derramó el perfume sobre la cabeza de Jesús. El gesto de la mujer contrasta con la respuesta de los discípulos. El diálogo que sigue muestra la ignorancia de los discípulos del significado transcendente del gesto de la mujer. Los discípulos critican lo que ellos consideran un desperdicio de dinero que podía ser utilizado para ayudar a los pobres. Por otro lado, la respuesta de Jesús interpreta el gesto en una perspectiva más amplia. En lugar de un desperdicio, el gesto de la mujer fue una «buena obra» (26.10), porque Jesús lo interpreta como una preparación para su sepultura. Con esto Jesús adelanta otro detalle del desenlace de la pascua. En el segundo versículo ya había anunciado que sería crucificado. Ahora añade que morirá y será enterrado. El gesto de la mujer no será llevado por el viento del olvido, sino que la continua proclamación del evangelio será testigo de su hazaña en favor de Jesús.

El dicho del versículo once es motivo de aclaración entre los comentaristas. Algunos intérpretes han tomado las palabras del Jesús como una expresión fatalista de la imposibilidad de resolver el problema de la pobreza. Otros han visto en el dicho una declaración de lo fútil que puede ser invertir el tiempo, esfuerzo, y recursos para ayudar a los pobres. Sin embargo, el pasaje no ofrece ninguna señal de que esta sea la idea. Al contrario, el dicho de que es una cita del libro de Deuteronomio (Dt 15.11), apunta a las muchas oportunidades que la iglesia tiene y tendrá para socorrer a los pobres y a la necesidad de hacerlo. Es muy cierto que el gesto de la mujer, que no se repite, no debe menospreciarse. Por otro lado, la presencia continua de los pobres en medio de la comunidad ofrece la oportunidad continua de ofrecer ayuda, socorrer, y restituir al pobre. En lugar de una invitación a la indiferencia es un recordatorio de la necesidad cotidiana de ayudar al pobre, ya que siempre está cerca de la comunidad de fe.

Plan de Judas (26.14–16)

Mateo vuelve al tema del complot para matar a Jesús (26.1–5) y cuenta la historia del plan de Judas como continuación y oportunidad para ejecutar el deseo de los principales sacerdotes de Israel. El Evangelio ha identificado a Judas Iscariote desde el comienzo como quien entregaría a Jesús (10.4). A pesar de que Judas toma la iniciativa para entregar a Jesús, más adelante el Evangelio revelará el sentido teológico de la acción (27.9–10). Mateo es el único que especifica las treinta piezas de plata, que es el precio tradicional de un esclavo (Ex 21.32). La escena concluye con la búsqueda de una oportunidad para entregar a Jesús. Esto sucederá más adelante (26.47–56).

La cena pascual de Jesús (26.17–30)

Con el anuncio de la llegada de la celebración de la pascua, el Evangelio traza en detalles cada uno de los pasos de Jesús. En primer lugar, narra la celebración de la cena pascual de Jesús, que será su última cena con sus discípulos en el Evangelio de Mateo. La historia de la última cena consiste en tres escenas íntimamente relacionadas: [1] los preparativos para la pascua (26.17–19), [2] anuncio de la traición de Judas (26.20–25), [3] la última cena (26.26–30).

26.17–19 La escena de los preparativos para la cena pascual sirve de trasfondo a los dos eventos que sucederán en el contexto de la cena misma. La fiesta de los panes sin levadura era una fiesta judía que duraba siete días, comenzando con la Pascua. La Pascua era una de las principales fiestas judías. Se celebraba con una cena que conmemoraba la salida de los hijos de Israel de Egipto (Ex 12.1–28). El día 14 de Nisán (el día antes de la luna llena al comienzo de la primavera en el hemisferio norte) se sacrificaban corderos o cabritos en el Templo de Jerusalén y eran llevados a las casas para la cena familiar. La cena consistía fundamentalmente del cordero, pan sin levadura, hierbas amargas y vino. Además se recitaban varias oraciones y salmos. El día de la pascua era el primer día de la fiesta de los panes sin levadura. La pregunta de los discípulos parece indicar que Jesús había hecho arreglos anticipados para la celebración de la Pascua, especialmente por la respuesta de Jesús en el versículo 18. Finalmente, el versículo 19 señala la diligencia de los discípulos que hicieron como Jesús les dijo y prepararon la pascua.

26.20–25 La segunda escena de la última cena de Jesús narra el anuncio de la traición de Judas. Continuando la historia, después de que los discípulos prepararon la pascua, al llegar la tarde, Jesús y sus discípulos se reclinan (los banquetes eran celebrados en forma reclinada sobre el brazo izquierdo) a la hora de la cena. El tema de conversación es algo inesperado: Jesús comienza a decir que uno de los discípulos lo ha de traicionar (26.20–21). Este es un indicio de la asociación de la muerte de Jesús con la celebración de la pascua. La escena comienza con el anuncio, durante la cena, de que uno de los discípulos entregaría a Jesús (26.20–21). Cada uno de los discípulos, entristecido, pregunta si sería él (26.22). Nótese que la pregunta se refiere a Jesús como «Señor», mientras que cuando es Judas el que hace la pregunta en el versículo 25 utiliza la palabra «Maestro». En el Evangelio de Mateo sólo los verdaderos discípulos de Jesús lo llaman «Señor» mientras que el pueblo y los enemigos lo llaman «Maestro». Después de la pregunta de los discípulos, Jesús identifica al traidor como uno de los que comparten la comida con él: «el que mete la mano conmigo en el plato» (26.23). La cena pascual incluía un plato lleno de una salsa dulce en el cual se remojaban las hierbas amargas de la cena (Ex 12.8). La traición de Judas se presenta como el cumplimiento de la Escritura. A pesar de ser parte del plan de Dios, esto no hace a la persona menos responsable de su acción. La escena termina con la pregunta de Judas y la respuesta de Jesús a Judas: «tú lo has dicho» (26.25). Aquí se reitera el tema del cumplimiento de las Escrituras en el Evangelio según San Mateo (véase la introducción), reafirmando así la continuidad del mensaje cristiano con el Antiguo Testamento. El Evangelio, a la vez que afirma el plan de Dios, afirma la libertad y la responsabilidad humana en la realización de ese plan.

26.26–30 La última escena narra la cena misma. Esta escena es uno de los pasajes en los cuales se encuentra la narración de la institución del sacramento de la Cena del Señor (véase también Mc 14.12–25; Lc 22.7–23; y 1 Co 11.23–26). Aunque un estudio comparativo de la narración de Mateo con las otras tres está fuera del alcance de este comentario, tal estudio ofrecería la oportunidad para resaltar las semejanzas y las diferencias entre ellas. También ofrecería la oportunidad para observar cuidadosamente las particularidades de Mateo y cómo su forma de narrar la historia resalta su interés particular. Al comentar el pasaje, es importante distinguir el contenido del texto de la tradición litúrgica de la iglesia que ha combinado las diferentes referencias y ha interpretado el significado de la Cena del Señor de diversas maneras a través de la historia y en diversos contextos confesionales.

La escena de la última cena de Jesús en el Evangelio según San Mateo (26.26–30) por un lado, alude al pasado e interpreta el significado de la pascua judía, y por otro lado mira al futuro inmediato e interpreta el significado de la muerte de Jesús. Así, la última cena de Jesús es una de las escenas principales en la historia de la pasión. La última cena también se relaciona con otras secciones del Evangelio que la prefiguran (como la alimentación de los cuatro mil: 14.13–21, y los cinco mil: 15.32–39) y con el Antiguo Testamento (Ex 24.28; Isa 53.23; Jer 31.31–34). La escena consta de cuatro partes principales: [1] Las palabras sobre el pan (26.26) en las cuales Jesús, después de haberlo bendecido y partido, ofrece pan a los discípulos y les instruye a comer interpretándolo con las palabras «esto es mi cuerpo». El pan sin levadura de la cena pascual viene a señalar una realidad que transciende su significado tradicional y viene a ser señal y símbolo del cuerpo de Cristo.

[2] Con las palabras sobre la copa (26.27–28), después de haber dado gracias, Jesús vuelve a instruir a sus discípulos a beber de ella, y la interpreta con la frase «esto es mi sangre del nuevo pacto que por muchos es derramada para perdón de los pecados». La copa de la cena pascual viene a ser símbolo del nuevo pacto. La referencia a la sangre y al pacto tiene su raíz en la historia bíblica del Antiguo Testamento. La sangre selló el pacto entre Dios y el pueblo de Israel en el monte Sinaí (Ex 24.6–8). El profeta Jeremías había anunciado un nuevo pacto entre Dios y el pueblo (Jer 31.31–34). Probablemente Mateo también alude al libro del profeta Isaías (53.12) en su referencia a la sangre «derramada» por muchos. Con las palabras de Jesús sobre la copa, el Evangelio extiende el horizonte del significado anterior de ambos símbolos y los asocia con la muerte de Jesús. La sangre del pacto es para «perdón de los pecados». Así, con su muerte, Jesús lleva a cabo el significado de su nombre anunciado en 1.21: «él salvará a su pueblo de sus pecados». Mateo es el único que explica que la sangre derramada es «para perdón de los pecados». La última cena de Jesús en Mateo es una anticipación simbólica de la muerte de Jesús como sacrificio por los pecados.

[3] Las palabras de Jesús en la última cena no sólo reinterpretan el simbolismo de la pascua judía y la muerte de Jesús, sino que además, apuntan a la esperanza del banquete escatológico (26.29). El dicho de Jesús de que no beberá más del fruto de la vid hasta que lo beba nuevo en «el reino de mi Padre», con toda probabilidad se refiere a la esperanza escatológica del reino de los cielos que en las Escrituras se presenta como un banquete (véase Is 24.23–25.8; Ap 19.9).

[4] La conclusión de la última cena de Jesús (26.30) sigue el patrón de la cena pascual en la que se cantaba el *Hallel*, esto es, los Salmos 113–118 al final de la cena (*m. Pesah* 10.7). Una vez terminados los cánticos, Jesús y los discípulos se dirigen al Monte de los Olivos. Este último versículo sirve de transición entre la última cena y el anuncio de la negación de Pedro (26.31–35).

Anuncio de la negación de Pedro (26.31–35)

26.31–35 Entre la salida hacia el Monte de los Olivos y la llegada al Getsemaní, Mateo narra una conversación entre Jesús y sus discípulos en la que sobresale el anuncio de la negación de Pedro. Sin embargo, la historia no se limita al anuncio sobre Pedro, sino que anuncia también la incapacidad de todos los discípulos de permanecer fieles a Jesús en el momento de la prueba final. En la historia Mateo vuelve a resaltar la conexión entre los eventos de la semana de la pasión y las Escrituras del Antiguo Testamento. El diálogo también anuncia la resurrección y el triunfo final de Jesús, quien irá delante de los discípulos a Galilea. La escena se divide en cinco partes principales: [1] Jesús anuncia que los discípulos se escandalizarán y dispersarán (26.31–32). En esta ocasión también encontramos otra cita de las Escrituras. La cita es tomada del libro del profeta Zacarías (Zac 13.7) donde es el primer versículo de un anuncio profético en el cual el pueblo es esparcido pero luego los fieles son restaurados (véase Zac 13.8–9). [2] El anuncio de la resurrección y la reunión en Galilea parece completar el mensaje del profeta Zacarías. Así, más allá del anuncio de la infidelidad de los discípulos, la palabra de Jesús puede señalar a su eventual restauración después de la resurrección, como lo muestra el verso 26.32. [3] Pedro responde que él permanecerá fiel. [4] Jesús anuncia la negación de Pedro (26.34), que se cumplirá en 26.75. [5] Finalmente, Pedro se reafirma en su intención de permanecer fiel, lo mismo que los demás discípulos.

Jesús en Getsemaní (26.36–46)

26.36–39 La última escena antes del arresto de Jesús es la de su angustia en Getsemaní. La oración de Jesús revela tanto su lucha como su entrega obediente a la voluntad del Padre. En contraste con la fidelidad y entrega de Jesús, los discípulos se entregan al sueño, mostrando ya el comienzo de su infidelidad y abandono. Con la llegada a Getsemaní la historia revela la lucha de Jesús, su confianza y su fortaleza, mientras los discípulos revelan su indiferencia y flaqueza. Entre la introducción en la que Jesús les ordena a sus discípulos sentarse (26.36) y la conclusión en la cual les ordena levantarse (26.46), la escena consiste en: [1] una invitación al grupo íntimo de discípulos a que lo acompañen mientras ora (26.37–38), [2] la primera oración de Jesús (26.39–41), [3] segunda oración de Jesús (26.42–43), y [4] tercera oración de Jesús (26.44–45). Cada una de las tres referencias a la oración de Jesús describe y contrasta la acción de Jesús y la de los discípulos. Además hay unos paralelos entre la oración de Jesús en Getsemaní y el Padrenuestro (Mt 6.9b–13). Ambas oraciones están dirigidas al «Padre», en ambas se pide que se haga la voluntad divina, y en ambas se pide no caer en la tentación. Sólo el Padrenuestro y la escena de Getsemaní tienen estos tres elementos en común y en el mismo orden.

26.40–46 La escena muestra una evolución de las peticiones de Jesús, cada vez más breves, y sus palabras a los discípulos, también cada vez más breves. Jesús toma a Pedro, a Santiago y a Juan (estos dos últimos son los hijos de Zebedeo, Mt 4.21; 10.2) para que le acompañen en su momento de agonía. La primera petición asume la posibilidad de no tener que pasar por el momento de la prueba («esta copa»), aunque la disponibilidad a obedecer la voluntad de Dios está clara. Getsemaní anticipa la negación de Pedro porque se duerme mientras que el Señor está en agonía. Los dos hijos de Zebedeo que habían dicho que beberían la misma copa (20.20–23), también se duermen mientras el Señor se somete a la copa amarga de la voluntad divina. Al encontrar a los discípulos durmiendo Jesús llama la atención a Pedro y les exhorta a la oración. El contraste entre el espíritu y la carne tiene que ver con el contraste entre la debilidad humana y la inclinación a servir a Dios. La segunda petición es un poco diferente de la primera. La impresión es que se ha llegado a la comprensión de que la prueba de la cruz es inevitable. Jesús se entrega como hijo obediente. Cuando regresa y encuentra a los discípulos durmiendo por segunda vez, los deja sin decir palabra alguna. La tercera oración no contiene las palabras de Jesús sino que se limita a decir que Jesús repitió la misma oración anterior. Quien lee el evangelio sabe el contenido de la oración y la respuesta divina. Finalmente, Jesús regresa a los discípulos y los encuentra durmiendo. La traducción de la RV–1995 dice «¡Dormid ya y descansad!». Sin embargo la frase puede ser traducida como una exclamación que recrimina la actitud de los discípulos «¿Todavía están durmiendo?». De esta manera la frase siguiente «levantaos» ante la inminente llegada de quien lo entregaba, también tiene sentido.

Arresto y juicio de Jesús (26.47–27.26)

Después de la escena de Getsemaní la historia del Evangelio cambia drásticamente. Los anuncios de la traición, la negación, y la pasión de Jesús comienzan a hacerse realidad. La historia, en lugar de mirar al futuro de lo que le sucederá a Jesús, mira al presente del horizonte del narrador y cuenta lo que está pasando con Jesús. Aunque el lector sabe el desenlace final, el narrador cuenta la historia demostrando por un lado las acciones de los protagonistas, mientras por el otro lado, las interpreta teológicamente a la luz del plan de Dios anunciado en las Escrituras, la obediencia filial de Jesús, la naturaleza redentora de la muerte de Jesús, y el triunfo final del plan de Dios que se extiende más allá de las fronteras geopolíticas y étnicas.

Arresto de Jesús (26.47–56)

La historia de la traición de Judas y el arresto de Jesús (26.47–56) muestra el doble aspecto del misterio de la acción humana que precipita el desenlace de los eventos y del plan divino como parte de la trama humana. La escena comienza con la llegada de Judas y una compañía de gente enviada de parte de los oficiales religiosos (principales sacerdotes) y políticos (los ancianos del pueblo) armados para arrestar a Jesús (26.47). Siguiendo un previo acuerdo, Judas besa a Jesús y sus acompañantes lo arrestan (26.48–50). El beso era una forma común de saludo de los discípulos a sus maestros. El saludo de Judas «¡Salve, Maestro!» contrasta con la respuesta de Jesús «Amigo», que utiliza la palabra griega para referirse a los amigos de más confianza. Uno de los discípulos (Mateo no lo identifica) ofrece violenta resistencia e hiere a un siervo del Sumo Sacerdote (26–51–54). Jesús responde mostrando que aunque aparentemente Judas y los demás están en control, Jesús es quien realmente tiene control sobre la situación, para que se cumpliesen las Escrituras. La respuesta de Jesús es consistente con su enseñanza de la no violencia (5.38–42). Las palabras de Jesús a la gente vuelven a confirmar su sumisión a la voluntad divina y su entendimiento de su ministerio como en armonía con las promesas proféticas (26.55–56a). La última oración informa sobre la huida de los discípulos, en cumplimiento de lo dicho anteriormente por Jesús (26.56b, véase 26.35).

Jesús ante Caifás (26.57–68)

Caifás fue Sumo Sacerdote durante los años del 18 al 36 d. C. Como Sumo Sacerdote mantuvo una relación íntima con la administración romana, cosa que se refleja en las historias de la pasión de Jesús en los evangelios. Según Josefo (el historiador judío), Caifás era yerno de Anás, quien había sido Sumo Sacerdote antes que él. Según algunas tradiciones judías antiguas Caifás fue quien otorgó permiso para el establecimiento de cambistas de monedas en el Templo. La escena de la interrogación y sentencia de Jesús por las autoridades judías, tiene lugar en la propiedad del Sumo Sacerdote Caifás.

26.57–58 Mateo presenta el juicio de Jesús ante Caifás en una serie de eventos emparejados: [1] Jesús es llevado frente a los escribas y ancianos, y Pedro llega al patio donde están los guardias (26.57–58). Este movimiento de Pedro lo sitúa donde tendrá lugar su negación del Señor que se narrará en la próxima escena (26.69–75).

26.59–61 [2] Dos declaraciones sobre los testigos: en primer lugar, la dificultad de encontrar testigos falsos que hablen contra Jesús, y en segundo lugar, la información ofrecida por dos testigos que declaran que Jesús ha dicho que destruirá el Templo de Dios y en tres días lo reedificará (26.59–61). Los principales sacerdotes se reúnen con el «concilio» o «sanedrín» (*synedrion*, véase 5.22; 10.7) que era el organismo oficial de gobierno judío de la época. El sanedrín estaba compuesto de sacerdotes, ancianos y escribas, y contaba con el reconocimiento romano para ejecutar justicia en el área de Judea bajo el liderato del Sumo Sacerdote. Luego, el sanedrín tenía poder tanto religioso como político. El dato de «dos» testigos es importante, ya que la Ley requiere la concordancia de por lo menos dos testigos (Nm 35.30; Dt 19.15; véase también Mt 18.16). Además, aunque el Evangelio de Mateo no contiene tal dicho de Jesús, el Evangelio según San Juan sí tiene un dicho semejante al que citan los testigos (Jn 2.19–22), aunque Juan lo interpreta como refiriéndose a su cuerpo.

26.62–64 [3] Dos preguntas del Sumo Sacerdote y sus respectivas respuestas de parte de Jesús (26.62–64). Jesús no responde a la primera pregunta del Sumo Sacerdote, como tampoco responderá a la pregunta de Pilato (27.12). El silencio de Jesús puede ser una alusión al cántico del

«Siervo del Señor» en Isaías 53.7. La segunda pregunta del Sumo Sacerdote sitúa a Jesús ante un juramento y le confronta con la doble declaración cristológica de que Jesús es el Mesías, el Hijo de Dios (26.63, véase Mt 16.16). La respuesta de Jesús en esta ocasión refleja el lenguaje del Salmo 110.1 y Daniel 7.13–14 (véase Mt 24.30; 25.31). En otras palabras, Jesús, indirectamente, ha declarado ser el Mesías, el Hijo de Dios, y el que establecerá el reinado de Dios prometido por Daniel. Palabras como estas tenían una carga tanto religiosa como política, ya que podían ser entendidas como subversivas tanto de la autoridad religiosa como del poder imperial.

26.65–66 [4] La doble sentencia del Sumo Sacerdote y los oficiales judíos de blasfemia (el primero) y muerte (los oficiales), se presenta como respuesta a la doble pregunta del Sumo Sacerdote (26.65–66). El rasgarse las vestiduras es una práctica con antecedentes en el Antiguo Testamento (Lv 10.6; 21.10; 2 R 19.1) como expresión de luto o angustia. La Ley establecía que la blasfemia contra el nombre de Dios recibiría la muerte como castigo (Lv 24.15–16). El Sumo Sacerdote busca el apoyo del sanedrín para condenar a Jesús a la pena de muerte. Para ejecutar la sentencia, los oficiales del Templo necesitan la autorización del Imperio, la cual obtendrán al enviar a Jesús donde Pilato.

26.67–68 [5] La escena termina con la doble afrenta del abuso físico y la humillación por parte de los líderes religiosos (26.67–68). Los romanos actuarán de manera semejante (27.27–31). Este tipo de humillación puede ser otra alusión indirecta a Isaías 50.4–9 y 53.3.

Negación de Pedro (26.69–75)

Este pasaje concluye el tema del abandono de los discípulos de Jesús y narra el cumplimiento de las palabras de Cristo sobre la negación de Pedro (26.33–35). El contraste entre la negación de Pedro y la fidelidad de Cristo resalta en toda la narración de la pasión. El verso 70 destaca que Pedro negó a Jesús «delante de todos» para enfatizar el fracaso de Pedro. Después de la introducción (26.69a), el pasaje consiste fundamentalmente en tres declaraciones y tres negaciones escalonadas, el canto del gallo y el remordimiento de Pedro: [1] primera declaración y negación de Pedro (26.69b–70), [2] segunda declaración y negación (26.71–72), [3] tercera declaración y negación (26.73–74a), [4] canto del gallo y remordimiento (26.74b–75). Mateo suple las palabras de Pedro en las tres ocasiones.

26.69–70 El versículo 69a resume la narración que comenzó en 26.58, donde se cuenta que Pedro seguía a Jesús desde lejos hasta el patio del sumo sacerdote y que se había sentado con los guardias para ver lo que sucedería. La primera acusación contra Pedro viene de una criada. La criada que lo reconoció posiblemente había estado escuchando las enseñanzas de Jesús anteriormente. La acusación de que Pedro había estado con Jesús se convierte en una amenaza para la seguridad de Pedro, ya que podía ser acusado de complicidad y correr el mismo destino que Jesús. Pedro apela al principio de la ignorancia: «no se lo que dices».

26.71–74a Pedro cambia de lugar, probablemente para evitar ser identificado nuevamente. Pero otra sirvienta lo identifica delante de los presentes. La negación de Pedro es más dramática ya que apela a los juramentos y niega directamente tener relación con Jesús. El paso del tiempo («un poco después») parece darles oportunidad a los presentes de corroborar que Pedro parece ser un simpatizante del acusado. La tercera acusación proviene de los que estaban allí, quienes se dirigen a Pedro, diciéndole que le reconocen por su acento (26.73–74a).

26.74b–75 Primero en el patio, luego en la puerta, por último «saliendo fuera....». El efecto dramático del cantar del gallo «en seguida» se confirma con la repetición de las palabras de Cristo en 26.34 «antes que el gallo cante, me negarás tres veces». La escena termina con una declaración breve pero penetrante: «lloró amargamente». La culpabilidad de Pedro no es mayor que la de los demás discípulos que habían abandonado al Señor. A pesar del papel principal que Pedro juega en el evangelio, no ha sido capaz de vivir a la altura de su llamado. La posibilidad de la debilidad humana siempre debe estar presente y tiene que ser confrontada. Pero la posibilidad del perdón y la restauración también es una realidad. El Evangelio no es sobremanera optimista en relación con la realidad humana, pero tampoco niega la importancia del perdón.

Jesús ante Pilato (27.1–2)

Estos dos versos marcan la transición entre la sentencia del liderato religioso y la del poder romano. La frase «cuando llegó la mañana» señala la nueva situación. El juicio a manos de las autoridades religiosas se llevó a cabo durante la noche. Después de trazar un plan para el asesinato de Jesús lo llevaron ante Pilato, quien era el procurador o gobernador (*hēgemōn*) romano que gobernó Judea en los años 26–36 d.C. Como procurador romano de Judea, Pilato tenía el poder para dictar o anular las sentencias de muerte decretadas por el sanedrín judío. Tenía el poder de nombrar a los sumos sacerdotes, controlar los fondos y la administración fiscal del Templo, y custodiar las vestiduras de los sumos sacerdotes.

Muerte de Judas (27.3–10)

Antes de proceder con el interrogatorio y sentencia dictaminada por Pilato, Mateo inserta la escena de la muerte de Judas y la compra del campo del alfarero. Mateo es el único evangelio que narra esta historia, aunque hay otra análoga en Hechos 1.15–20, pero con muchas diferencias. La historia, más que simplemente narrar la muerte del traidor, tiene la función de resaltar nuevamente el cumplimiento de las Escrituras en los eventos en torno a la muerte de Jesús (27.9) resaltando la inocencia de Jesús y la culpabilidad tanto de Judas como de las autoridades judías. Esta historia puede dividirse en tres escenas principales alrededor del significado de las treinta monedas de plata: [1] Judas y las treinta monedas (27.3–5), donde se describe el remordimiento de Judas al ver lo que estaba sucediendo con Jesús. Mateo resalta el contraste entre la conducta de Judas y la de los líderes religiosos. Mientras Judas confiesa que ha entregado «sangre inocente» (véase la condena contra el soborno en Dt 27.25), los líderes religiosos, con su indiferencia y negación, se comportan peor que Judas. [2] Los líderes judíos toman las treinta monedas (27.6–8) y, aunque están conscientes de su maldad, intentan cubrirla haciendo uso «legítimo» de dinero, a pesar de que en último análisis su complicidad y culpabilidad no puede ocultarse de Dios. [3] Finalmente, Mateo cita las Escrituras y las relaciona con las treinta monedas (27.9–10). Aunque el texto de Mateo menciona al profeta Jeremías (con una posible alusión al alfarero de Jer 18.1–10 y 32.6–15), la cita del texto se encuentra en Zacarías 11.12–13.

Juicio Romano (27.11–31)

El pasaje vuelve a tomar la escena iniciada en 27.1–2. El tema es el juicio romano de Jesús, en el cual el foco central es la culpabilidad, por la ejecución injusta de Jesús. El gobernador romano, en lugar de conducir un juicio objetivo y actuar eficientemente sobre su resolución, se entrega cobardemente a los deseos de los líderes judíos y de la multitud. El efecto es no sólo resaltar la inocencia de Jesús, sino también destacar la incapacidad y complicidad del representante del Imperio, así como la culpabilidad de los principales sacerdotes que manipulan a Pilato y agitan al pueblo contra el Mesías. El juicio romano puede dividirse en cuatro partes: [1]

Interrogatorio de Pilato a Jesús (27.11–14), donde Jesús responde a la primera pregunta de Pilato (11b), los líderes judíos le acusan (12) y Pilato plantea su segunda pregunta (13–14); [2] elección entre Jesús y Barrabás (27.15–23) donde el pueblo responde a las preguntas de Pilato para elegir entre Jesús y Barrabás, y determina el destino de Jesús; [3] el lavamiento de manos (27.24–2 6); y [4] la burla de los soldados (27.27–31).

Pilato interroga a Jesús (27.11–14)

27.11–14 El interrogatorio de Pilato es análogo al interrogatorio por el sumo sacerdote y el sanedrín en 26.63–64. Las preguntas de Pilato resaltan el aspecto político del proceso. La primera pregunta, «¿Eres tú el Rey de los judíos?», supone que la acusación contra Jesús tiene serias implicaciones políticas. La respuesta de Jesús es algo enigmática porque aunque parece afirmar ser el rey de los judíos en términos políticos, la identidad de Jesús como rey de los judíos en el Evangelio no se limita a un reinado al estilo romano, sino que lo trasciende. Las segunda y tercera preguntas parecen indicar que Pilato estaba más interesado en la opinión de los principales sacerdotes y los ancianos que en un juicio justo. El silencio de Jesús puede ser una alusión indirecta al pasaje del «Siervo Sufriente»en el libro del profeta Isaías (Is 52.12–53.12).

Elección entre Jesús y Barrabás (27.15–23)

Esta escena describe la decisión final de Pilato instigado por la multitud y por los líderes religiosos de que Jesús sea sentenciado a muerte. La escena comienza con una breve descripción de la costumbre de dejar libre a un criminal durante la fiesta de la pascua. El gobernador podía soltar algunos presos bajo ciertas circunstancias, y tanto Josefo como alguna literatura judía de la época confirman la posibilidad de soltar presos durante la fiesta de la pascua. Aquí se introduce el personaje de Barrabás (el nombre significa «hijo del Padre»), un criminal famoso. Mateo no identifica la naturaleza de los crímenes de Barrabás (en contraste con Marcos 15.7).

Después de esta introducción, Pilato hace una serie de preguntas al pueblo que culminan con la doble petición de que Jesús sea crucificado. La primera pregunta se interrumpe con la breve historia de la intervención de la mujer de Pilato (27.19), quien confirma la sospecha de Pilato de que Jesús es inocente. De esta manera, no sólo se confirma la inocencia del Señor, sino que también se declara la complicidad de Pilato y del sistema romano que fracasa en su responsabilidad de hacer justicia y defender a los inocentes. Así, los líderes religiosos, la multitud manipulada y dominada por estos líderes, y los representantes del imperio se confabulan para pedir la libertad de un criminal y llevar a la crucifixión a un inocente. Las últimas dos preguntas de Pilato reciben la misma respuesta: «¡Sea crucificado!». Una ironía en la historia es que Barrabás viene a ser la primera persona beneficiada por la muerte de Jesús. El Señor tomó el lugar que le correspondía al criminal en la cruz, y por su muerte dejó libre al pecador.

Pilato se lava las manos (27.24–26)

Esta escena concluye el proceso político de Jesús. Pilato cede ante la presión popular y se declara a sí mismo inocente de la sangre de Jesús, lavándose las manos. El acto público de lavarse las manos tiene antecedentes en el Antiguo Testamento (Dt 21.6–8; Sal 26.6; 73.13), y sirve para reafirmar la inocencia de Jesús, a la vez que apunta a la incompetencia de Pilato para hacer valer la justicia. La frase «allá vosotros» (27.24) es análoga a la frase «allá tú» que los sacerdotes le dijeron a Judas (27.4). En ambas ocasiones muestran el poco interés en rectificar la mala acción. El verso 27.25 ha sido usado por muchos como la base para declarar culpables a todos los judíos por la muerte de Jesús. Sin embargo, ni el Evangelio ni el resto del Nuevo Testamento sostiene tal interpretación. Al contrario, la frase tiene su antecedentes en el Antiguo Testamento (Ex 20.5; 34.7; Jos 7.24; 2 Re 34.3–4). La escena concluye con la mención de la liberación de Barrabás y la entrega de Jesús para ser crucificado (27.25).

Burla de los soldados (27.26–31)

Como en la escena al final del juicio en manos de los líderes religiosos (26.67–68), después que Jesús es enjuiciado por las autoridades políticas se vuelve objeto de la burla de los soldados. El «pretorio» puede referirse a la Fortaleza Antonia, que era una fortaleza romana adyacente al Templo donde se custodiaban las vestimentas del sumo sacerdote y había una guarnición del ejército romano. La escena es una parodia de la coronación de un rey: el manto escarlata o púrpura imita la vestimenta de los reyes, la corona del rey es una corona de espinas, la vara representa el cetro real, finalmente, la burla «salve, rey de los judíos». Todo es parte de la humillación y tortura de Jesús. Los detalles de la escena recuerdan las palabras de Jesús en 20.19 y pueden ser, a la vez, una alusión a Isaías 50.6. El versículo 27.39 puede también ser una alusión al Salmo 22.7. Es la primera referencia indirecta al Salmo 22, que es buena parte del trasfondo de la narración de la crucifixión en la sección que sigue. También la escena inicia el espectáculo de tortura y humillación al cual eran sometidos los condenados a ser crucificados por el Imperio Romano. Jesús no es la excepción, sino un ejemplo más de los muchos condenados. Sin embargo, los soldados no se dan cuenta que la parodia de la cual participan señala hacia una realidad última que ellos no pueden comprender: el condenado es realmente el Rey de los Judíos.

Observaciones generales

La historia de los últimos momentos de la vida de Jesús está repleta de detalles importantes y de profundidad teológica. En primer lugar, el Evangelio narra los eventos más importantes alternando escenas de las acciones de Jesús con escenas sobre las acciones de los discípulos (como la traición de Judas, la negación de Pedro, y la muerte de Judas). En segundo lugar, Mateo narra la historia haciendo referencias y alusiones continuas al Antiguo Testamento. De esta manera la historia de la pasión de Jesús adquiere un significado que trasciende el horizonte histórico del momento y viene a ser parte integrante del plan de Dios.

En la historia puede verse la doble afirmación de la responsabilidad humana en los hechos y de la visión cristiana, que los entiende en su sentido teológico. La historia no sólo es el producto de causas y efectos y de las decisiones de los protagonistas, sino que es revelación del obrar divino. La historia de la pasión tampoco se limita a ser cumplimiento de unas promesas del pasado como si fuera simplemente el desenlace de un plan previamente establecido en todos sus detalles. De la misma manera que la historia de la pasión afirma la responsabilidad humana y el cumplimiento de las promesas divinas en las Escrituras del Antiguo Testamento, la historia señala al futuro, a los eventos iniciados con la resurrección de Jesús, el establecimiento y vida de la iglesia, y a la esperanza última del reino de Dios. Así, son tres los elementos que juegan papeles determinantes en la historia de la pasión: la acción histórica de los protagonistas, el cumplimiento de las promesas y esperanzas proféticas del Antiguo Testamento, y el futuro iniciado con la resurrección cuya consumación final todavía está por realizarse.

Crucifixión y muerte de Jesús

(27.32-66)

Introducción

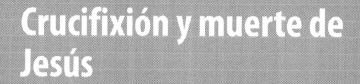

El cambio de escenario marca la transición. La sección narra la muerte de Jesús y los sucesos relacionados con ella. Puede dividirse en cuatro partes principales: [1] crucifixión de Jesús (27.32–44), [2] muerte de Jesús (27.45–56), [3] sepultura de Jesús (27.57–61), y [4] guardias en la tumba (27.62–66). Mateo narra la crucifixión y muerte de Jesús siguiendo la historia del Evangelio según San Marcos (15.21–47) y la suplementa con alusiones y citas a las Escrituras (especialmente del Salmo 22) así como con la historia de los guardias en la tumba (27.62–66), que es exclusiva de este evangelio. La muerte de Jesús, tantas veces anunciada anteriormente en el Evangelio, llega a su desenlace. Sin embargo, éste no es el final del Evangelio ni del ministerio de Jesús, sino el preámbulo necesario para la historia de la resurrección de Jesús en el próximo capítulo.

Crucifixión (27.32–44)

27.32–38 La primera escena, que culmina con el acto de la crucifixión, describe la acción de los soldados y la burla de la cual Jesús fue objeto de parte de tres grupos particulares. En primer lugar el escenario cambia. Ya no están en el pretorio, sino camino a un lugar llamado Gólgota (o Lugar de la Calavera). En el camino, obligan a un tal Simón de Cirene (una ciudad de cultura griega en la costa norte de África) a que lleve la cruz de Jesús. Es posible que este Simón fuera un judío de la diáspora que visitaba Jerusalén con motivo de la fiesta de la pascua. El abuso de poder por parte de los soldados romanos es un hecho confirmado por muchas fuentes literarias antiguas. El lugar del Gólgota (que significa «calavera» de donde viene la palabra «calvario») no ha podido ser identificado con certeza por los arqueólogos. La referencia al «vinagre mezclado con hiel» (27.34) con toda probabilidad es una alusión al Salmo 69.21 (véase también Mt 27.48). Es muy probable que esta bebida, en el contexto de Mateo, sea parte de la burla y tortura de parte de los soldados romanos. Con la historia de los soldados que se reparten las ropas de Jesús, el Evangelio vuelve a interpretar el significado de los eventos como cumplimiento de la palabra profética—en esta ocasión con una referencia al Salmo 22.18. Los soldados podían repartirse el botín de la ropa porque la costumbre era crucificar a los condenados desnudos. Finalmente, el título «Este es Jesús, el rey de los judíos» (27.37) señala tanto la costumbre de exhibir públicamente la causa de la sentencia como una parodia del título de Jesús. Puede notarse que el acto de la crucifixión como tal se menciona de paso, sin entrar en detalles. La sección termina con la mención de la crucifixión de otras dos personas «dos ladrones», esto es, otros dos sediciosos que fueron sentenciados a morir de la misma manera que Jesús.

27.39–44 La historia procede a describir la reacción burlona de la gente que pasaba (27.39–40), de los principales sacerdotes (27.41–43) y de los dos ladrones (27.44). En la teología de Mateo, las burlas de las cuales Jesús es objeto representan la verdadera identidad de Jesús, aunque el rechazo popular fuese incapaz de comprenderla. Mateo continúa narrando los hechos haciendo alusiones al Salmo 22 y a las diversas calumnias levantadas contra Jesús por los principales sacerdotes. En primer lugar, la gente que pasaba se burlaba con insultos y gestos despectivos. La frase «meneando la cabeza» es una alusión al Salmo 22.7 (véase también Sal 109.25). Los transeúntes también repetían la falsa acusación de 26.61, sobre la destrucción y reconstrucción del Templo (27.40a). Finalmente, de manera semejante a las tentaciones en el desierto (4.1–13), la gente lo reta a hacer uso inadecuado de su filiación divina para salvarse a sí mismo (27.40b).

La lista de los principales sacerdotes, junto con los escribas, los fariseos y los ancianos del pueblo es una lista exhaustiva que incluye a todos los representantes de las autoridades judías de la época (27.41, véase 26.47 aunque sin incluir allí a los fariseos). La burla de estos cuatro representantes del liderato religioso también puede dividirse en cuatro partes: la incapacidad de salvación propia, la petición de demostración de su realeza bajándose de la cruz, que Dios lo libre si realmente es amado de Dios (otra alusión al

Sal 22.8), y la burla de la declaración de que es Hijo de Dios– aunque esta última frase no aparece en Mateo (27.42–43, véase Jn 5.18; 10.36; 19.7). El insulto de parte de los otros dos crucificados no se describe en detalles, pero Mateo da a entender que estaban de acuerdo con los líderes religiosos y la gente que pasaba. Como puede verse, ambas escenas (27.32–38 y 27.39–44) concluyen con referencias a los dos ladrones.

Muerte de Jesús (27.45–56)

27.45–50 La historia de la pasión llega a su punto culminante con la muerte de Jesús en la cruz. El tiempo se detiene de tal manera que el Evangelio puede contar las horas. Desde la hora sexta hasta la hora novena es desde el mediodía hasta las tres de la tarde. La tierra se cubre de tinieblas en las horas de mayor luz. Las tinieblas son símbolo de juicio divino (Dt 28.29) y de desastres escatológicos (Am 8.9–10). En la antigüedad la muerte de una persona importante iba acompañada de la descripción de la palidez en el sol y de las tinieblas durante el día. A eso de las tres de la tarde Jesús clamó a gran voz (27.46 y 50) citando el Salmo 22. La frase «Elí, Elí, ¿lama sabactani?» es la primera línea del Salmo 22 en arameo. Es oportuno señalar que el Evangelio se refiere a este Salmo en varias ocasiones en la historia de la pasión (27.29 / Sal 22.6; 27.39–40/ Sal 22.6; 27.43 / Sal 22.8; 27.44 / Sal 22.6; 69.9; 27.46 / Sal 22.1). Es posible que haya otras alusiones al Salmo que son más difíciles de identificar. El grito de Jesús puede significar que el Señor recitó en la cruz el Salmo 22, que es un salmo de alabanza para la protección divina sobre los fieles. Así, la oración de Jesús, lejos de ser desesperada, puede ser la oración de quien confía que Dios vendrá en su ayuda aunque el presente sea tormentoso. Por otro lado, puede que Mateo enfatice el abandono progresivo de Jesús: en primer lugar por su propio pueblo (13.53–58), luego por sus discípulos (26.56, 69–75); después por la multitud (27.15–26) y finalmente hasta por Dios, a quien llamaba «su Padre» pero aquí llama «Dios mío».

Algunos transeúntes (probablemente judíos) confunden las palabras de Jesús y piensan que llama a Elías. Como hemos visto, el pueblo israelita esperaba la venida de Elías antes de la llegada del Mesías (véase 3.11–17; 11.1–19; 17.10–13). El vinagre de 27.48 puede ser una alusión al cumplimiento del Sal 69.21, aumentando así la agonía de Jesús. Nuevamente Mateo narra los acontecimientos de la vida de Jesús haciendo eco de las palabras de las Escrituras y creando así un enlace entre los acontecimientos y el plan de Dios. El último grito de Jesús («a gran voz» 27.26, 50) parece ser una expresión de triunfo más que de agonía. Esto se confirma con la frase «entregó el espíritu» que tiene el sentido de ser un acto voluntario.

27.51–54 La muerte de Jesús va acompañada de eventos astronómicos (las tinieblas desde el mediodía hasta las tres de la tarde en 27.45), y otros fenómenos llenos de simbolismo teológico. En primer lugar, el «velo del Templo» se rasgó de arriba abajo. El Templo de Jerusalén tenía dos velos: uno a la entrada y otro dentro del santuario que dividía el lugar santo del lugar santísimo (véase Ex 26.31–35 y 2 Cr 3.14). El velo rasgado ha sido interpretado desde la iglesia primitiva como una referencia al acceso libre a Dios para los creyentes obtenida por la muerte de Jesús en la cruz (véase Heb 6.19; 9.3–12; 10.19–20). El temblor de la tierra, el partimiento de las rocas, la apertura de los sepulcros, y el despertar de algunos muertos son señales escatológicas—señales del fin del mundo (Jue 5.4; Jl 3.16; Isa 26.19; Neh 1.5, 6). Como el Evangelio no ofrece detalles sobre estos sucesos, es muy probable que los mismos estén al servicio de su convicción de que en la vida y muerte de Jesús la acción definitiva de Dios está presente. Como resultado, las personas que escuchan el Evangelio deben llegar a la misma conclusión del centurión romano y los que con él estaban, de que el que colgaba de la cruz verdaderamente era «Hijo de Dios» (27.54). En contraste con los líderes religiosos y el poder imperial que se resistieron a reconocer la verdadera naturaleza de Jesús, este gentil sirve de ejemplo de la verdadera confesión de fe, iluminada por la cruz.

27.55–56 Aunque los discípulos habían abandonado a Jesús al extremo de entregarle, negarle y huir, algunas mujeres galileas permanecieron con Jesús hasta el final. Estas mujeres fieles sirven de testigos ante los discípulos tanto de la muerte, como de la sepultura y resurrección de Cristo. Esta es la primera vez que Mateo menciona a María Magdalena y a María la madre de Jacobo y de José. La madre de los hijos de Zebedeo había sido mencionada en 20.20. Aunque Mateo no haya incluido una mención significativa de estas mujeres en su historia anterior, es un hecho innegable que fueron importantes para el ministerio de Jesús y lo acompañaron en varios de sus viajes. El servicio ofrecido por estas mujeres probablemente era monetario (véase Lc 8.1–3). Tanto María Magdalena como la otra María volverán a ser mencionadas en 27.61 (durante la sepultura de Jesús) y en 28.1 (en la historia de la resurrección de Jesús).

La serie de eventos que acompañan la muerte de Jesús también están conectados con y señalan a la historia de la resurrección de Jesús en Mateo. En ambas escenas la tierra tiembla (27.51 / 28.2), se abren los sepulcros (27.52 / 28.2), los muertos resucitan (27.52 / 28.6), hay guardias

(27.65 / 28.4) y las mujeres están presentes (27.56 / 28.1, 5, 8). No hay duda que ambas historias se complementan mutuamente.

Sepultura de Jesús (27.57–61)

La nueva escena comienza al atardecer del día, esto es, antes de llegar el sábado. En la historia de la sepultura de Jesús Mateo introduce un nuevo personaje desconocido hasta el momento en la historia del Evangelio: José de Arimatea, quien no volverá a mencionarse. Sin embargo, la historia ofrece información que ayuda a deducir algunos detalles. José de Arimatea era un hombre rico, con acceso al poder político (fue donde Pilato), y era discípulo de Jesús (no todos los discípulos parecen haber abandonado al Señor en la última hora). Parece que José de Arimatea ya había hecho los preparativos para su propia muerte pues había labrado un sepulcro en la peña. La mayoría de los crucificados no eran enterrados, y sus cuerpos eran abandonados a merced de las bestias y las aves de rapiña. José de Arimatea hizo cambiar la situación en el caso de Jesús. Tanto el sepulcro como el sudario de Jesús pertenecían a José de Arimatea. El Evangelio no ofrece indicios del lugar donde se localizaba la tumba. La escena culmina con la mención de las dos Marías que estaban sentadas frente al sepulcro.

La guardia romana 27.62–66

En esta historia exclusiva de Mateo la escena cambia tanto de lugar (en lugar de la tumba los eventos ocurren frente a Pilato) y de personajes (vuelven a aparecer los principales sacerdotes y los fariseos con Pilato). Es curioso que los líderes religiosos continúen su maldad en el día de reposo (el día «después de la preparación»). El diálogo hace referencias a las palabras de Jesús, a quien llaman «mentiroso», en el sentido de que después de tres días resucitaría (véase Mt 16.21; 17.23; 20.19). Los líderes religiosos sabían de las enseñanzas de Jesús pero no le creían. Pilato concede una guardia para que cuide el sepulcro. Irónicamente, la guardia que estaba a cargo de impedir que no ocurriera la resurrección, son los primeros en presenciar la venida del ángel que anunciará que Cristo ha resucitado (28.2–4). Los líderes religiosos y políticos sellan el sepulcro y estacionan la guardia.

Resurrección de Jesús y comisión de los discípulos

(28.1-20)

Con la resurrección de Jesús el Evangelio llega a su desenlace anunciado. Mateo no describe la resurrección, sino que cuenta lo que sucedió después de que Jesús resucitó. Tanto el ministerio como las enseñanzas y prodigios de Jesús son vindicados por la acción inmediata de Dios a favor de su Hijo, quien fue fiel y obediente hasta la muerte en la cruz. Este último capítulo de Mateo está compuesto de tres escenas principales: [1] la resurrección de Jesús (28.1–10), [2] el informe de la guardia (28.11–15), y [3] la comisión a los discípulos (28.16–20). La historia de la resurrección de Jesús tiene paralelos literarios en todos los Evangelios. Sin embargo, está fuera de nuestro alcance ofrecer una discusión sobre las diferencias y semejanzas entre ellos. Por otra parte, el análisis de la forma en que Mateo narra la historia sirve para discernir sus puntos de vista particulares y su profundidad teológica.

Resurrección de Jesús (28.1–10)

Mateo organiza su narración en tres secciones: [1] la resurrección de Jesús (28.1–4), [2] el mensaje del ángel a las mujeres (28.5–6), y [3] la comisión de Jesús a las mujeres (28.7–10).

Resurrección (28.1–8)

28.1–8 Mateo 28.1 establece la escena con la mención de los personajes, el lugar, y la hora. Al amanecer del primer día de la semana las dos Marías

(28.1; véase 27.56, 61) van al sepulcro. Mateo no explica la motivación de las mujeres, aunque hay una posible alusión en 28.5. Los detalles que siguen resaltan el sentido de la resurrección como manifestación del poder de Dios. El gran terremoto recuerda la muerte de Jesús (27.51), pero en esta ocasión anuncia la resurrección. El ángel del Señor deshace la acción de los líderes religiosos. Mientras éstos sellaron la piedra en la entrada del sepulcro, el ángel del Señor la removió y se sentó triunfante sobre ella. La descripción del ángel sigue el patrón del lenguaje apocalíptico de Daniel 10.6 y de la historia de la transfiguración (17.2). Los guardas encargados de proteger los intereses del Imperio y el poder religioso tiemblan de miedo y quedan como muertos.

El mensaje del ángel a las mujeres es el primer anuncio de la resurrección de Jesús. Primero calma el temor de las mujeres con las palabras «no temáis». El resto del mensaje declara que ellas buscan a Jesús, «el que fue crucificado». Sorpresivamente, Jesús no está allí, pues ha resucitado como lo había dicho anteriormente (véase Mt 16.21; 17.23; 20.19). La forma pasiva del verbo «ha resucitado» (literalmente, «ha sido resucitado») indirectamente apunta a la intervención de Dios en el evento. Como demostración de la resurrección el ángel invita a las mujer a ver que no está donde fue puesto. El ángel cambia del tema de la conversación, pasando del anuncio a la comisión. Las mujeres han se anunciar a los discípulos que Jesús ha resucitado y que va delante de ellos a Galilea (28.7, véase el anuncio en 26.32).

Aparición a las mujeres (28.9–10)

28.9–10 La mujeres inician su camino («corriendo») a dar las buenas nuevas (proclamar el Evangelio) a los discípulos (28.8). Jesús se les aparece en el camino y las saluda. Esta es la primera aparición del resucitado en la historia del Evangelio. «¡Salve!» es la forma común de declarar el favor de Dios hacia una persona. Las mujeres se le acercan, abrazan sus pies, y le adoran. Esta respuesta de las mujeres representa la reacción ideal que se espera de los creyentes: adoración reverente al resucitado. Las mujeres vienen a ser paradigmas del discipulado cristiano. Las instrucciones de Jesús son casi idénticas a las del ángel. La única diferencia marcada es que mientras en la primer instrucción el ángel los llama «discípulos» Jesús los llama «hermanos» (véase 12.48–50; 25.40) insinuando la reconciliación entre él y los discípulos que le abandonaron.

Informe de la guardia (28.11–15)

Mientras las mujeres van de camino a donde están los discípulos, Mateo intercala su historia exclusiva del informe de la guardia (*koustōdia* en griego) a los líderes religiosos de Jerusalén. Esta escena complementa la historia de los guardias en la tumba que Mateo había intercalado en 27.62–66. El versículo 28.11a sirve de enlace y transición entre ambas escenas. Los guardias les informan lo ocurrido a los principales sacerdotes (28.11b). Nuevamente, y por última vez, los líderes religiosos juegan un papel de encubrimiento de su maldad y conspiración para propagar una mentira. Los sumos sacerdotes y los ancianos del pueblo, esto es, la autoridad sacerdotal y civil de Israel (16.21; 2123; 27.1), sobornan a los soldados para que propaguen una mentira y les ofrecen protección política (28.12–14). Los soldados ha de contar el suceso como lo que se suponía que ellos mismos previnieran: que los discípulos se robaron el cadáver del Señor (compárese 27.63–63 y 28.23). El gobierno romano castigaba severamente a los saqueadores de tumbas. Finalmente, los soldados concuerdan con ellos. La oración final («Este dicho se ha divulgado entre los judíos hasta el día de hoy.») hace eco del rumor que corrió hasta muchos años después de la resurrección del Señor.

Comisión de los discípulos 28.16–20

Mateo concluye su Evangelio con la historia de la comisión o envío de los once discípulos. La escena se ha movido de Jerusalén a Galilea y los personajes han cambiado (los discípulos en lugar de las dos Marías). El Evangelio de Mateo es el único que narra esta historia de la aparición de Jesús en Galilea. El nuevo comienzo de la misión de los discípulos ocurre en el mismo lugar del comienzo del ministerio de Jesús: Galilea. En Lucas y Juan las apariciones del resucitado ocurren en Jerusalén. La escena de la comisión de los once discípulos vuelve a tomar el patrón común de Mateo de contar la historia siguiendo modelos literarios del Antiguo Testamento. Tanto la estructura artística de la escena como su lenguaje e imágenes están cargados de sentido teológico. La historia de Jesús, que comenzó en los primeros capítulos del Evangelio haciendo ecos de la historia de Moisés y ha sido narrada en diálogo continuo con las Escrituras de Israel, concluye en una montaña, donde Jesús comisiona a sus discípulos a hacer discípulos de todas las naciones compartiendo lo que él les ha enseñado, y promete su presencia continua con ellos hasta el fin. La escena puede dividirse en tres partes principales: [1] la montaña en Galilea (28.16), [2] reacción de los discípulos (28.17), y [3] palabras de Jesús (28.18–20).

La comisión de los discípulos en Mateo recuerda la comisión de Moisés en Éxodo3 y la comisión de Josué en Deuteronomio 31 y Josué 1. En ellas hay mención de montañas, la comisión explícita de llevar a cabo una tarea ordenada por Dios, y la expectativa de que el pueblo obedezca las palabras del comisionado. Así como Moisés al final de sus días comisionó a Josué a entrar en la tierra habitada por las naciones paganas, le ordenó que cumpliera los mandamientos que Dios les había dado y le recordó la presencia continua de Dios; así también Jesús comisiona a sus discípulos a ir a la naciones, enseñarles a cumplir lo que Jesús les ha enseñado y les promete su compañía permanente. Mateo cuenta la historia de la comisión de los discípulos volviendo a resaltar el paralelismo entre Jesús y Moisés presentado a lo largo de todo el Evangelio.

28.16 Los discípulos están en Galilea, en el monte donde «Jesús les había ordenado». El nuevo comienzo del ministerio de los discípulos tiene lugar donde Jesús inició su ministerio: en Galilea. Aunque previamente Jesús les había anunciado a sus discípulos que después de su resurrección los encontraría en Galilea (26.32; 28.7, 10), no es posible identificar con certeza esta montaña. Mateo hace muchas referencias a montañas, como la de las tentaciones (4.8), la del Sermón del Monte (5.1), el monte de la transfiguración (17.1), el monte de los Olivos en Jerusalén (21.1), entre otros. Las montañas en estos ejemplos tienen un significado altamente simbólico en el Evangelio, y todas ellas tienen conexiones con la historia de Moisés.

28.17 Al ver a Jesús, los discípulos reaccionan con reverencia y adoración (como las mujeres en 28.10). Mateo utiliza la palabra que se traduce «le adoraron» unas trece veces (2.2, 4.9, 10; 8.2; 14.33; 15.25; 18.26, etc.). La adoración de los discípulos no es perfecta, ya que algunos dudaban. Es la misma palabra utilizada en 14.31 para hablar de la duda de Pedro cuando Jesús caminó sobre el agua. Otra posible traducción es que todos dudaban un poco. De cualquier manera, la escena está marcada por la encrucijada entre la duda y la adoración.

28.18–20 Jesús toma la palabra afirmando su autoridad, comisionando a sus discípulos, y asegurándoles su presencia en el porvenir. La autoridad de Jesús le ha sido concedida sobre el cielo y sobre la tierra. Esta forma de hablar refleja la manera semita de decir que la autoridad de Jesús no tiene límites, que incluye todo el universo. La frase recuerda las palabras de la historia de la tercera tentación de Jesús (4:9–11), las de Jesús en 11.27, y las de Daniel 7.14. La obediencia y fidelidad del Hijo de Dios que lo llevaron a la cruz alcanzaron para él más de lo que el diablo le ofrecía a cambio de su infidelidad. En la resurrección se hace evidente que «todas las cosas me fueron entregadas por mi Padre» (22.27, véase también 7.29). La resurrección otorga a Jesús de forma definitiva el papel escatológico del Hijo del hombre, su autoridad para implementar su voluntad a través de sus enseñanzas.

La autoridad de Jesús es el fundamento para la comisión dada a los discípulos. En contraste con 10.5–6 (véase también 15.24), donde Jesús les prohíbe a los apóstoles extender su misión a los gentiles, en esta ocasión la instrucción de Jesús es ir y hacer discípulos «a todas las naciones». Otro diferencia con la comisión en 10.7–8 es que mientras en la primera la misión de los apóstoles era la proclamación de la cercanía del reino de los cielos y el ministerio de los discípulos era de sanidad y restauración humana, en esta comisión la instrucción ese ministerio consiste en enseñar todas las cosas que Jesús les ha mandado. Las dos instrucciones se complementan mutuamente. La comisión de hacer discípulos a todas las naciones (con modo imperativo del verbo) es llevada a cabo a través del bautismo y la enseñanza (ambos con el verbo en modo participio). El bautismo ha de realizarse «en el nombre del Padre, del Hijo y del Espíritu Santo». Esta fórmula trinitaria (véase 2 Co 13.14) refleja la tradición mateana del bautismo de la iglesia. Una fórmula semejante se encuentra en la *Didache* (Did 7.1, 3), que es uno de los documentos escritos por los «Padres Apostólicos», posiblemente a comienzos del siglo segundo de la era cristiana. El bautismo ha de ir acompañado de la enseñanza de guardar todo lo que Jesús ha mandado. Es probable que esta frase sea una referencia indirecta al Evangelio de Mateo.

La comisión de Jesús, y el Evangelio como un todo, concluyen con la declaración de la presencia permanente de Jesús. Como Dios le prometió a Moisés en la montaña «yo estaré contigo» cuando lo comisionó a que fuera al faraón de Egipto (Ex 3.12, véase también Dt 31.23; Jos 1.1–9), Jesús promete que estará con sus discípulos hasta el fin del siglo. La frase recuerda el nombre Emanuel (1.23) dado a Jesús como declaración de la presencia de Dios con su pueblo. La comisión de los discípulos para continuar el ministerio de Jesús enlaza el pasado con el presente de la iglesia.

La continuidad del ministerio en las enseñanzas y el bautismo tienen para la iglesia una función análoga a la institución de la transmisión de la Torá tenía en el judaísmo de la época. El tratado de las palabras de los antepasados en la Misná (Pirque Abot 1.1) dice: «Moisés recibió la Torá desde el Sinaí y la transmitió a Josué, Josué a los ancianos, los ancianos a los profetas, los profetas la transmitieron a los hombres de la gran sinagoga». Con esto los rabinos daban a entender la continuidad entre la Torá de

Moisés y las enseñanzas de los rabinos. Mateo, por su parte, desea enlazar el ministerio de los discípulos como continuidad del ministerio de Jesús, el nuevo Moisés, y recalcar que las enseñanzas de los discípulos, así como las de Jesús, son el cumplimiento de todas las promesas divinas testificadas en la Ley y los profetas.

Observaciones generales

El mensaje de la resurrección de Jesús es tanto la conclusión del ministerio de Jesús como el comienzo del ministerio de la iglesia. Esta comunidad se ve a sí misma como la extensión natural de la predicación, enseñanzas, y acciones de Jesús en favor de la humanidad entera. La resurrección de Jesús representa la vindicación divina del Hijo de Dios, y la condenación consecuente de quienes se oponen a sus enseñanzas, sean éstos líderes en el campo religioso o político, o las masas que pueden ser engañadas por quienes tienen el control. Para la iglesia perseguida, el mensaje de la resurrección es mensaje de afirmación y esperanza. Dado que Dios ha vindicado su Hijo, el pueblo que se reúne en su nombre y obedece sus palabras cuenta con la misma protección divina. Como Mateo no tiene una historia de la ascensión (como Lucas), la declaración de «yo estoy con vosotros todos los días hasta el fin del mundo» le ofrece a la iglesia la seguridad de la presencia continua de Jesús en su peregrinar hasta el día final.

Bibliografía selecta

Bonnard, Pierre. *El evangelio según san Mateo.* Madrid: Ediciones Cristiandad, 1976.

Brown, Raymond E. *Introducción al Nuevo Testamento I: Cuestiones preliminares, evangelios y obras conexas.* Madrid: Editorial Trotta, 2002.

Carter, Warren. *Matthew and the Margins: A Socio-Political and Religious Reading.* Sheffield: Sheffield Academic Press, 2000.

Davies, W. D. *El sermón de la montaña.* Madrid: Ediciones Cristiandad, 1975.

Diez Macho, Alejandro. «El medio ambiente judío en el que nace el cristianismo», en *La iglesia primitiva: medio ambiente, organización y culto.* 83-150. Salamanca: Ediciones Sígueme, 1974.

Goma Civit, I. *El evangelio según San Mateo.* Barcelona: Editorial Herder, 1967.

González, Justo L. «Sembrando al voleo» en Ada María Isasi-Díaz, Timoteo Matovina y Nina M. Torres-Vidal, editores, *Camino a Emaús: Compartiendo el ministerio de Jesús.* 23-30, Minneapolis: Fortress Press, 2002.

Jeremias, J. *Abba: El mensaje central del Nuevo Testamento.* Salamanca: Ediciones Sígueme, 1981.

Mateos, Juan y Fernando Camacho. *El evangelio de Mateo: Lectura comentada.* Madrid: Ediciones Cristiandad, 1981.

Muñoz Iglesias, Santos. *Los Evangelios de la infancia, IV: Nacimiento e infancia de Jesús en San Mateo.* Madrid: Editorial Católica, SA, 1990.

Pagán, Samuel. *El misterio revelado: Los rollos del Mar Muerto y la comunidad de Qumrán.* San Juan, Puerto Rico: Seminario Evangélico de Puerto Rico, 2001.

Poittevin P. Le, y Etienne Charpentier. *El evangelio según San Mateo.* Estella, Navarra: Editorial Verbo Divino, 1993.

Robert, A. y A. Feuillet. *Introducción a la Biblia: Nuevo Testamento.* Barcelona: Editorial Herder, 1970.

Schweizer, Eduard. *El sermón de la montaña.* Salamanca: Ediciones Sígueme, 1990.

Segundo, Juan Luis. *El caso Mateo: Los comienzos de una ética judeocristiana.* Santander: Sal Terrae, 1994.

Zumstein, Jean. *Mateo el teólogo.* Estella, Navarra: Editorial Verbo Divino, 1987.

9 780806 680743

26755986R00109

Made in the USA
Lexington, KY
14 October 2013